南开大学教材资助立项项目

Eight Research Topics on the West Advanced Economies

西方国家市场经济八大问题

——当代资本主义经济专题研究

宁光杰 陈英 著

山西出版集团　山西经济出版社

前言

　　资本主义经济经历了几百年的发展历程,今天的资本主义经济已经不同于早期的资本主义,它出现了一些新的特征和新的元素,如法人资本的出现、劳资关系的缓和、社会福利的发展。虽然资本主义依然存在并继续发展,但目前仍面临许多发展的困境,近年由美国次贷危机引发的全球金融与经济危机即是明证。经济危机促使人们又一次重新反思资本主义制度的弊端。如何认识当代资本主义经济的新变化,如何看待当前资本主义经济出现的各种难题,是学术界和普通读者普遍关注的话题。本书以专题的形式介绍并研究发达资本主义国家的重要经济问题,主要包括经济体制、企业与产业组织、就业与劳资关系、技术创新、产业结构、金融制度与经济虚拟化、宏观经济调控、经济全球化等问题,以帮助读者对资本主义经济的历史及当代现状有更深入的认识。通过较全面系统地分析第二次世界大战后尤其是20世纪70年代以后发达资本主义国家市场经济的新变化,探讨当代资本主义经济体制变革的原因以及影响,培养读者运用基本经济原理尤其是政治经济学理论分析和解决实际经济问题的能力。

　　本书的特点主要体现在以下几个方面:其一,以专题的形式论述资本主义经济的演变,突出问题导向,避免空洞和抽象的阐述。这样做能够发现资本主义经济的具体问题,以此来带动对资本主义性质的认识。其二,突出当代,注重资本主义经济自20世纪70年代以后的新变化,如法人资本与职工持股、产业结构金融化与虚拟化、经济全球化。其三,加强国别间的比较,在了解资本主义经济体制不同形式的基础上,进行比较和综合。通过比较可以理解资本主义经济的不同模式及其优劣。其四,侧重研究,强化对问题的深层分析。只有不局限于表面现象、对问题进行深入探究,才能理解资本主义经济的本质。

在运用此书进行教学时,要加强课外阅读、课堂讨论和撰写小论文。每一个专题后面都列有阅读书目,建议学生课后选择性地阅读,并做读书笔记。在学习此书的同时,希望学生能够通过电视、报纸和互联网了解发达国家的经济动态,并运用所学知识进行深入分析。期末对所学专题做系统复习,以对资本主义经济的整体变化和发达国家市场经济有比较全面的了解。

本书可以作为经济学专业本科生《当代资本主义经济》课程的教材用书,也可以作为经济类研究生和科研人员研究当代资本主义经济和发达国家市场经济的辅导参考书。

中国发展社会主义市场经济正方兴未艾,许多读者十分关心中国经济改革开放和社会主义市场经济的发展前景,本书中所研究的经济问题正好解答了部分读者的疑问。本书较系统地分析和介绍了西方国家市场经济的发展现状和问题,并且用"经济学启示录"专门分析了对中国发展市场经济的启示,这对于企业家和管理者学习西方先进管理经验、预防市场经济发展过程中可能遇到的风险有积极的理论意义和重要的文献价值。

书中不足之处,敬请读者指正。

宁光杰　陈　英
2011 年 3 月 16 日于天津

目 录

第一章 资本主义经济体制 /1
  第一节 资本主义经济体制及其主要形式 /2
  第二节 资本主义经济体制的新特征 /16
  第三节 资本主义经济的发展趋势 /26

第二章 企业与产业组织的新变化 /34
  第一节 企业内部经济关系的变化 /35
  第二节 企业之间的经济关系 /54
  第三节 政府与企业的关系 /64
  第四节 新经济时代的企业组织形式探索 /69

第三章 市场经济的难题——就业问题 /75
  第一节 工资的确定、变动与工资差异 /76
  第二节 失业问题 /92
  第三节 工会的作用以及劳动者内部的分化 /120

第四章 发达国家技术创新的变化及其影响 /128
  第一节 资本主义市场经济体制下的新技术 /129
  第二节 市场竞争中企业的技术选择 /137
  第三节 技术创新与经济增长 /142
  第四节 构建有竞争力的国家创新体系 /153

第五章 发达国家的产业结构的演变及其影响 / 164
第一节 发达国家的产业结构及其演变 / 165
第二节 发达国家产业结构变迁的原因 / 179
第三节 经济全球化对产业结构的影响 / 188
第四节 发达国家的 FDI 对中国经济的影响及启示 / 194

第六章 发达国家金融体系及其发展 / 202
第一节 发达国家的金融体系 / 203
第二节 发达国家金融体系的演变及最新特征 / 206
第三节 当代发达国家金融体系形成的原因 / 213
第四节 金融"证券化"下的实体经济体系 / 220
第五节 货币"非黄金化"对国际金融及世界
　　　　经济的影响 / 226
第六节 未来世界货币体系的展望及其对中国
　　　　经济的启示 / 234

第七章 当代资本主义的宏观调控与管制 / 240
第一节 宏观经济波动与政府的作用 / 241
第二节 宏观调控与管制的主要手段 / 250
第三节 政府宏观调控与管制的历史考察 / 265
第四节 宏观调控的局限性 / 280

第八章 经济全球化 / 285
第一节 经济全球化的产生与发展 / 286
第二节 什么使经济全球化成为不可
　　　　阻挡的趋势？/ 296
第三节 经济全球化改变了什么 / 300
第四节 经济全球化的障碍与展望 / 330

第一章 资本主义经济体制

○ 资本主义经济体制及其主要形式
○ 资本主义经济体制的新特征
○ 资本主义经济的发展趋势

本章主要论述资本主义经济的不同体制形式、资本主义经济发展的不同阶段、在20世纪70年代以后资本主义经济出现的新的体制特征,分析这些新变化是否说明资本主义本身发生质的改变,资本主义经济将向何处发展?本章也是全书的导论,它为以后各章分析资本主义经济的具体体制特征和具体经济问题提供思路和线索。

第一节 资本主义经济体制及其主要形式

经济体制是指某个国家或社会在一定阶段为实现资源配置而形成的一整套经济运行机制,具体包括产权机制、决策机制、动力机制、协调机制等。其中产权机制是核心要素,决策机制是支配要素,动力机制和协调机制属于运行要素。

与经济体制相关的另一个概念是经济制度。经济体制与经济制度的区别在于,经济制度(System)一般指根本的生产资料所有制,包括公有制和私有制,如社会主义制度、资本主义制度。而经济体制(Institution)是经济制度的运行层面,是具体的表现形式。如计划体制、市场体制、集中体制、分权体制等。

一、资本主义经济的历史演变

首先需要回答一个问题,何谓资本,何谓资本主义?资本,在马克思主义经济学看来,是能够带来剩余价值的价值,它建立在剥削和雇佣劳动的基础上。"资本"一词最早大约出现于1630年,它主要指用于再生产的财富积累。这个定义更宽泛,只要是现在没有被消费的财富,把它积累起来用于将来获得更大数量的财富,都被称为资本。现代社会家庭的储蓄、股票投资都被看做是其拥有的资本。如此一来,资本的所有者都叫资本家,他的特征是拿未来做赌注。而在马克思经济学中,只有雇佣别人来为自己劳动,并无偿占有别人创造的剩余价值的人才称其为资本家。可见,马克思的资本和资本家定义更能反映一些本质特征。

"资本主义"一词出现得要晚一些,它在19世纪中叶才出现,当时是作为"社会主义"的反义词而被提出的。在此之前,资本主义作为一种社会形态已经存在很长时间,当时的人们应该已经意识到这样的社会经济关系是不同于之前的时代的,只是没有用

"资本主义"这个词来概括。

资本主义是怎样产生的呢？15世纪初到18世纪中叶是资本主义的萌芽阶段,西班牙和葡萄牙是当时的经济强国,但在这两个国家的资本主义经济并没有真正发展起来,他们通过海外掠夺获得的财富大多用于贵族的个人消费和享受,而不是发展工商业。普通民众没有从海外扩张中获益,商品经济的发展受到封建制度的抑制,因而不是真正的资本主义。后来崛起的经济强国荷兰则不同。这个国家特别注重商业利益,商人阶层的权力很大,而政府的权力相对较小,这为资本主义经济的发展提供了宽松的环境。后人认为荷兰是商品经济体制的创立者,股份公司、证券交易所、银行等现代经济组织都产生于荷兰,这是一种历史进步。

之后英国成为典型的资本主义国家,它通过圈地运动和海外殖民扩张,获得大量的资本原始积累。资产阶级政权的建立,为资本主义经济的发展创造了有利的政治条件。工场手工业的广泛发展,为过渡到机器大生产准备了必要的物质基础。18世纪60年代,为满足扩大的市场需求,英国先于其他国家发生了产业革命。产业革命加速了技术的广泛应用和工厂制度的建立。到19世纪30年代至40年代,英国已基本上完成了产业革命。此时,在大洋彼岸的美国也具备发展资本主义的有利条件:地域辽阔,没有封建势力和较少的政府干预,来自各国移民的冒险精神。

资本主义的发展也产生其内在的矛盾,从1825年开始第一次资本主义经济危机出现后,经济危机就一直周期性地困扰资本主义。同时,资本主义国家之间的矛盾也日益突出。到19世纪末20世纪初,随着美国和德国经济的快速发展和对新技术革命的把握,英国的国际竞争力逐渐减弱。德国在1871年实现统一,促进了自由贸易的发展,铁路的建设、传统工艺技术和完善的教育体制都推动了资本主义经济发展。

19世纪末20世纪初资本主义从自由竞争阶段发展到垄断阶

段,资本主义经济出现了资本集中和生产集中,垄断企业在经济中占据重要地位。这是技术与大生产发展的结果,也是资本主义竞争的结果。但垄断组织之间、垄断组织与非垄断组织之间仍存在竞争,生产社会化与资本主义私人占有之间的矛盾也日益加深,需要国家出面进行干预和协调,以维护垄断资本的共同利益和巩固垄断资本对全社会的统治。国家资本也应运而生,国家成为总资本家,国家垄断资本主义盛行。其表现形式主要为:建立国有企业和国私合营企业,通过政府采购购买垄断资本企业的产品,对企业进行补贴,对经济进行宏观调控。第二次世界大战后,国家垄断资本主义继续发展,即使在今天的全球化进程中,国家干预仍在发挥很大的作用。

第二次世界大战后,日本在美国的援助和自身独特经济体制的推动下,迅速崛起,实现了经济的快速发展,一跃成为世界第二大经济强国。但是在20世纪90年代日本经济出现问题,泡沫经济崩溃后出现长时间的经济衰退。德国也是如此,第二次世界大战后经济得到复兴,而20世纪90年代之后经济发展缓慢。

美国在三次工业革命中都处于领先地位,19世纪末20世纪初成功实现赶超之后,一直是资本主义世界的超级大国。但20世纪70年代以后在日本、德国等国家竞争压力下,经济实力相对下降,而且国内经济问题频繁出现:高通货膨胀、高失业率、国际收支逆差、股市崩溃、次贷危机。

可见,资本主义世界的主要发达国家都经历了一个从兴到衰的过程,这说明资本主义制度本身具有不稳定性。为了摆脱危机和衰落,各国政府要出面干预,各国之间又会发生矛盾甚至演化为战争。在今天的全球化时代,这一历史发展的逻辑仍然没有改变。

二、资本主义的本质属性

经典的经济学理论认为资本主义的特征是强调私有产权、市场经济、竞争与自由。果真如此吗？

在资本主义经济中，个人有获得、支配与使用自有财产的权利。私有产权被认为可以鼓励节俭地使用资源，避免出现"公地悲剧"，有利于激发个人的积极性和财富积累。但是，私有产权并不一定总是带来高效率，公有产权的效率不一定比私有产权差。私有产权被标榜是神圣不可侵犯的，但在资本主义历史中，产权也并非完全不可改变，而且很多情况下私有产权的获取是建立在暴力和掠夺的基础上。同时，当代资本主义经济中存在着大量的公司财产和政府拥有产权的公共产品，这说明私人产权有一定的局限性。而且，在资本主义之前的封建社会，自然经济也是私有制社会，私有并不是资本主义的本质属性。资本主义是建立在资本雇佣劳动基础上的私有制。

再看市场经济这个属性，资本主义的市场经济不是完全自发形成的，而是在政府干预下建立起来的。以劳动力市场为例，英国的圈地运动将许多农民从土地上赶走，迫使他们成为雇佣劳动者。但是早期的失地农民并没有自愿地形成劳动力市场的供给方，他们宁愿四处流浪也不愿接受资本家的管理与压榨。后来在政府的干预下，流浪的游民被迫进入收容所接受管制。这样，为了获得更多的自由，农民才不得不开始去工厂做工，成为雇佣劳动者。在贸易方面，很多人认为资本主义信奉自由贸易。但从历史发展看，没有一个资本主义国家没对本国贸易进行过保护。只有本国工业强大到足以抵抗外来商品的竞争、自由贸易更有利于本国商品打入别国市场时，他们才开始宣扬自由贸易的理念。

资本主义相信市场的自发调节，但也讲究计划性、政府干预与宏观调控，如日本和法国的经济计划。当然，资本主义经济要求有限的政府，政府干预更多的是限于为公众利益提供服务，如提供公共产品、维护法律，而不是对私人经济活动干涉和控制。但资本主义的政府是资产阶级的政府，资本主义经济发展到后期，出现了国家垄断资本主义,它服务于垄断资产阶级的利益。政府财政收入和支出占国内生产总值的比重在第二次世界大战以后不断提高,说明政府进行经济干预力量的加强。例如,美国政府公共社会支出占 GDP 的比重在 1980 年为 13.3%,2003 年上升为 16.2%。欧盟 15 国 1980 年的平均数字为 19.9%,2003 年上升为 23.9%。其中,瑞典 1980 年为 28.6%,2003 年提高为 31.3%。[①]

从强调竞争的角度来看,资本主义经济的确存在竞争,甚至是恶性竞争,但垄断行为也大量存在。受亚当·斯密、马尔萨斯和达尔文竞争理论的影响,在资本主义发展过程中恶性竞争的现象屡见不鲜。竞争具有破坏性,竞争应该是手段(对权力与专制的遏制),不应该是目的(为竞争而竞争,形成新的专制与垄断),毕竟商业活动需要在和平的环境下进行。在现代资本主义中,人们发现"这种达尔文式的模式不仅不会被人接受,而且在这种模式下资本主义也不能正常地运作。幸运的是,它那尖利的棱角被竞争磨钝了,被各个国家的传统和文化磨钝了,被社会调节和民主制度的议会和政府的抵消行为磨钝了;尤其重要的是,被它自己经过考虑的追求进步的部署,及时的退却、妥协和宽容磨钝了"。[②]

但是,竞争并没有停止。竞争也是相对的。大资本家总是要建立自己的垄断地位,避免竞争给自己造成损害。只有在底层的中小企业和劳动者总处于竞争的压力下。当然,垄断地位的获取也是长期竞争的结果,但这种竞争并不是完全平等、自由的,往往采取非法、极端的掠夺手段。

此外,资本主义市场经济表面强调分工,但大企业集团却依靠多样化经营来分散风险。资本主义强调变革,从而涌现大量技术创新。但技术创新首先要服务于资本增殖的需要,很多时候,对

[①] OECD. Factbook. 2007.
[②] [英]伊凡·亚历山大:《真正的资本主义》,新华出版社,2000 年,第 181 页。

社会有益的技术发明并不会被资本应用,因为它们不能带来足够高的利润。

市场经济中所谓经济人、理性人的假设也不能完全成立,在资本主义市场经济中,事事都计算成本收益是行不通的。个人主义、以利润为动机在很多情况下是不被采用的,否则资本主义就不会出现大企业集团、出现用企业内部交易代替市场交易的现象。亚当·斯密说,追求自身利益的同时也有益于社会。但事实却是资本主义经济经常出现因个人逐利行为而损害其他社会成员的利益,从而出现较大的收入差距。

资本主义也并不能保证人民获得民主和自由。在一些资本主义国家中,甚至出现了集权政治和独裁主义,如德国的纳粹。一些大垄断资产阶级的意志更容易产生独裁。所谓自由,到了18世纪才作为一个表示一般地不受约束的词汇出现。人本主义(人类高贵的独立性)直到19世纪才出现①。而那时,资本主义已经存在很长一段时间。也就是说,正是资本主义的不自由、不民主才使得人们更强烈地要求这些权利。还有人甚至认为给予人民过多的民主和自由,反而不利于经济发展,它使经济组织松散、缺乏纪律。资产阶级其实也害怕给予劳动人民民主,因为民主的含义中有推翻原有统治、重新分配财产的成分,人民民主意识的提高会威胁到资产阶级的利益。所以,资本主义才会出现愚民政策,用教化使劳动者接受现状。

可见,上述这些特征并不能真正反映资本主义的本质。资本主义的本质还是马克思经济学所言的建立在雇佣劳动基础上的剥削关系。其他特征只是在资本主义发展过程中时而表现明显,时而被忽略,市场经济和竞争等特征都是围绕着服务于资本家获得更高剩余价值的需要而出现的。

---

① [英]伊凡·亚历山大:《真正的资本主义》,新华出版社,2000年,第171页。

三、资本主义的模式:经济体制的形式

(一)盎格鲁—萨克逊模式

现代市场经济体制的代表是英国和美国的经济体制,这一体制被称为盎格鲁—萨克逊模式。在这一模式下,政府的规模较小,税收和财政支出占国内生产总值的比重较低,国有企业的数量较少。更多依靠市场机制来调节经济,企业和个人在经济中发挥主导作用。但政府的作用仍存在,主要表现在建立和保护私有产权、发行货币和信贷、协调私人之间的争议等方面。

英国在发展的早期,绝大多数的基础设施建设都是由私人资助并负责完成的。政府的干预表现为英国历史上的重商主义、贸易保护。英国在资本主义国家中首先完成了第一次工业革命,很多人将其归功于英国的政体以及科学的发展。在第二次工业革命期间,英国的国力已经很强,于是开始自由贸易的实验,并进行大量的资本输出,而在国内的投资相对较少。英国的企业没有走合并的道路,因而相对于美国和德国的企业来说规模较小。在资本主义发展的早期,劳动者的工资增长较慢,难以缓解大众的贫困,到20世纪才有所改观。1780年~1851年英国实际工资年增长率仅为0.8%,1856年~1973年为1.4%。①资本主义是在牺牲劳动者利益的基础上逐渐发展兴盛起来的。英国工党在早期是有社会主义性质的政党,代表工人的利益,并于1918年正式宣布以打倒资本主义制度为己任。但是,工党后来的发展却没有将口号付诸行动,他们承认自由市场是社会进步的必要条件。工党在1945年执政后,致力于创造全面的福利国家,并为劳动者提供大量而稳定的工作。在必要时,将重工业实现国有化。在工党执政的1945年~1951年、1964年~1970年和1974年~1979年,英国先后掀起了三次企业国有化高潮。但之后,又出现逆转,在20世纪80

---

① [美]托马斯·麦克劳:《现代资本主义:三次工业革命中的成功者》,凤凰出版传媒集团、江苏人民出版社,2006年,第85页。

年代和20世纪90年代,英国又出现了国有企业的私有化运动。

美国是一个移民国家,被认为是"先有社会,后有政府"。《美国人的建国历程》一书中讲到私人占有了土地后,等待政府的确认和保护,有的地方甚至是公民自己制定法规来保护私有产权。政府对商业实行开明态度,在19世纪中叶前后的几十年间,美国的某些州几乎谁都可以开设银行或自行发行货币。但政府却没有给劳动者带来太多的好处。在20世纪30年代前的美国工业历史中,美国政府一直阻挠工会的筹建工作,有时它们公然支持公司反对参加罢工的员工。无论对待何种分歧,法庭几乎总是站在资方一边。法律似乎是在怂恿商界随心所欲地去对待他们雇佣的工人,即使工人出现了工伤事故,资方也会被豁免。[①]这充分反映了美国政府实行的是资产阶级的政策,正是大量廉价被剥削的劳动力为资本主义经济发展做出了贡献。

美国政府在经济发展中仍发挥较大的作用。托马斯·麦克劳将政府对资本主义经济的干预分为四种类型:一是对企业发展放任自由,极少干预;二是对自由市场进行经常性、随意性的干预;三是对私有经济发展进行系统引导;四是对全国经济实行国家管理和决策。他认为美国属于第二种类型。完全自由的第一种类型在现实中是不存在的。在1870年前的几十年间,美国联邦政府拿出大量土地用于发展铁路。政府还实行贸易保护政策,美国经济是在30%进口关税的铜墙铁壁的保护中步入成年期的。在限制垄断方面,美国政府也做出了努力。1890年通过《谢尔曼反托拉斯法》,规定"任何以托拉斯或其他勾结行为企图对贸易进行抑制的合同或联合"为违法行为。1911年,经过多年的调查和起诉,美孚石油公司因违反了《谢尔曼反托拉斯法》而被最高法院拆分成34家独立的公司。美国的社会保障制度建立得较晚,直到20世纪30

[①] [美]托马斯·麦克劳:《现代资本主义:三次工业革命中的成功者》,凤凰出版传媒集团、江苏人民出版社,2006年,第342页。

年代至40年代经历大危机后才得到重视。

20世纪70年代以后美国政府面临着严重的债务问题,政府债务占国内生产总值的比重1981年为32.8%,1991年上升到63.4%,1995年达到70.6%。①2000年降为55.2%,2005年又上升为61.8%。②2009财年,美国财政赤字是1.42万亿美元,占GDP的9.9%。目前,财政赤字、经常项目赤字、金融危机已严重拖累了美国经济。

(二)莱茵模式

社会市场经济体制以德国为代表,又称之为莱茵模式。第二次世界大战以后,德国理论界围绕未来的经济社会体制展开了一次大讨论,一派主张实行计划经济模式,另一派主张选择一种市场经济模式,最终,艾哈德选择经济自由主义者米勒——阿尔马克提出的"社会市场经济模式",并以货币改革为先导,开始推行社会市场经济体制。这一体制可追溯到19世纪著名经济学家李斯特的国家主义经济学。随后的历史学派继承了李斯特的历史使命,并针对当时国内刚出现的"社会问题"、"劳资问题",主张采取"阶级调和"的社会改良主义政策。19世纪70年代以后,新历史学派(讲坛社会主义)形成,这时德国产业资本逐渐壮大,开始走向垄断资本主义,其内在矛盾也日益尖锐,劳资问题日益严重,讲坛社会主义提出了各种各样的社会改良主义方案,他们持一种折中主义的立场,是"第三条道路"最早的思想渊源。当时的俾斯麦政府为了与社会民主党和工会争夺工人阶级,推行所谓的"君主社会主义",开始建立社会保障制度。

海关联盟、铁路、工艺技术传统和教育体制推动了德国工业的发展。德国的银行体制表现为综合银行,它兼具商业银行、投资

---

① Schnitzer Martin C. Comparative Economic Systems, South-Western College Publishing 1997, p109.

② 2005年欧元区国家政府债务占GDP的比重平均为77.3%,OECD国家平均为76.9%,日本更高达173.1%(OECD Factbook 2007)。

银行和投资信托机构的多重职能。综合银行对大型企业进行长期重点投资,并参与企业的战略性决策工作。行业协会也对经济发展发挥重要作用,包括:传播技术知识,相互协作,参照政府政策为自己的产业制订战略和长远计划。从企业的组织形式看,卡特尔是重要形式。卡特尔主要加强纵向合并使产品种类更加丰富,而不是占据市场份额。德国的卡特尔是合法的独立公司按照协定组成的同盟。而美国的托拉斯通过兼并将原来独立的公司合并成一家大公司并实行统一管理,因而违背了法律。卡特尔还减少了企业垄断性集中,而且保证了小公司的经营。德国劳工运动的重点不是为了工资或劳动时间,而是为了谋求政治和经济改革。工会和雇主之间相互协商、相互合作、以调解取代罢工的做法在德国被称为"社会伙伴关系"。劳动者和企业所有者共同决策,监管董事会中有一定数量的劳工代表。但是它们只对与劳动者直接相关的事情有决策权,如企业关闭、新生产过程的运用。其权力是受到限制的,不能阻挠企业的重大投资决策,或者干预大规模的资本转移。[①]1994年欧洲共同体起草了《欧洲工厂委员会章程》,要求根据共同决策和工厂委员会制度的精神在企业中成立共同协商组织,1996年9月这一章程正式生效。

德国被认为是组织化资本主义的典范,在顶层上,体现为国家的有组织地采取一些保护政策、社会保障政策。在经济上主要表现在大企业的集团化、金融资本的发展使得企业之间的联系紧密,体现了一种有组织性。在底层,工人阶级组织的发展也是有组织性的表现。[②]

(三)法人资本经济体制

以日本为代表法人资本经济体制是另一种模式。麦克劳将日

---

① Schnitzer Martin C. Comparative Economic Systems, South-Western College Publishing 1997, P.172.

② 参见[美]斯科特·拉什、约翰·厄里:《组织化资本主义的终结》,江苏人民出版社,2001年。

本不同于其他资本主义的特征归纳为下面三点:大企业的管理和雇工制度;公司与公司间联系的广泛和不同类型;可感知的政府作用。

终身雇佣和年功序列制始于20世纪20年代。终身雇佣是一种双向承诺:公司方面努力争取不在退休年龄之前解雇工人,而工人也承诺长期留在公司里工作。但是,终身雇佣并不惠及所有工人,它只适用于日本工人中的20%~30%,且大多集中在男性工人身上。同样,年功序列也并不是说工人的工资只取决于年龄。工人的工资主要取决于年龄,但也反映个人业绩、公司业绩以及其他因素。实际上,这些体制并非管理者赏赐给雇员的礼物,它们是长期以来工人和管理者不断冲突和妥协的结果。①管理阶层鼓励温和派的工人在公司中成立比较合作的工会,企图以此瓦解有激进倾向的工会,因而日本的工会一般无大的作为。

日本的企业集团由几个大公司组成,它们横跨许多产业,且相互持股。1953年《反垄断法》放松了对交叉控股的限制,并允许某种形式的卡特尔存在。主银行制使得企业和银行的关系密切。还有的集团是由许多生产实体组成,称为"企业系列"。在这类集团中,有一个母公司,主要负责设计和组装,还有许多中小公司为其生产配件。此外,还有销售系列和零售商集团,如商社。它们主要从事对外贸易,但也有实业投资。

从明治维新时代,日本政府就积极进行投资,建立"模范工厂",向基础设施建设注入关键性的投资。在第一次世界大战爆发前,政府投资一般都超过私人投资。日本政府于1884年发表10年经济发展计划,这是世界上最早的国民经济综合发展计划之一。政府和企业的关系主要表现为通产省指导工业的现代化和促进贸易。它为国家经济发展绘制蓝图,制定产业政策,将资金流向

---

① [美]托马斯·麦克劳:《现代资本主义:三次工业革命中的成功者》,凤凰出版传媒集团、江苏人民出版社,2006年,第498页~499页。

支持的产业,有行业进入审批权,有推迟反托拉斯法和"制造"卡特尔的权利。

(四)福利市场经济体制

福利市场经济体制的代表国家是瑞典。瑞典是混合经济体制,其主要成分是生产资料私有制的现代资本主义经济,其次是与国家的某些经济活动相联系的所谓公共经济,再次是合作经济。公共经济在国民经济中占很大的比重。1979年瑞典公共经济在全国投资总额中的比重,中央公共经济占16.1%,地方占23.9%,合计为40%。公共经济经营的产业主要包括矿业、邮电、交通运输等基础产业和公用事业,以及烟酒、医药等需要实行专卖或垄断的企业。除此之外,其他行业也有由国家控制或经营的企业,它们大多数都被置于一个由国家设置的"SF控股公司"之下,成为后者的附属公司或子公司。这个控股公司直属中央政府工业部。瑞典合作经济的形式有消费合作社、生产合作社以及信用合作银行。瑞典的合作运动始于20世纪50年代,进入90年代,在各合作系统中的从业人员占全国就业人数的5%,在国内商业从业人员中占14%,在工业从业人员中占7.5%。[1]尽管如此,私人垄断企业在瑞典经济中仍占有突出的主导地位。混合所有制既能保证通过私有制刺激企业主动性和创造性,又能通过部分国有化来实现社会的公平和稳定,但从其性质看仍属于国家垄断资本主义。在战后的较长一段时间内,瑞典经济也保持了良好的状态。

瑞典有社会民主主义的传统,绝大多数劳动者都参加工会,工会力量强大,能够为劳动者争取到更多的权利,但并不能从根本上改变劳动者受剥削的地位。工会只是在既定的制度环境下谋求与资方和政府的合作,如全国总工会与社会民主党有密切的关系,这个资产阶级性质的政党在当选后会在一定程度上反映无产

---

[1] 丁冰:《资本主义国家市场经济研究》,山东人民出版社,2000年,第208页~209页。

阶级的经济利益。事实上,绝大多数企业又都参加雇主协会,它是保守党、中央党和人民党的积极支持者。这样,工会、雇主协会和政府便成了瑞典的三大权力中心。三者相互矛盾又相互协调,共同维护着社会民主主义的社会秩序,构成"瑞典模式"的重要组成部分。

瑞典的社会福利制度发达,但也带来了一些负面后果。如造成庞大的社会福利支出,公共投资不足,不利于资本形成和扩大再生产,这就导致劳动者工作积极性下降,失业增加、怠工严重。为了治理"瑞典病",1992年以保守党为首的联合政府进行了改革,紧缩福利,加强了个人的社会保障责任,在某些方面提高了市场化程度。但大部分福利改革都属"微调",如通过提高退休年龄、延长等待时间、缩短支付期限、降低给付待遇等措施来降低福利开支。1999年开始实行的"名义账户制"是对传统养老体系的一次体制性变革。通过社会福利体系的改革,瑞典的财政赤字逐渐减少,人们对改革的承受能力也有所加强。①

此外,也有人将韩国、新加坡等新兴市场经济国家的经济体制称为发展中的市场经济体制,其特点是通过政府的干预推动经济发展。

不同的资本主义模式孰优孰劣呢?需要对不同模式的绩效进行比较,目前的比较主要采取一些衡量经济绩效的指标,如劳动生产率、失业率、人均GDP、通货膨胀等。其实还应包括社会发展的指标,如受教育程度、人均寿命、社会治安等。幸福指数是一个新的概念。②

从表1-1中可以看到,20世纪70年代以来,一些规模较小的资本主义国家在人均GDP的排位上处于领先位置,如卢森堡、挪

---

① 房连泉:《改革中的瑞典社会福利制度》,《天津社会保险》,2009年第1期,第48页~50页。
② 根据世界幸福数据库(World Database of Happiness)在全球范围内的调查,丹麦人是世界上最幸福的。

威、荷兰等,超过了英、法、德等老牌资本主义国家。当然,由于它们之间存在着竞争,排位也在发生着变化,2005年的顺序与1970年相比就有不小的变化。

表1-1 人均GDP位于前五位的国家(美元,当年价格,用购买力平价折算)

排位次序	1970年	1980年	1990年	2000年	2005年
1	瑞士 6546	瑞士 14328	卢森堡 27309	卢森堡 44238	卢森堡 57392
2	美国 4993	美国 12127	瑞士 25011	挪威 35937	挪威 47467
3	瑞典 4587	冰岛 11470	美国 22887	美国 35162	美国 41657
4	澳大利亚 4445	加拿大 10801	冰岛 20048	瑞士 32918	瑞士 39197
5	荷兰 4320	瑞典 10486	奥地利 19093	荷兰 28997	荷兰 35435

资料来源:OECD. Factbook. 2007.

不同模式之间也在竞争,如英美模式和莱茵模式之间。美国资本主义虽然经济实力强,但储蓄率低,不利于资本形成和资本积累。劳动者的社会福利水平不高,劳资之间的关系相对紧张。而具有社会民主传统的资本主义更被人们称道。在美国近年发生次贷危机后,人们更加对美国模式产生质疑。

其实,组织资本主义体系并没有唯一最佳的方法。当然,资本主义制度中有一些基本要素,如私有制和法治。表面上看,作为一种经济制度,资本主义具有极大的灵活性,可以在具有各种不同国情的国家中有效运转。具有不同的资源条件、历史、宗教和文化背景的国家都可以容纳资本主义经济吗?如果可以,则为发展中国家发展资本主义指明了方向。其实不然,一些国家的传统文化与资本主义精神之间存在矛盾,如果要移植资本主义,必须进行改良,以适应本国国情。

第二节 资本主义经济体制的新特征

第二次世界大战后,尤其是20世纪70年代以来,资本主义经济体制出现了新的特征,主要表现为以下几个方面:

一、所有制结构呈现多元化,资本的社会化程度在不断提高

首先,第二次世界大战后资本主义经济中出现了大量的国有企业,这些国有成分,并非社会主义性质,而是国家垄断资本主义的表现形式。在20世纪70年代至80年代又出现了国有企业私有化浪潮。实际上,在资本主义经济中产权的变革必然要服务于资产阶级的利益,社会目标只是其副产品。

其次,现代资本主义经济中出现了与自然人股东相对的法人股东。以企业法人财产的形式持有一个公司的股份,法人成为名义上的所有者。在现代公司的股权结构中,来自法人部分的比重在逐渐增加。其中,法人又分为两种类型:企业法人和事业法人。前者以工商业企业为代表,后者主要包括银行、保险公司、养老基金、投资基金等金融机构。法人代表着集体的财产,但它的持股并没有改变资本主义私有制的根本性质,更不意味着出现了所谓的社会主义成分。法人的确不同于自然人,法人财产主要由少数几个(只有几个大股东的企业)或数量众多的私人财产(养老基金、共同基金)组成。但这一法人财产只代表着少数个人的利益,即使像养老基金这样的人数众多的法人财产。这与社会主义的公有制是不同的。法人的背后是自然人,法人财产的终极归属仍是个人,法人必须要像个人资本家一样行事,为小集体范围内的个人谋求利润,他不会考虑社会利益或关注劳动者的根本利益。

再次,合作社与股份合作制等集体所有制形式在资本主义经济中得到发展。生产资料归劳动者集体所有,劳动者既获得劳动收入,又获得资本所得。企业实行民主管理。马克思认为合作工厂内工人作为联合体是他们自己的资本家,他们利用生产资料来使他们自己的劳动增殖,资本和劳动之间的对立被扬弃,而且是一种积极的扬弃。[①]Bartlett 等(1992)对意大利 49 家合作企业和 35 家私有制企业的调查发现合作企业的增加值更高,劳动生产率较高,资本密度更低,更多地使用劳动力。企业使用较少的管理人员和白领工人,工资相对较低,但工作时间更长。解雇和辞职比率较低,几乎没出现罢工现象,体现了劳动合作的性质。[②]但实行股份合作制的企业规模一般较小,在资本主义的外部大环境下,其生存存在一定的困难。

最后,除了原有的企业所有者,作为被雇佣者的经理和职工也开始持有一部分企业股份,获得分享企业利润的权利。但这两种变化的性质不同,经理持股的目的是为了防止"经理革命"(出现经理损害所有者利益的行为),经理持有的股份一般较大,持股后的经理在立场上更多地和资本所有者一致,或者说同属于资产阶级。而职工持股的目的在于加强劳动者的激励,但劳动者持有的股份较小,从中获得的收益有限,并不能从根本上改变其被雇佣、被剥削的地位。

二、大企业势力不断增强,垄断程度在提高

在 20 世纪 60 年代、80 年代和 90 年代,资本主义分别出现了几次并购浪潮。随着政府放松产业管制,企业和企业之间的兼并和收购现象越来越多,企业规模在扩大,垄断势力在提高。表面上企业间仍存在竞争,但强者排斥竞争,只有弱者和弱者之间存在

---

① 参见《马克思恩格斯全集》第 25 卷,人民出版社,1972 年,第 497 页~498 页。

② Bartlett, W. Cable, J. Estrin, S. Jones, D. C. Smith, S. C., 1992, Labor-managed and Private Firms in North Central Italy: An Empirical Comparison, Industrial and Labor Relations Review, 46(1), 103~118.

过度竞争。小企业越来越受到排斥,生存状况艰难。20世纪60年代~70年代的兼并浪潮使得许多家庭经营的小企业受到严重的打击。大的烟草企业在获得垄断利润的同时,逃避危害身体健康的产品的赔偿责任。媒体产业的集中垄断了新闻。政府放松管制有好的后果,也有不好的后果。但是十多年来美国新闻媒体对坏的结果近乎保持沉默,对于兼并、收购、杠杆购买、巨大的企业负债和市场垄断水平的不利影响也都保持沉默,①这使得公众对一些经济政策缺乏正确的判断。美国的安然公司、雷曼兄弟等大公司的欺诈、投机行为导致其自身倒闭,不仅使企业内部职工受到损害,也带来很严重的社会不良后果。

三、企业制度的民主化

一些企业在公司监事会中选派工人代表,让工人参与企业管理。这有利于劳资双方协调利益,缓和矛盾。职工可以给企业提合理化建议,这有助于企业领导发现经营和管理中存在的问题,建立起有效的自下而上的监督机制。还有的企业成立了工人委员会,这是职工参与民主管理、监督管理人员的权力机构,如德国的企业。但是,应该看到,参与管理更多地体现为劳动者的自我管理、自我约束,这改变了原有的强制性管理方式,也为企业节省了管理成本。

四、劳资关系出现"缓和"

20世纪70年代以来,发达国家工人罢工事件减少,劳工运动处于低潮,劳动关系似乎出现缓和。但这种缓和只是一种表面现象,实际情况是由于工会力量下降而产生的被动让步。资本主义还把本来应由私有企业承担的责任转移到国家,通过福利国家建

---

① 参见 Jerome H.Skolnick and Elliott Currie, 1991, Crisis in American Institutions, Harper Collins Publishers.

设来解决贫困、失业等问题。

历史上,资本主义政府曾对工资进行直接干预。在劳动力供不应求的一段时期内,英国政府颁布压低工资的立法,对支付和接受高工资者均给予法律制裁。这保证了资本家的利益。20世纪30年代大危机暴露了资本主义分配制度的弊端,一些国家的政府开始制定最低工资。而在70年代通货膨胀高涨时政府又通过宏观调控限制工资上升。发达国家劳动者的实际工资在战后先上升后下降,这和工会运动的高涨与衰落相对应。劳动保护、解雇政策也发生变化,越来越多的国家规定企业可以自由解雇工人。法国雇佣法令的变革在2005年还引发暴乱。

主要资本主义国家的失业问题尤其是长期失业问题严重。当失业不能从根本上消除,西方经济学又发展起所谓"自然失业率"的理论,其实这一理论不能自圆其说。依靠资本主义生产方式不能实现充分就业,近年来一些国家又提出新的就业理念,如分享就业、社区就业、志愿者。

同时,一些国家的收入差距不断扩大。不仅表现为劳方和资方之间的收入差距拉大,而且劳动者内部也出现了分化,技术工人和非技术工人之间的收入差距扩大,战后中产阶层队伍先扩大而后缩小。

五、福利国家的建设和改革

福利国家的建设主要包括充分就业和社会保障制度。此外,住房和教育也是其内容。其中社会保障制度是核心,包括社会保险和社会救济与家庭救助。

德国是世界上最早制定社会保障立法的国家。它在1883年、1884年和1889年,先后通过了疾病保险法、工伤事故保险法和老年及残废保险法。当然,这一制度的产生与工人运动的高涨分不开。此后,其他国家也纷纷效仿。20世纪30年代和40年代是福利国家的巩固和完善阶段。美国在罗斯福新政期间联邦政府开始直接干预社会保障事业。战后英国工党政府在"贝弗里奇报告"的基础上,通过了一系列社会保障立法。从20世纪50年代到20世纪70年代是福利国家的扩大阶段。之前那些促使西方发达国家建立福利国家的政治、经济阴影还不同程度地存在,仍然是推动它们发展福利国家的重要因素。另一方面,这一时期是资本主义经济发展的"黄金时代",也为各国发展福利制度提供了物质基础。从20世纪70年代中期以后,福利国家出现了危机并进行相应的调整。

由于20世纪70年代两次经济危机的影响,国家的财政实力已难以维持原有形式的福利国家。从财政支出占国内生产总值的比重看,OECD国家从1973年的32.9%提高到1983年的41.5%,提高了8.6个百分点。而同期财政收入占国内生产总值的比重从32.1%提高到35.8%,仅提高了3.7个百分点。福利国家的公平原则要求与经济发展的效率原则也出现冲突。很多人认为福利制度不利于激发劳动者的积极性,使劳动生产率下降,影响国际竞争力。在理论上,凯恩斯主义在20世纪70年代的逐渐式微,也使福利国家政策失去了理论的支持。福利国家向福利社会转变,即将某些社会福利计划实行社会化,将原来由国家负责的社会福利计划改由社会负责,实行多元化、私人化和市场化,以减轻国家的责任和负担。其主要形式包括把国家与社会福利有关的一部分资产,如住房、医院、学校等出售给私人。将某些社会福利计划的出资和管理的责任推给私人组织。例如,在年金和健康保险方面,由国家计划转变为私人计划。在国家继续负担费用的同时,将一些社会服务的生产和供应交给某些牟利的私人组织负责。削减国家提供的福利,迫使居民不得不转向私人福利。取消对社会福利的规章管制,减少国家垄断,促进私人福利组织与国家垄断组织之间的竞争。[①]

---

① 转引自黄素庵、甄炳禧:《重评当代资本主义经济:科学技术进步与资本主义经济的变化》,世界知识出版社,1996年,第252页~257页。

福利国家再分配可以缓解阶级矛盾,改善收入差距,但仍具有一定的局限性。任何分配方式都是由生产方式决定的,生产方式是资本主义的,分配方式也必然是资本主义的。再分配是以初次分配为基础,它不可能从根本上改变初次分配的结果,更不能改变决定初次分配的生产资料占有状况。对于劳动者而言,福利是以劳动为基础的。没有劳动,就没有福利。即使表面上由企业缴纳的福利实际上很大程度上是由劳动者承担的(以降低的工资的形式)。而且很多福利政策最终的获益者是富人和中产阶级,而不是真正的穷人。福利政策也受资本主义经济周期运动的影响,在经济不景气时,政府的福利支出减少,劳动者的生活仍得不到保障。20世纪70年代以来福利制度的改革增加了劳动者的生活压力,贫困人口重新增加,收入差距重新扩大。

六、技术创新以产品创新为主

在资本主义经济发展的后期,尤其是20世纪70年代以后,资本主义的技术创新以产品创新为主。这时生产力发展已达到一个较高的阶段,人们的基本生活需要已得到很大程度的满足,在有支付能力的需求一定的情况下,通过过程创新生产出更多的产品出现了销售困难,再生产出与原来相同的产品已不能为消费者所接受,只有在产品的花色、品种、性能上做出革新,才能销售顺利。这时选择产品创新的条件包括:新产品的收入弹性、消费者偏好以及供给弹性。于是企业不是大规模批量生产,而是少量的订单式生产,以满足消费者的个性化需求。由于成本的规模经济优势不明显,有较高技术含量的产品其价格一般也会较高,因而要求产品的收入弹性较高,人们在收入提高时会考虑购买更新换代的产品。

随着资本积累的持续进行,资本的规模不断扩大,资本主义经济中出现了大量的剩余资本。这些过剩资本不是相对于社会发展来说是不需要的,而是相对于资本增殖、资本获得高额利润而言是过剩的。它们不愿意继续投资于利润率微薄的生产领域,简单地生产出销售不畅的产品,而希望投资于能够获得更高利润率的场所。这时,技术创新成为一个理想的投资场所。创业资本是一种相对独立的资本形态,它是从产业资本中分离出来专门执行企业研究与开发阶段投资职能的资本。创业资本从产业资本中独立出来具有一定的历史必然性,它是第三次科技革命和金融创新的产物。创业利润的实质是对创业垄断利润的提前支取,其最终来源是创新劳动,实现来源是创业资本虚拟定价方式。[①]

七、产业结构的非生产性

到了20世纪70年代以后,许多发达国家进入所谓的后工业化时代,在产业结构上的表现是农业劳动力的比重继续下降,工业劳动力比重的下降速度更快,服务业就业比值明显上升。在产值方面,农业部门的产值比重进一步收缩,工业的产值比重出现了持续下降趋势,服务业的产值比重随劳动力的流入出现了差不多同样速度的增长。

三次产业之间要保持一个合理的比例,虽然在一些发达国家第三产业的比重越来越大,但放眼整个世界经济体系,却是另一个图景。第三产业发展的基础在于第一产业和第二产业,正是因为有许多发展中国家从事第一产业和第二产业,才使得少数发达国家能够侧重发展第三产业,并通过国际贸易获得更大的利益。如果脱离这个基础,发达国家第三产业和整个经济的发展就会出现问题。

八、金融自由化与虚拟经济的发展

第二次世界大战后,金融自由化和经济虚拟化程度不断提高。以美国为例,1973年美国取消了资本流入的限制,随后对外国

---

① 刘志阳:《创业资本运动的政治经济学分析》,南开大学博士学位论文,2004年。

公司进入美国国内金融市场实行了自由化,同时放松了对美国金融机构向外国贷款的管制。1979年,美联储允许部分银行可以在两州以上设立分行。《1994年跨州法》进一步放松对银行跨州经营的限制。1980年还对储蓄机构的业务和利率自由化放松管制。

金融部门与实际经济部门的距离越来越远,它已经不完全是为实际生产活动提供资金的融通,而是投机性地买进、卖出。这种投机性活动也在增加国内生产总值吗?表面上看,可能是这样。但是金融部门的利润归根到底还是来自产业部门的转移。在经济全球化背景下,则涉及不同国家之间的利润转移。发达国家从事金融服务业的就业者越来越多,这依靠进口发展中国家的廉价制造业产品来维持。发展中国家出口商品获利非常微薄,但仍保持着经常项目的顺差。大量的外汇储备又用于购买发达国家的国债,支持发达国家的建设。

在货币信用关系日益发展的资本主义经济中,金融对经济发展的作用得到增强。任何经济活动都离不开货币、金融工具,这越发使人们产生了货币拜物教,希望单纯在金融市场上获利。把金钱看做可买卖的商品——"钱能生钱"——这种对钱的短期主义金融观和"金钱加固定资本加劳动创造金钱"这种更远大的工业金融观之间,必须有一个合理的调和;免得前者这种观点的近视导致整个商业体系的部分失明。[①]最近美国由次贷危机引发的金融危机也让人们看到信用过度膨胀、缺乏金融监管的巨大危害。

资本主义经济中出现了另类金融和另类货币,金融膨胀和金融排拒使得大量人口无法以正规货币进行贸易和生产活动,因而只得以另类货币和交易方式寻找出路,他们在小范围内使用和承认稳定的货币符号。它摆脱了传统正规货币的限制,发挥社区经济的作用,扩大就业。更多的人要求建立一种有别于消费主义、增长主义的文化生活方式和价值。

---

① [英]伊凡·亚历山大:《真正的资本主义》,新华出版社,2000年,第137页。

九、宏观调控的作用得到加强,市场与政府不断寻找结合点

20世纪90年代是一个融和的年代。虽然在美国的新自由主义和凯恩斯主义、在欧洲的保守主义和自由主义(相当于强调政府干预的凯恩斯主义)之间依然对立,但是理论的融合在进行中。相应地,各国在宏观经济政策上体现了更多的理论综合,其中既有凯恩斯主义的成分,又有货币主义的成分。代表性的理论是新凯恩斯学派,他们认为市场协调会出现失灵,因而政府干预是必要的。但不同于凯恩斯理论,新凯恩斯学派主张政府干预的理由更加充分,是建立在微观基础之上,并强调政府干预不能对微观主体的合理行为造成损害。

国家垄断资本主义继续发展,通过创建国有企业,为垄断资本主义提供更好的发展环境;通过政府采购、企业补贴等方式扶持资本主义企业的成长;通过宏观调控保证经济协调发展。

政府干预在一定程度上缓解了资本主义经济危机,使危机的破坏性减低,但并不能从根本上解决危机,甚至也会由于政府的不适当干预,导致危机的频繁发生或恶化。

十、全球化快速发展

进入20世纪90年代以来,国际贸易、国际投资、劳动力跨国移民等经济全球化形式快速发展,但全球化过程中并没有实现真正意义的自由贸易。世界贸易组织也非"自由贸易"的推动者,它往往服从发达国家的利益。发达国家经常采用双重标准,希望别国实行自由贸易,而非自己也采取。尤其是当自己利益受损时,他们就会采取极端的贸易制裁手段。以世贸组织支持的公平竞争当中的反倾销原则为例,它并非是促进"自由贸易"的手段,相反,更经常被运用以保护和扩大企业原来拥有的市场份额。而知识产权的保护也赋予企业合法的垄断地位,在长时间内排除竞争对手。作为世贸组织一项核心条款,知识产权恐怕不是为了推动贸易自

第一章 资本主义经济体制

由化,恰恰相反,它起的效果正是减少竞争。①

应该看到,全球化是资本主义的全球化,是资本主义生产方式的世界扩张,发达国家从中渔利,而发展中国家获利甚少,甚至成为牺牲品。全球化不但没有缩小发达国家与发展中国家之间的差距,反而扩大了差距。跨国公司在发展中国家的剥削遭到指责,他们没有给发展中国家带来多少技术,而是把各地政府对科技研究和创新的补贴,包括培训人才的成本,变成他们的"免费午餐",形成"技术反向外溢"。《联合国人类发展报告2005》指出,对于国际贸易并没有给低收入国家带来好处,世贸组织负有不可推卸的责任。例如,世贸组织的一些条款,限制了低收入国家采取保护本国幼稚工业的政策,而这些政策历史上曾帮助发达国家实现经济增长。近年很多国家出现了反全球化的运动,这种反对力量并不是反对自由贸易,而是反对发达国家利用全球化进行的剥削,反对以自由贸易、自由投资为旗号而对世界生态环境进行破坏。

资本主义的这些新特征形成的原因是什么?技术发展论认为生产力决定生产关系,新的技术革命在推动生产力发展的同时,也改变了资本主义的生产关系。如信息技术革命使得企业的组织形式发生改变,推动经济全球化的发展,同时,劳动者的技能结构要求改变,劳动者内部也出现分化。

经济富裕论认为生产力的发展使得资本主义达到一个新的阶段,社会财富的极大丰富让资产阶级有能力提高劳动者的待遇,国家也有经济实力建设社会福利计划。在社会富裕的条件下,人们的意识形态也发生改变,民主、自由的思想更加得到认同。劳资之间的激烈冲突得到一定程度的缓解。

生产关系和阶级矛盾论指出,资本主义出现的这些新特征是为了缓和阶级矛盾、克服经济危机、适应生产力发展而做出的被动调整。与技术发展论不同的是,这些变化反映了生产关系被动调整的

---

① 许宝强:《资本主义不是什么》,上海人民出版社,2007年,第118页~119页。

过程,而前者反映的是生产力推动生产关系而"自然"产生的结果。

第三节 资本主义经济的发展趋势

20世纪70年代出现的这些新特征说明资本主义进入新阶段了吗?后工业社会、新资本主义、晚期资本主义这些称谓是否恰当地反映了这些变化的本质呢?

一、资本主义进入新阶段了吗

丹尼尔·贝尔认为西方国家在1970年以后进入后工业社会。但他关于后工业社会的概括只从技术发展的角度反映了资本主义社会的变化,没有真正切入资本主义经济的阶级实质。

哈拉尔认为:20世纪70年代之后制度上的战略变化正在为后工业社会创造出更高形式的资本主义。这种"新资本主义"是民主与自由企业的一种不寻常的结合。大公司、等级制度、官僚主义使得旧的资本主义制度缺乏效率,因而时常发生经济危机。随着信息时代的到来,经济可以实现可持续的增长,组织结构以市场网络为主,决策上强调参与性领导,企业追求的目标不再是单一的利润目标。民主的自由企业制度是一种既合作又竞争的体制。管理的重点是战略性管理,在世界体系方面,由原来的资本主义和社会主义对抗演变为资本主义和社会主义混合。①

在哈拉尔看来,新资本主义完全可以被理解为显示某种更高级的理性前景,这种前景意味着几乎把注意力全部放在经济的物质方面的旧"工业"领域的消亡;现在,掌握企业活动的"社会"领域的必要性日益迫切。后工业社会的本性正在使社会、智力和政治等方面的资源变成决定企业成功与否的主要因素,因此资本的作用在减弱。他甚至指出,"新资本主义"实际上根本不是资本主义,如果它通

---

① [美]W.E.哈拉尔:《新资本主义》,社会科学文献出版社,1999年,第58页。

过民主管理为所有的人类目标而不单是为利润服务的话,那它还是自由企业。事实上,它使自由企业的原则有更大程度的自由和实业家的活力。""现在出现的新的经济体制是一种完全超出资本主义范畴的民主的自由企业,这一点在一二十年内必然会明朗化",①这反映了哈拉尔过于乐观的想法。但是资本主义出现的新变化并不足以说明资本主义出现质的改变,甚至也不能说其进入一个新阶段。

拉什和厄里则认为组织化资本主义趋向终结,表现为工业垄断势力减弱,工会运动下降,劳动者内部的分化(服务阶级的非组织化)等。在资本主义非组织化过程中,工人阶级在规模、资源和集体性上衰落了。②

马克思经济学者曼德尔的晚期资本主义理论则说明了资本主义存在重重危机。阿明认为20世纪70年代以后资本主义出现新的危机。它仍表现为资本过剩,因为在生产系统中资本找不到可带来足够收益的机会,以管理金融为主的危机解决方案弥补了赢利市场机会不足的缺陷。但金融化使世界经济一如既往地陷入了螺旋式的停滞,而且它没有为超越停滞做好准备。③近年爆发的全球资本主义金融和经济危机印证了阿明的这一观点。

那么,资本主义将向何处去,它未来的发展趋势会怎样?

二、资本主义发展与国内矛盾

资本主义要继续发展,首先要解决国内矛盾。国内面临的主要问题有:失业率较高,虽然失业对企业不是坏事,但长期居高不下却会影响资本主义经济的整体稳定。坏工作增加,妇女在新的"血汗工厂"工作。没有管制的经济增长的成本提高,城市盲目扩张带来的交通拥挤、空气污染、住房价格上涨、教育资源短缺、犯

---

① [美]W.E.哈拉尔:《新资本主义》,社会科学文献出版社,1999年,第367页。
② 参见[美]斯科特·拉什、约翰·厄里:《组织化资本主义的终结》,江苏人民出版社,2001年。
③ [埃及]萨米尔·阿明:《资本主义的危机》,社会科学文献出版社,2003年,第14页。

罪率上升。收入差距在扩大,由此带来各种社会问题。

剩余价值在增长,剩余价值率在提高。美国制造业1950年、1960年、1970年、1980年、1989年的剩余价值率分别是111%、122%、141%、161%、209%。[①]农场主和中小资本家的收入也有较大增加,但在资本总收入中的比例下降,由1946年的59%下降到1990年的34%。1990年利息占所有资本收入的比例约为40%,说明食利者阶层队伍的扩大和财产的积累,租金收入下降。租金收入最终来自劳动者创造的剩余价值和工资收入,生产资料和生活资料的使用权出让收入不可以无限增长,它受资本主义经济发展状况的影响。从社会的角度看,食利阶层的大量出现会损害实际生产活动,因而这一坐享其成的收入方式在走下坡路。

中产阶级的比例在下降。在法国的就业人口中,中等阶层所占的比重从1954年的41%下降到1980年的32.8%;在原联邦德国,中产阶层所占比重从1950年的31.5%下降到了1981年的22%。在美国,中等收入阶层所占比重从过去的40%~50%降到了1989年的35%,2005年只有25%。

基本形势是,富人越富,中产阶级止步不前,而穷人则更穷了。从衡量收入差距的指标基尼系数看,美国的基尼系数由1990年的0.348上升到2004年的0.475。按照家庭收入十等分法看,1990年收入最低的10%到最高的10%所占的份额分别是2.25%、4.09%、5.42%、6.64%、7.88%、9.23%、10.81%、12.83%、15.92%、24.92%。2004年的数字分别为1.11%、2.49%、3.69%、4.92%、6.27%、7.85%、9.82%、12.55%、17.09%、34.21%。可以看出低收入家庭的收入份额在减少,而只有高收入的20%家庭的份额提高。其他发达国家的基尼系数都有所上升,如英国从1990年的0.393上升到2004年的0.407,德国从0.338上升到0.342[②]。根据国税局

---

① 转引自黄素庵、甄炳禧:《重评当代资本主义经济:科学技术进步与资本主义经济的变化》,世界知识出版社,1996年,第210~211页。

② World Income Distribution 2005/2006, Euromonitor International PIC 2005.

(IRS)退税的资料可以看到美国人的收入状况,最富有的1%人口2005年共申报了130万笔退税,每笔的税收调整后总收入(AGI)平均为120万美元,他们在全部调整收入中占21.2%的份额。而在1986年,最富的1%人口只占总收入的11.3%。在收入分配的另一端,2005年75%的大多数底层人只占有总收入的37.5%。过去的20年对他们来说很糟糕,在1986年还占41%。在底层和顶层之间还有中间阶层,他们的收入份额20年间没有发生改变。

资本主义将因生产关系的继续调整而保持生命力吗?阿明认为,资本主义制度的内在不稳定同时又是其发展的动力。资本主义具有惊人的弹性和韧性。但未来的发展方向,仍不能确定。[①]

三、资本主义发展与全球化

资本主义要继续发展,除了国内矛盾,还要解决好全球化背景下各国之间的冲突。战略贸易理论认为,一个公司能在母国政府的帮助下,设计出使其在垄断行业有效竞争的战略。从这个理论导出的结论是一国政府能够并且应该帮助其企业在垄断市场中竞争取胜。新贸易保护主义的手段包括进口的外国商品中必须使用进口国零部件(即当地含量)的规定,广泛滥用关贸总协定中的反倾销和其他规定,以及政府强迫出口商接受"自动出口限制"。到目前为止,世界贸易组织的争端解决机制运行基本良好,只是在美国与欧盟频频发生摩擦时感到左右为难。[②]尽管工业化国家(美国、西欧、日本)和第三世界的主要出口国都肯定会从该协定中得益,但世贸组织以外的大多数国家,尤其是那些最穷的欠发达国家,在世贸组织的贸易体制下可能会有较大损失。

自由贸易因此遭到发展中国家的反对,关于环境保护和劳动

---

① [埃及]萨米尔·阿明:《资本主义的危机》,社会科学文献出版社,2003年,第14页~17页。

② [美]罗伯特·吉尔平:《全球资本主义的挑战:21世纪的世界经济》,上海世纪出版集团,2001年,第108页。

标准的争议不断。环保主义者担心贸易谈判者和贸易体制把商业利益置于环保目标之上。公平用工制度包括提高发展中国家劳动者的工资、禁止使用童工。发展中国家强烈谴责把西方标准强加给他们的企图,宣称这是保护主义者用这些标准作为手段来削弱以低工资和低福利为基础的发展中国家的比较优势。因为不少工人权利的鼓吹者事实上就是贸易保护主义者。

跨国公司的流动性增加明显削弱了母国劳工组织的谈判地位,企业主经常威胁说要把工厂迁到工资更低的发展中国家去,除非工人同意资方的要求。在这样的背景下,发达国家的劳动者与发展中国家的劳动者产生冲突,发达国家的工会认为是发展中国家的劳动者抢了自己会员的工作,他们要求发展中国家提高劳动标准,在贸易上也采取保护主义立场。

在经济全球化的背景下,国际货币体系出现不稳定。一个运作良好的国际货币体系需要维持这一体系的国家或国家集团强有力的领导。该领导必须承担起创造性地解决技术性很强的问题的任务,同时提供和管理用以维持储备的主要货币,便利国际贸易,并提供清偿手段。另外,该领导还必须充当最后贷款人,在某国面临严重的金融困难时提供帮助。尽管理论上这种领导角色可以由两个或多个国家,甚至由某个国际组织来充当,但历史上它是由经济和军事上的强国来充当的,如19世纪末的英国和第二次世界大战后的美国。毫不奇怪,管理国际货币体系的规则总体上反映了这些领导国家的利益。①主要经济大国之间的政治分歧意味着以制度化的政策协调和严格的规则为基础的体系再也不可能出现。目前,美元必须与欧元等其他货币竞争。

金德尔伯格断言金融危机是国际资本主义的固有特征。充满风险的投机、货币与信用扩张,受人欢迎的资产价格上涨、资产价

---

① [美]罗伯特·吉尔平:《全球资本主义的挑战:21世纪的世界经济》,上海世纪出版集团,2001年,第112页。

格的突然暴跌和慌忙兑换现金或转向安全的地方投资都是国际投资者在世界上追逐高额利润的过程中特有的现象。在1997年东南亚金融危机之后,国际货币基金组织的干预和要求改革的措施受到批评,如要求提高利率、促使货币升值等,但所有这些措施反而不利于危机的解决。他们要求的改革旨在把这些国家的经济改造为市场不受政府干预的美国模式,这同东亚国家的社会价值观念和发展战略的重要方面格格不入。甚至还有人认为美国利用这场危机迫使该地区的一些国家开放经济,并且使他们接受美国金融利益集团的主宰和分配。

另一方面,经济区域主义成为世界经济统一的日益重要的威胁。经济区域主义和贸易转移的趋势如果继续下去,可能严重威胁开放和多边的全球经济的发展。这些区域性集团对内实行经济合作、自由贸易,对外则依靠其强大的经济实力实行保护主义政策。但是经济区域主义是——或者至少可以成为——走向开放的多边性世界经济的重要一步,也许还是不可或缺的一步。①

实际上,真正意义的经济全球化任重而道远,2008年诺贝尔经济学奖获得者保罗·克鲁格曼说过,20世纪90年代末世界经济某些重要方面的一体化甚至比第一次世界大战以前还要差。政府干预、贸易保护、投资限制、区域保护壁垒、劳动力流动障碍仍大量存在,全球化的有利经济影响只限于西方发达国家和东亚新兴市场。事实上,关于全球化发展的许多说法只不过是富裕的工业国的幻想而已。美国、欧洲和日本三大经济力量的共同经济利益为稳定世界经济提供了极好的基础。世界银行、国际货币基金组织和其他国际机构需要进行改革,使它们更具有代表性,并对世界经济和政治的现状做出积极的回复和反应。

在经济全球化的时代,各国的经济制度能否趋同?经济全球

---

① [美]罗伯特·吉尔平:《全球资本主义的挑战:21世纪的世界经济》,上海世纪出版集团,2001年,第335页~336页。

化是否会使各国抛弃过时的经济制度，逐渐共同采用以自由市场、向世界经济开放和政府极大地减少对经济的干预为基础的经济模式呢？这种趋同对有些国家来说是乐不可支的幸运事，而对另一些国家来说可能成为他们忐忑不安的根源。趋同也表现为资本主义和社会主义制度都向科学民主的经济管理模式前进。资本主义国家强调职工参与管理、提高社会福利；而社会主义国家开始以市场为取向的经济改革，注重企业效率的提升。全球危机不可避免地提出的挑战是要把资本主义和社会主义的意识形态综合成一个共同的概念框架，在这个基础上建设经济政治新秩序一体化的世界经济。

趋同会使得相互之间的矛盾和冲突减少吗？著名学者亨廷顿认为不会出现趋同，指出各国之间政治、经济和安全冲突将仍然是国际事务的重要因素。尽管各国在增长率和劳动生产率等宏观经济表现上显示出某种趋同，但在制度和组织结构方面几乎没有出现趋同。各国的制度和组织结构的趋同一直是国际谈判的一个主题，人们不大会把它当做全球化自动产生的结果。

全球化使资本主义真正取得胜利了吗？私有化、经济自由主义胜利了吗？还不能这么说。近年全球金融和经济危机的爆发，也让人们对这一制度产生怀疑，对经济全球化产生怀疑。其实，资本主义制度一直在演变，在调整中，它在向新的形式过渡，这一形式不是单纯的资本主义或向社会主义演化。未来资本主义经济发展趋势是社会经济发展过程中出现两种趋势，即发展的趋势和停滞的趋势同时存在。由资本主义文明向人类社会的更高阶段社会主义文明的演化进步将会经历漫长的过程。

参考文献

丹尼尔·贝尔.后工业社会的来临.北京：商务印书馆,1984

W.E.哈拉尔.新资本主义.北京：社会科学文献出版社,1999

彼得·德鲁克.后资本主义社会.上海:上海译文出版社,1998

米歇尔·阿尔倍尔.资本主义反对资本主义.北京:社会科学文献出版社,1999

约翰·基恩.公共生活与晚期资本主义.北京:社会科学文献出版社,1999

罗伯特·库尔茨.资本主义黑皮书:市场经济的终曲.北京:社会科学文献出版社,2003

大卫·雷斯曼.保守资本主义.北京:社会科学文献出版社,2002

萨米尔·阿明.资本主义的危机.北京:社会科学文献出版社,2003

J.K.吉布森格雷汉姆.资本主义的终结.北京:社会科学文献出版社,2002

托马斯·K·麦克劳.现代资本主义:三次工业革命中的成功者.凤凰出版传媒集团、江苏人民出版社,2006

高峰.现代资本主义的经济关系和运行特征.天津:南开大学出版社,2000

许宝强.资本主义不是什么.上海:上海人民出版社,2007

朱国红.正确认识发达资本主义国家的自我调节、改良和改善.载:复旦学报(社科版),2000(6)

Samufel Bowles, David M. Gordon, Thomas E. Weisskoph, After the Waste Land, M. E. Sharpe, Inc. 1990.

第二章 企业与产业组织的新变化

○企业内部经济关系的变化

○企业之间的经济关系

○政府与企业的关系

○新经济时代的企业组织形式探索

  本章论述战后发达资本主义国家企业组织形式和内部产权结构的变化：分析企业内部不同利益集团的权力分配关系，并探讨其对劳动者的影响；分析企业与企业之间经济关系的变化，包括企业集团内部交易、银行与企业的关系、企业之间的垄断与竞争关系，说明市场结构变化的政治经济学原因及其对经济效率和社会福利的影响；分析企业与政府以及社会的关系，说明大企业如何参与政治过程，揭示国家垄断资本主义理论的现实意义。最后，对未来的新型企业组织形式进行探求。在分析的过程中，以美国和日本为例，比较其企业与产业组织的差异，借以从企业的视角来解释20世纪90年代以后两国经济增长的不同表现。

第一节 企业内部经济关系的变化

20世纪以来,西方国家的企业组织形式逐渐从业主制、合伙制向公司制转变,公司制主要是指股份有限公司和有限责任公司两种形式。公司制可以使私人资本家筹集到更多的资金,形成资本与资本之间的联合,加快资本积累和生产集中,企业的规模得到进一步的扩大。企业组织形式的变化反映了生产关系适应现代社会化大生产的要求。

企业组织形式的变化带来企业内部产权关系的变化,必然会影响到公司的治理结构。主要表现为以股东大会、董事会、经理、监事会为核心的公司治理结构的出现、企业所有权和经营权的分离、法人股东和法人相互持股的出现、职工持股和在工会领导下的工人参与企业管理等方面。

一、"经理革命":从资本大亨到经理阶层的统治

在传统的业主制企业中,股权是单一的,企业的所有者同时也是企业的经营管理者。公司制带来了股权的多元化,众多的所有者不能都充当企业的经理,不能都对企业的经营管理进行干预,只能选出一个代表来行使管理者的职能。另一方面,企业规模的扩大和生产经营范围的增加使得经营管理活动变得更加复杂,需要具有专门技术和管理经验的人才承担这一重任,因而有时需要从股东范围之外、到经理市场上聘请职业经理来管理企业。

一般的公司治理机制是这样的:由所有股东组成股东大会,它是企业的最高权力机构,重大决策要在股东大会上表决通过。股东大会选举出企业的董事会,董事会代表全体股东来行使管理职能,再由董事会聘用经理负责具体的管理事务。同时,股东大会还选出监事会,对董事会和经理进行监督。由于董事会聘用的经

理可能不是企业的股东,而经理行使企业的日常经营管理权力,于是企业所有权和经营权出现了分离。在这种情况下,有人认为由于经理的利益与股东的利益不完全一致,会出现企业经理在经营过程中从自身利益出发,损害股东利益的行为,即所谓的"经理革命"或"内部人控制"。这一问题首先由美国的贝利和米恩斯1933年在其著作《现代公司与私人财产》中提出,在第二次世界大战以后一直是西方国家理论界和实业界争论的热点话题。如果真的存在"经理革命",企业所有者的利益会受到损害,同作为雇佣者的经理和企业的劳动者应该有更多的一致利益,这会危及资本主义私有制企业的基础。

强调存在"经理革命"的观点认为,股东的目标是追求企业的利润最大化,由利润增长获得股息收入。如果经理没有持有企业的股票,企业利润与经理获得的收入联系不大,他就没有很强的动力去扩大企业的利润,所以经理的目标不一定是企业的利润最大化。作为一个职业经理人,他更关心企业的规模扩大和他任职期间的在职消费。企业规模的扩大会提升他的社会地位,而另一方面,企业规模扩大不一定带来利润的扩大。所以,经理对销售收入、企业规模的过分追求会导致企业发展偏离所有者的目标。此外,由于经理也是被雇佣者,在利益上会与劳动者有共同之处,因而在给劳动者的工资支付上会更慷慨。这也会损害企业所有者的利益。

但是,也有的人认为所谓的"经理革命"是不存在的,或者即使存在,其影响也微乎其微。虽然经理在短期内不一定以利润最大化为目标,但经理往往从企业长期发展的需要出发,追求销售收入和企业规模的扩大都有利于企业长期利润目标的最大化。即使企业的经理真的不以所有者的利益为重,所有者也不会坐视不管,董事会和监事会对经理的监督都是客观存在的。虽然信息不对称会妨碍监督,但经理的行为总会受到一定的约束。最后,经理作为高层受雇佣者,是资本的人格化代表,在利益上更多地与所有者一致,而不大可能与雇佣劳动者一致。

理论上的分析还需要实证来检验。对于所有权和经营权分离导致的"经理革命"问题,更应该对现实中的经理行为进行实证研究。而且对于不同国家,由于企业制度上的差异,"经理革命"的表现也不尽相同。

早期的研究发现,的确存在经理违背所有者意志的情况。经理的收入与企业的利润联系不大是一条重要原因。很多经理拿的是固定的年薪,即使企业利润大幅度增加也不会提高其收入。例如 Jensen(1990)的分析说明总经理财富和股东财富之间的联系很小,他考察了 50 年 2000 个总经理的财富变化情况,发现股东财富每变化 1000 美元,总经理财富只变化 3.25 美元。反之,企业利润下滑而经理仍拿高额年薪的例子也大量存在。由企业经理内部人控制引发的欺诈事件频发,如安然事件、雷曼兄弟违规。这次次贷经济危机中很多企业出了问题,他们大幅度减薪裁员,而高层管理人员的收入却没有下降。

"经理革命"会给企业和社会带来怎样的后果呢?凡伯伦认为企业由知识和技术阶层的经理控制,会促使企业更多地追求效率,也会尽力把生产提高到更高的、也更符合社会需要的水平上,而不会像所有者经营时代那样靠垄断来获得超额利润。加尔布雷斯在其 1976 年的《新工业国》中认为:技术结构阶层掌握大公司权力,会牺牲所有者的利润,满足自身的目标。他们最关心公司的发展、扩张,以低于追求最大利润的价格来扩大销路。这会导致消费者的超量购买、私人部门的迅速扩张和公共部门的衰败。

由于对经理进行了有效的监督和激励,经理的行为得到很大的"矫正"。监督主要通过监事会来进行,而激励措施体现为短期激励——年度奖金和中长期激励——经理持股。据美国《商业周刊》报道,1999 年 CEO 的奖金占其总收入的比重平均为 16%。很多经理的奖金收入远超过年薪收入。从中长期激励看,现在经理不仅是企业的经营者,而且是所有者,他获得报酬的很大一部分来自企业的股份,则他的经营目标就会与其他股东趋于一致。例如,1975年《财富》杂志500家企业的统计,在最大的10家中,经营者持有的长期股票占公司总股本的比率为2.1%,中等的10家企业的经营者持股比率为19.3%,最小的10家企业中,经营者持股比率高达32.5%。考虑到大企业的股权分散,经营者即使持有较小比例的股份也是有意义的。另外,莱维伦计算了1940年~1963年间,每年美国全国50家最大企业的经营者报酬情况。发现最高经营者从所持股份中得到的收入,超过他们税后工资收入的4倍以上。①据调查,激励报酬部分(包括短期激励和长期激励)在美国银行业高级管理人员全部薪酬中所占的比重通常达80%甚至更多,其中,股票期权的价值要远远高于年度奖金、红利与其他激励的总和,成为这一群体高收入的主要来源。②哈罗德·德姆塞茨认为经理持股是一种有效的激励方式,此外,由于信息成本下降,股东可以对经理实行有力的监督,也使得经理不能过分偏离所有者的利益,否则就会遭到解雇。即使股东是机构法人,也不会像人们想象的那样:机构法人对企业长期经营不关心,只关心自己的短期利益,这就让经营者对企业形成内部控制。实际上来自机构法人对经营者的监督也是存在的,玛格丽特·M.布莱尔(1999)对养老金等机构法人进行的研究表明了这一点。③

但是,经理持股并非万能,也需要严格的监督,否则也会出现美国安然公司事件中的经营者串通合伙公司和会计师事务所"制

---

① 转引自[美]哈罗德·德姆塞茨:《所有权控制与企业——论经济活动的组织》(第一卷),经济科学出版社,1999年,第247页~248页。

② 阎澄宇、王一江:《银行高层激励:美国20家银行调查》,载《经济研究》,2005年第3期。

③ 参阅[美]玛格丽特·M.布莱尔:《所有权与控制:面向21世纪的公司治理探索》,中国社会科学出版社,1999年,第五章"机构投资者可以完善治理制度吗"。

造市值"的造假问题。

此外,弗里德曼从根本上否认所有权与经营权分离一说,认为只是由于公司税的存在才导致它们之间的分离。由于很多股东希望通过增加企业捐赠来减免税款,因而导致了经营者利用捐赠违背所有者的利益。货币学派的代表人物弗里德曼认为根本的出路是废除公司税,让捐赠成为个人的事情。[1]但这一解释不能充分说明所有权和经营权分离的全部。

不同国家的"经理革命"表现也有所不同。在日本有不同的公司治理模式,公司的董事大多为内部晋升的,董事与经营者经常是一体化,企业经营的重大事情由经营者决定,董事只起确认的作用。同时,日本的监事会(由经营者选拔)也起不到真正的监督作用。这样企业就形成了内部人控制,实际上是经营者在起支配作用。但经营者依然受到监督,只是监督者不是监事会,对经营者起监督作用的是主银行、相互持股的公司和大的交易商、工会以及职员。企业集团内的社长会相当于大股东会,给经营者施加压力。经营者(有时是大股东)支配自己的公司,也通过相互持股支配其他公司。但是企业主要是法人所有,而非私人自身所有。法人相互之间有责任,除此之外不承担责任。虽然经营者会违背股东的意志,但所谓的"经理革命"与社会责任在日本的经理身上很难看到,因而日本的经营者内部控制与欧美的所谓"经理革命"存在一定的差异。

从中国的情况看,无论是国有企业还是上市的股份制企业,内部人控制的现象也大量存在,经营者往往会违背所有者的利益,这与对高层管理者的监督和激励缺失有关。我国对高层管理者以货币收入等短期激励为主,缺乏长期激励,内部人控制导致许多国有企业亏损。美国上市公司高级管理者的报酬结构为基本工资占42%,奖金占19%,股票期权占28%。魏刚(2000)根据上市

---

[1] [美]米尔顿·弗里德曼:《资本主义与自由》,商务印书馆,1986年,第130页。

公司1998年年报的研究表明，高级管理人员的年度报酬与上市公司的经营业绩并不存在显著的正相关关系，而与企业规模、行业景气度有关。高级管理人员的持股也没有达到预期的激励效果，它只是一种福利制度安排(是内部职工持股的组成部分，而且由于一、二级市场之间的巨大差价，不用付出太大的努力就可以通过股票来获利)。①但是近年来随着国有企业改革和公司治理结构的完善，内部人控制的局面有所改善，对经营者的激励也使企业经营效益得到提高。陆挺和刘小玄(2005)对改制企业的研究表明，经营者持大股从效率上来讲是最优的改制方式，而平均分配的股份合作制的改制方式则具有较差的业绩效果。②

但是，也有人对转型时期的管理层收购(MBO)提出质疑。因为实际上不是MBO (Management Buy-outs)，而是MBI (Management Buy-ins)。MBO是管理层收购市场上上市的股票，而郎咸平先生批评的中国管理层收购，不是收购上市的股票，而是收购不上市的国有股和法人股，且又没有一个公开竞价的过程，完全由管理层自己定价。

毛立言指出："转型国家的'管理层收购'却是利用计划型公有制的市场化改革，也就是利用传统公有制的分权化改革，实现在经营权凸现(地位和作用提高)过程中向所有权的转化，把经营权与所有权重新合二为一，重新回到完整的未分化的私有产权。非常明显，这种'管理层收购'是与现代经济中的企业治理结构的基本状况不相符的，是与产权运动的基本趋势相违背的。"公有制基础上的"经理革命"与私有制基础上的"经理革命"，既有相同的一面，又有不同的地方。社会主义"经理革命"的制度创新意义，其"新"之所在，就在于它是公有制基础上的"经理革命"，是解决公有制经济中的委托—代理关系问题，是培育公有财产所有者委托和制约的经

---

① 魏刚：《高级管理层激励与上市公司经营绩效》，载《经济研究》，2000年第3期。
② 陆挺、刘小玄：《企业改制模式和改制绩效》，载《经济研究》，2005年第6期。

理阶层问题。这种"经理革命"应该是社会主义性质的,这是由社会主义公有制的本质内涵决定的。对传统高度集权的经济体制进行的分权化改革过程,必须是存在有效监督和控制的过程,必须是一个民主机制下的分权过程,必须是一个依照法律程序、严格依法进行的过程。这样才能实现广大劳动者的根本利益。①

参考资料:美国安然公司事件

美国安然公司曾经是世界上最大的能源交易商,掌控着美国20%的电能和天然气交易,业务包括能源批发与零售、宽带、能源运输以及金融交易,连续4年获得"美国最具创新精神的公司"称号。2000年总收入高达1010亿美元,名列《财富》杂志"美国500强"第七名。破产前公司业务范围覆盖全球40个国家和地区,有雇员2.1万人,资产额高达620亿美元。

然而,2001年初,短期投资机构老板吉姆·切欧斯对安然产生了怀疑:一是安然公司与背后的合伙公司有着说不清的幕后交易;二是时任安然首席执行官的斯基林一方面抛出手中的安然股票,另一方面又宣称安然股票会从当时的70美元左右升至126美元。而按美国法律,公司董事会成员如果没有离开董事会,就不能抛出手中持有的公司股票。这其中到底有什么奥秘?

吉姆·切欧斯的这些怀疑引发了人们对安然更多地怀疑,开始追究安然的盈利情况和现金流向。到了2001年8月9日,安然股价即从年初的80美元左右跌到了42美元。"纸里终究包不住火!"10月16日,安然"十分坦然地"发表了2001年第二季度财报,宣布公司亏损总计达到6.18亿美元,即每股亏损1.11美元,并首次透露因首席财务官安德鲁·法斯托与合伙公司经营不当,公司股东资产缩水12亿美元。"安然绩优泡泡糖"开始破灭了!

---

① 毛立言:《"经理革命"与"管理层收购"——论国有企业产权改革的不同方向》,中国社科院经济研究所网站。

此后,美国证券交易委员会(10月22日)、美林和标普公司(11月1日)先后开始关注安然公司。到了11月8日,安然公司不得不承认做了假账:自1997年以来,安然虚报盈利共计近6亿美元。直到12月2日,安然公司正式向破产法院申请破产保护,破产清单中所列资产高达498亿美元,成为美国历史上最大的破产企业。

资料来源 雷家骕、杨建昆:《股票期权制度缺陷与市场监管实效下的安然事件及次贷危机》,《国有资产管理》2009年第1期。

二、法人持股与法人相互持股

随着公司制的发展,不仅股东的数量不断扩展,而且股东的结构也发生着变化。这一时期开始出现了与自然人股东相对应的法人股东,即以企业法人财产的形式持有一个公司的股份,法人成为了名义上的所有者。在现代公司的股权结构中,来自法人部分的比重在逐渐增加。其中,法人又分为两种类型,企业法人和事业法人,前者以工商企业为代表,后者主要包括银行、保险公司、养老基金、投资基金等金融机构。

表2-1 美、日、德国1996年底不同类型股东持股比例的比较(%)

部门\国别	美国	日本	德国
金融部门合计	46	42	30
1. 银行	6	15	10
2. 保险公司、年金	28	12	12
3. 投资基金	12		8
4. 其他金融机构	1	15(含2、3类)	
非金融企业		27	42
政府		1	4
私人	49	20	15
国外其他所有者	5	11	9

资料来源:Financial Market Trend (69) 1998.2

从表 2-1 中可以看出,以金融部门为主的事业法人和企业法人持有总股份的很大的比重,尤其以日本和德国为甚,在美国,私人持有的股份仍占 49%。日本和德国这两个国家也是法人资本主义国家的代表,但它们之间仍存在区别,日本事业法人的比重较大,而德国企业法人的比重较大。

法人持股究竟意味着什么?法人不同于自然人的资本家,法人股东的出现是否意味着没有资本家的资本主义时代的到来,它会改善劳动者的境遇吗?

所有权的变化是多种因素作用的结果。德姆塞茨(1999)认为决定所有权结构的因素包括:价值最大化规模、潜力控制、政府调控和企业产出中的潜在快感。法人的资本实力雄厚,而且和被持股企业往往存在生产经营上的联系,法人持股的出现有利于企业价值的最大化,而政府干预和历史因素也对法人持股产生影响。例如,为何美国不是法人资本主义?在美国由于存在严格的反垄断法,对法人持股进行限制,历史上很长一段时间一直禁止银行持有企业的股份。日本在被美国占领军统治的时代也同样如此,1947 年的《独占禁止法》规定,不准出现企业法人,银行持股只限持有 5%,更不得相互持股。但是战后日本经济萧条,私人很难有多余的资金购买股票,很难形成"大众资本家",而且战前的经济财阀也被迫解体,因而股份制企业发展缓慢。随着占领军的退出,垄断禁止法开始出现缓和,1953 年允许企业法人持股,银行持股比例上升到 10%。法人持股的大量出现缓解了私人持股的不足,推动了日本公司制的发展。作为战败国,德国在第二次世界大战以后法人股东出现的必要性与日本相似,但更深层的历史根源要追溯到德国 19 世纪工业发展过程中企业与企业之间的密切联系及工业垄断资本的形成。

法人代表着集体的财产,它的持股并没有改变资本主义私有制的根本性质,更不意味着出现了所谓的社会主义成分。法人的确不同于自然人,法人财产由少数几个(只有几个大股东的企业)或数量众多的私人财产(养老基金、共同基金)组成。之所以称为法人财产,是因为私人投资的股份不能撤回,只能通过转卖的方式收回,作为集团的财产是稳定的。但这一法人财产只代表着少数个人的利益,即使像养老基金这样的人数众多的法人财产。这与社会主义的公有制是不同的。法人的背后是自然人,法人财产的终极归属仍是个人,法人必须要像个人资本家一样行事,为小集体范围内的个人谋求利润,他不会考虑社会利益或关注劳动者的根本利益。另一方面,法人股东也不会弱化对经营者和企业的控制,法人要为其背后的若干自然人的利益服务。玛格丽特·M.布莱尔(1999)的研究说明养老基金虽然追求短期高回报,但它们也参与到企业的经营过程,它们在公司中持有的股份是相对稳定的,并在公司治理中发挥着作用。

从日本的经验来看,一方面,企业法人股东的权力并没有丧失,经营者经常受到严格的监督。另一方面,从对劳动者的影响来看,劳动者与经营者之间确实会出现密切的合作,但合作的动机是诱使劳动者服务于企业的利益和目标。

从某种程度上讲,经营者与企业法人股东的利益是一致的,虽然与个人股东的利益可能出现一些差异。法人股东与经营者都追求销售收入、市场份额等规模性目标,而个人股东往往追求净资产收益等利润指标。法人股东与经营者在将企业做大的过程中扩大法人财产。可是法人财产到底属于谁?它不可以被股东抽回,股东只能获得股息和红利收入,但法人财产却可以让经营者在位期间享有,享有高档的办公条件、豪华的汽车。这种动力也会促使经营者努力经营好企业。

在这样的约束下,劳动者也与企业产生了长期的联系,通过终身雇佣制、年功序列制等一系列具有日本特色的企业制度将职工的目标与企业的目标紧密联系,职工的荣誉、信誉与企业紧密联系。在一流大企业工作的职工有较高的社会地位,所属的企业代表了个人的社会形象。企业作为一个空虚的概念被赋予了神圣的色彩,虽然职工并没有持有企业股份中的一股,却将企业的利益看得很重,希望企业壮大。职工意识到不是为哪个私人股东、哪个私人经理而努力工作,而是为了一个集体——企业。在这样的意识下,劳动者早出晚归,劳动时间、劳动强度都令其他国家的劳动者瞠目。或者说正是在意识到不是为哪个单个资本家工作的情况下、在一种集体的"幻觉"下,劳动者的激励反而得到了发挥。这在某种意义上也可以说,日本的法人持股回避了私人资本主义的某些负面东西,因而换取了劳动者的合作与忠诚。

但是,劳动者的这种忠诚与努力却没有持久地保持下去。近年来,对于日本终身雇佣制、年功序列制的批评逐渐增多。主要原因在于这种体制的收益出现递减,递减是由于劳动者没有获得剩余支配权,没有获得劳动付出的相应回报,从而使其积极性下降。

法人持股的不断增多说明了现代市场经济中企业规模的扩大,依靠个人购买股票已很难满足企业扩张发展的需要。但是日本近年又发生了一些变化,2001年企业股份结构的数据为:政府、地方公共团体占0.4%,金融部门占36.2%,事业法人等占23.2%,[①] 证券公司占0.8%,个人占25.9%,外国人占13.7%。银行中,其中长银、都银和地银占9.4%,信托占16.6%,生保占6.7%,损保占2.7%。[②] 与表2—1比较可以看出,法人持股的比重在下降,私人和外国人持股比重在上升。这反映了日本特定历史条件下形成的法人持股、法人相互持股在现代市场经济中出现了弊端,私人持股比例和外国人持股比例需要加强。

何为法人相互持股呢?这是日本特有的现象。它主要是指企

---

① 这里的"事业法人"是我们所说的"企业法人"。
② 资料来源:日本全国证券有关数据资料。

业集团[①]内的两个企业之间互相持有股份,甲企业持有乙企业的股份,同时乙企业也持有甲企业的股份。例如在三菱集团中,1990年三菱重工3.65%的股份由三菱银行持有,而三菱银行3.09%的股份由三菱重工持有。三菱重工0.9%的股份由三菱电机持有,而三菱电机1.48%的股份由三菱重工持有。三菱重工1.6%的股份由三菱商事持有,而三菱商事3.16%的股份由三菱重工持有。在集团内部企业(29个会社)中,仅有6家企业三菱重工没有持有其股份,而只有2家企业没有持有三菱重工的股份。集团内企业是相互持股的,29个会社总股份的26.87%被三菱集团所有。[②]

为什么会出现相互持股?观察可以发现相互持股的大多数企业不是纯粹的持股公司,而是兼营性的持股公司,他们是从事实业的、有生产业务往来的企业。相互持股主要的目的是相互支配,保持企业集团的稳定。相互投资不是简单地获得利润或投机证券。相互持股的另一个好处是通过自己购买自己的股票,带动其他投资者加入,推动股价的上升,以达到增资的目的。在资金没增加的情况下,相互持股企业的股份却得到增加,支配权得到提高。从历史上看,1964年日本加入经济合作与发展组织(OECD),为了防止外资进入、防止本国企业被收购,企业集团内部相互持股的情况逐渐增多。在法律上对此也没有很严格的规制。例如1981年商法禁止母子公司相互持股,但只禁止100%出资的,且没有取得实际效果。20世纪80年代世界范围内出现了企业并购的浪潮,日本企业为了稳定股东,又进一步强化了法人相互持股。

对于相互持股这一现象有不同的看法。有人认为它有利于企业的规模扩大,加强了企业之间的联系,是推动日本企业发展的重要原因,因而值得提倡和借鉴。尤其像中国这样的发展中国家,

---

① 相互持股不仅限于企业集团内,集团内企业和集团外的法人及机构投资家之间的相互持股、独立企业之间的相互持股也存在。

② 奥村宏:《会社本位主义崩溃了吗》,岩波书店,1992年,第50页。

要壮大企业的实力,相互持股不失为一条法宝。但也有人认为相互持股会带来一系列不良后果,例如企业集团内部交易不规范,由于相互依赖使得企业之间经营风险扩大,相互持股也限制了正常的公司治理。日本学者奥村宏是后一种观点的代表人物,他在其一系列著作中对日本的相互持股问题做了激烈的批评。①

从日本的实际经济发展历史来看,早期的相互持股的确带动了股市的繁荣,使得企业资本规模得到扩大,使很多企业能够在短短的十几年内迅速成长为世界上知名的企业,而且企业集团之间的相互依赖、相互支配也有利于企业集团的整体稳定发展。但是,相互持股的理论基础和现实基础都是有欠缺的。到了后来,相互持股的弊端逐渐显露出来。企业集团内部限制外来股东的加入,形成封闭的系统,不利于发挥外部竞争力量的作用。而且集团内的交易很不规范,很容易因一个企业的经营失败而牵连集团内其他企业。从公司治理来看,相互持股形成了企业集团内部多对一的支配与被支配关系。作为集团单个企业的经营活动要受到企业集团内其他企业的干预,而单个企业的股东却没有形成有效的公司治理,也没有外部的董事和监事发挥制衡的作用。对企业起关键作用的是企业集团的核心成员、少数独立巨大企业的经营者。日本经济在20世纪80年代以后出现的诸多问题(泡沫经济、银行倒闭、企业国际竞争力下降)与法人相互持股都不无关系。

在日本,相互持股在20世纪70年代~80年代中期达到高潮,而后下降,但大企业之间的相互持股下降不大。根据《日本经济读本》(2001)的资料,六大集团的集团内相互持股比率仍为20.1%。

在社会主义的中国,国有企业改革过程中也增加了新的股权主体,法人持股现象越来越普遍,法人为国有的企业或事业单位

---

① 参见[日]奥村宏:《法人资本主义的构造》,社会思想社,1991年;《会社本位主义崩溃了吗》,岩波书店,1992年;《解体的"系列"和法人资本主义》,社会思想社,1994年。

以及其他所有制企业。这种法人持股对劳动者的影响是怎样的呢？Wolff曾对原苏联的国有企业做过批评，认为它不是真正意义上的社会主义企业。原因何在？在于劳动者没有获得剩余索取权，真正对企业进行控制的是经营者或行政主管。①在以市场经济为取向的经济改革中，在国有企业投资主体多元化的情况下，劳动者的所有者身份更加被淡化，虽然名义上仍是国有企业，劳动者仍是企业的名义主人，但真正获得控制权的是少数几个法人股东。在这种情况下，劳动者很难对企业有忠诚感与归属感。如果计划经济下的国有企业劳动者还将自己看成是企业的主人的话②（虽然未必获得经济上的收益），那么，在股权分散化后，即使企业仍是国家控股，劳动者也很难再将自己视为国有企业的主人。

另外，法人相互持股也是有的学者对中国企业改革提出的药方，在考虑这一建议时，我们应该看到相互持股的种种不利影响。

三、职工持股、参与管理与劳资关系

企业内部经济关系的另一个变化是劳动者持有企业股份和参与企业管理。这一变化更带有本质的特征，它反映了劳资关系的改变：劳动者现在不仅是受雇佣者，也是企业的所有者。但是，职工持股真正改变了劳动者的命运了吗？对此，仍然存在着争议。

一般来说，职工持股有两种类型：一种是小企业中实行的股份合作制：劳动者共同拥有企业，每个劳动者都是股东，股权分散，没有大股东，也没有外来股东，企业的劳动者作为一个整体完全占有企业的财产。作为股份合作制形式的职工持股如果严格运行，是能够体现劳动者真正获得剩余索取权的，虽然它也可能出

---

① 参见宁光杰：《对马克思阶级概念的重新认识》，载《国外理论动态》，2002年第2期，第5页~7页。
② 严格意义上说，全民所有制企业的产权不一定就属于该企业的职工，但由于全民所有的最终归属仍是劳动者，且这里分析的重点是企业内劳动者的经济利益，所以将企业理解为被本企业职工所有是可以的。

现"道德风险"的问题。①但是这一形式在大多数西方国家还不是特别普遍。在西班牙的蒙德拉贡,股份合作制得到了充分的发展,并取得了理想的效果。②

还有一种得到广泛应用的形式是大企业为了调动劳动者的积极性,吸收劳动者入股。但劳动者所有股份占企业总股份的比例很低,一般在5%,不超过10%。每个劳动者的股份平均、数量小,与其他非劳动者的私人大股东相比微乎其微。③对于劳动者而言,这部分股份却有着特殊的意味:他们希望通过它获得更多的收益以提高自己的收入水平,因为仅靠工资形式获得的收入可能比原来减少了。而要获得更多的资本收益,需要关心企业的经营发展,需要更多地投入劳动。事实上,即使企业经营好了,持股的职工获得的收益只是很少的一部分,虽然他们付出了更多的努力。当然,并不否认这样的现象会出现:工人认识到职工持股的"虚假性",因而对其不重视,采取听之任之的态度。职工持股原始的意义在于改善劳资关系,即穆勒提倡的劳动者与资本合伙经营的例子。但由于缺乏与职工持股相对应的企业文化,劳动者并没有获得真正的利益改善。在美国,1997年劳动者在职工持股计划中持有的股份在300美元~2000美元之间,由此获得的收益应该不大。职工持股计划中的劳动者数量越多(大公司),劳动者的股份越少。约80%的参与者参加的是3000人以上的计划。

职工持股对企业而言,还可以获得其他方面的好处。例如,西方国家对实行职工持股计划的企业有税收上的优惠。此外,作为发放工资或奖金的替代,以股票方式进行分配节约了现金,有利

---

① 例如,由于大家的持股比例都不高,出现"搭便车"行为,对企业普遍不关心。

② 参见汉克·托马斯、克里斯·劳甘:《蒙德拉贡——对现代工人合作制的经济分析》,上海三联书店,1991年。

③ 有学者指出,大企业完全由小股东来持股,没有大股东,也会导致最后由经理说了算,形成内部人控制(张春霖,2004)。

于企业的资金周转。对劳动者来说,在有的国家,股票要靠自己出资购买(如日本);在有的国家,股票则是作为收入分配的一种方式,或是企业赠送的(如美国)。对于前者而言,劳动者的工资就不能因持股而下降,否则劳动者会受到损失。

实际上,持股必须与参与决策紧密地结合在一起。例如,持股后是按一人一票还是一股一票进行民主决策。对于股份合作制企业来说,一人一票与一股一票没有太大的区别。而职工持股比例较低的企业,实行劳动者与其他非劳动者股东一人一票又不现实,一般而言,只能实行一股一票。大股东担心职工持股破坏了自身的利益,总是尽力控制持股比例。在西方国家实行职工持股的企业,职工持股比例一般在10%以下。

在职工持股企业中,由于职工有一定的发言权,所以可以保证劳动环境不至于过于恶劣。另外,在经营不景气时,企业也不能随意解雇工人。如果劳动者参与管理真正使他们将自己视为企业的主人,劳动者也会主动提出降低工资,和企业主(大股东)共同渡过企业的难关。所以,在股份合作制企业或职工持股的企业,就业相对比较稳定。

在没有让职工持股的情况下,有的企业也提出要让工人参与管理。单纯的工人参与管理是为了尊重劳动者的权利吗?本质上,劳动者不是企业的所有者,他们只关心自己的工资,不会对管理产生兴趣。谈到管理,工人是处于被管理者的地位。如果让工人参与管理,去管理谁呢?去监督经理和董事吗?还是对涉及劳动者劳动条件的决策发表自己的意见?如果是前者,首先,劳动者没有权力去进行监督或者权力不足,同时也没有监督的动力。这里的权力主要是由股权所有而派生出来的权力,如果职工没有股份持有,单靠企业参与管理的规定是很难让工人真正获得管理的权力的。而即使拥有很少的一部分股份,也没有足够的权利和动力去进行监督。看来,工人参与管理的对象只能是自己——管理自己,让自己更努力工作。工人参与管理不是积极参与,而是服从、合作于企业的决策。如果是对劳动条件发表意见,劳动者本来就应该有权通过工会等组织形式对涉及自身利益的事情进行谈判,这是属于劳动者本来就应该享有的权利。"参与管理"只是被美化的不实之名。无怪 Gunn(1994)得出这样的结论:工人参与管理只是企业为了加强劳动控制的一种灵活手段而已。[①]实际情况也是如此,实行参与管理的企业中,劳动者经常加班加点,劳动生产率和产品质量都得到提高,但收入增加却与之不成比例。

还有的企业提出利润分享的方案,原来利润只能由资本的所有者获取,现在难道没有资本权力的劳动者也能够分享利润了吗?其实不然,利润分享制是出于这样的考虑:企业担心工资成本成为经营状况不佳时的负担,要求工人的一部分收入与企业的经营状况相挂钩,从而让工人的收入有一定的灵活性。表面上体现为工人享有了分享一部分利润的权利,而实际上是将一部分工资以利润的形式发放。这样看来,职工持股也是一种利润分享的形式。利润分享制在 20 世纪 70 年代后在西方国家盛行,这一计划被认为可以解决西方国家经常出现的失业问题和通货膨胀问题。实行利润分享后,并不会大幅度提高劳动者的收入,反而会增加其收入的不稳定性。企业要求劳动者与其一起分担经营的风险,而劳动者一般都是风险厌恶型的,所以利润分享不但不会受到欢迎,而且会受到一些工人的抵制。所以,固定工资制仍盛行,分享份额在工资总额中所占的比重不大。另一方面,由于工人与企业主对企业利润存在着信息不对称,难免不出现企业主低报利润,对工人分享的部分支付不足。因此,实行利润分享制必须保证对企业进行有效的监督。但是,工人有权力进行监督吗?如果单纯的利润分享制只是工资支付制度发生的变化,而不是企业管理方式的变化,

---

① C.GUNN. 1994. "Workers´ Participation in Management: Capital´s Flexible System of Control", Review of Radical Political Economics, 26(3), pp.1~10.

不同于参与管理与职工持股,则监督就不可能真正实行。Estrin 和 Wilson(1986)的研究表明,实施利润分享制的企业的劳动报酬比未实施利润分享制的企业低 4%。Wadhwani 和 Wall(1988)的研究则说明利润分享制能提高工资总额,因而会导致通货膨胀。Estrin 和 Wilson(1986)发现利润分享制能使就业提高 12 个百分点,但是只有 0.5% 的就业增长要归因于 Weitzman 效应,余下的要归因于生产率效应。虽然有证据表明,利润分享制对促进劳动生产率具有一定的积极作用,但这一结论并未取得决定性的优势。①

从中国的职工持股实践来看,虽然不同类型的企业(大企业、小企业)都采取了这种方式,但从实行职工持股的动机来看,许多企业的职工持股并不是为了让职工成为所有者,而是为了给企业筹集资金。许多职工并不清楚企业让自己购买股票到底会为自己带来什么。而大量实行职工持股的企业在很长的一段时间里也没有给职工发放股息和红利,职工的收入一去不复返。甚至有的企业的职工持股是强迫性的,要求每个职工都必须购买一定数量的股票,以帮助企业渡过经济难关,否则就有被开除的危险。这在道理上是讲不通的,既然本来职工就拥有对于社会主义性质的企业的所有权,如果现在要体现职工是所有者的话,就应无偿给职工发放股票,②而不是要以职工的储蓄来购买。

董晓媛 2001 年对南京市 168 家改制企业进行调查,关于职工持股的情况如下:有 56 家企业(1/3 的企业)存在职工持股,在这 56 家企业中,持有企业股份的职工占全部职工的比重平均为 57.19%,说明还有相当比例的职工没有持股。从获得股份的方式来看,只有 12 家企业是馈赠的形式,大部分都需要职工自己购

---

① Saul Estrin 和 Sushil Wadhwani:"利润分享制",载大卫·桑普斯福特等主编《劳动经济学前沿问题》,中国税务出版社、北京腾图电子出版社,2000 年。
② 即便是这样,劳动者也不一定获得利益。例如,在俄罗斯市场改革过程中,劳动者虽然获得了股票,但由于企业破产或因为个人生计问题不得不低价转卖给寡头,最终他们并没有从中受益。

买,且需要一次付清。有94家企业的总经理持有企业股份,平均持有价值635 670.35元的股份。有55家企业的中层管理人员持股,平均持有价值45 319.84元的股份。有47家企业的技术人员持股,平均持股额为17 985.64元。有48家企业的生产工人持股,平均持股额为7758.33元[①]。可见,持股额之间存在较大差距,对于生产工人来说,持股对其收入的影响相对有限。

在中国,劳动者参与管理的主要形式是工会,但工会却没有真正充当好这个角色。至于利润分享,国有企业的职工主要以奖金的形式获得一部分利润,奖金的多少与企业的经营状况相联系。但也有的企业滥用利润分享,借企业经营困难为由长期拖欠职工的工资,更不要说发奖金了。而由于存在着信息不对称,职工对企业的真实经营状况并不清楚,所以只能容忍。拖欠最严重的是农民工的工资,农民工属于临时雇佣人员,更不会被看做是企业的主人。于是,在工资上受到更多的歧视。

因此,要让职工持股真正提高劳动者的经济利益(这也是社会主义经济发展的目标),就应采取有效的形式,提高劳动者在企业中的经济地位,保证劳动者的利益不受到侵害。

四、国有化的起落

战后西方国家企业出现的国有化浪潮及国有企业私有化也是企业经济关系的重要变化。英国、法国等国家战后出现国有化浪潮,一些私营企业被改造成国有企业。其实,国有化有经济原因,也有政治原因(政治上工党受改良的费边社会主义和凯恩斯主义的影响),是国家垄断资本主义的表现,在性质上不是真正意义的社会主义。它有稳定和发展社会经济的作用,但更多的是为私人资本和资产阶级利益服务的作用。将投资大、周期长、盈利性

---

① 数据来源:中国调查数据网南京市改制企业调查。

差,私人无力经营的企业收归国有,并非无偿地没收,而是给予企业主足够的补偿,而且股票作价一般高于市场价格。一旦企业经营步入正轨,又会将国有企业私有化,这是20世纪80年代以后看到的现象。20世纪80年代以后,瑞典的国有企业大量被外资收购,国有股份比重下降。由此可以看出,在资本主义经济中产权关系并非是一成不变的,私有产权不是从来就有的,也不是不可改变的。但又非制度经济学认为的那样,产权变革要有利于经济增长和社会福利。在资本主义经济中产权的变革首先要服务于资产阶级的利益,社会目标只是其副产品。

第二节 企业之间的经济关系

资本主义企业内部所有权的变化推动了企业规模的扩大,也影响着企业和企业之间的关系。法人持股、法人相互持股使得几个企业发生联系,并形成了有机的统一体——企业集团。企业之间关系的重要方面体现为银行和企业的关系,它反映了企业的融资结构,并影响着公司的治理。企业规模的扩大,也改变着市场的垄断与竞争结构,使得垄断程度不断加深,并出现金融资本。而另一方面,发生在企业之间的兼并和收购是推动企业规模扩大和生产集中的外源方式,它也改变着企业的所有权结构。本节对企业与企业之间经济关系的这些方面做简要分析。

一、企业集团的优劣

企业集团由这样一些企业组成:其中处于核心地位的是母公司,由母公司(核心企业)拥有控股地位的子公司形成企业集团的紧密层,由核心企业拥有参股地位的公司形成企业集团的半紧密层,没有股权关系但有业务上联系的企业形成企业集团的松散层。在日本,企业集团内部的企业之间存在着相互持股的现象。

新制度经济学关于企业尤其是大企业产生原因的理论包括交易成本理论、资产专用性理论、不完全合约与纵向一体化理论。这些理论也适用于企业集团产生原因的分析。在有些时候,企业集团内部的交易与市场交易相比,成本更低,尤其在交易频率非常高的情况下更是如此。企业集团内可以拥有共同的专用资产,有效地降低市场交易的不完全合约风险,也促使企业集团的产生。企业集团中有综合的产业体系,产业间的紧密联系使得企业集团内的企业能够借助集团的力量不断地发展壮大。

但是如我们在前面所说的法人相互持股那样,有些时候企业集团的出现并不是单纯经营上的需要,而是为了控制权、防止外来兼并收购的需要。出于这种目的形成的企业集团在内部交易过程中就会出现不规范的行为,与市场交易相比,有时交易成本反而更高。企业集团内部的封闭性也不利于成员企业的发展,不利于外来的监督。日本的企业集团是战后由财阀解体后再集合而出现的,企业集团之间普遍存在着相互持股,并有社长会这样的控制机构。企业集团在整个日本经济中占据核心地位。

与企业集团相近的概念是企业系列。企业系列也是由一个大企业形成核心企业,但是其他企业多为中小型企业,核心企业对这些中小企业形成领导,可以通过控股、参股的方式,也可以直接凭借生产上的联系。企业系列和企业集团的区别在于以下两点:不同于企业集团内存在众多的大企业,企业系列只有一个大企业。而且企业系列内的核心企业和中小企业有控股和参股关系,其联系是单向的,不存在相互持股的问题。很多人把企业集团和企业系列笼统地都归类为企业集团,但是日本学者奥村宏强调,这两种类型的企业组合反映的经济关系是不同的,因而有必要做出区分。企业系列的出现是伴随着一些大企业进行外包生产或资源外取而出现的,日本汽车业的企业内制率只有30%~40%,其他的部分都要依靠企业系列内的中小企业。即大企业将大部分零部件委托给中小企业生产,而将精力放在主要部件的生产和产品开发上。日本汽车业的内部生产比率是低于美国的。企业系列内的企业关系是不平等的,小企业受到大企业的支配,他们接受大企业的生产任务,只获得微薄的利润。这种生产协作关系通常是长期的,小企业往往还要接受来自核心大企业的役员派遣,实际上形成了系列内企业的二重结构。

组建大型企业集团、通过资源外取的方式发展是当前很多学者宣传的要点,但是一定要谨防企业集团内部的不规范交易,这会危及企业的长期竞争力。此外,企业以资源外取的方式发展要注重保持大企业和中小企业之间的平等地位,避免形成大企业对小企业的盘剥。而小企业之间的恶性竞争也不符合社会效率的原则。

在中国经济转型时期,企业集团的形成有着特殊的原因,包括市场制度不完善、中间层组织的原因、企业家能力扩散、政策的扭曲和寻租的动因、市场势力的原因,以及品牌更换等。①

二、银行与企业的关系

银行和企业的关系往往要涉及企业的融资方式,从融资方式来看,除了股票和债券等直接融资形式外,企业很重要的资金来自于银行贷款等间接融资。银行贷款在很多国家都是企业外来资金来源的主要部分,银行作为债权人,就会对企业的生产经营活动施加影响。银行和企业的关系会达到非常密切的程度,在日本表现为主银行制,在德国表现为综合银行。银行资本由最初的贷款提供者向股份持有者转变,从而银行资本和工业资本融合成为金融资本。银行和企业之间的关系不仅本身反映着不同类型企业之间的联系,而且银企之间无论是借贷关系还是股权关系,都有

---

① 参见赵鲁光:《转型时期企业集团的形成、组织结构与绩效——理论与实证研究综述》,载《经济社会体制比较》,2005 年第 4 期。

利地促进了企业的规模扩大,这对于理解资本主义经济中的市场结构问题——企业与企业之间的垄断竞争是十分重要的。

何为主银行制?按照通常的定义是指企业的借款总额中所占份额最大的银行,也就是最大贷款银行。但是有的企业对银行贷款的依赖程度不高,却仍与银行保持着密切的联系。因而青木等(1998)主张,要从结算账户、股份持有、公司债券发行、经营参与等几个方面来理解主银行和企业之间存在的金融、信息和经营等多元关系。

对于主银行制对企业发展的作用也是褒贬不一。有学者认为主银行制可以对企业实行有效的监督,对于不同经营状况的企业(经营状况正常、良好、优良、恶化)都是有益的。银行对企业的监督分为事前监督、事中监督和事后监督。事前监督的作用是对企业的投资项目进行评价和信用分析,以避免逆向选择问题的出现。事中监督是对经营活动过程进行监督,以避免道德风险问题。事后监督是对企业的财务状况进行判断,发现问题后随时采取矫正性、惩罚性措施。反对主银行制的学者认为银行和企业之间过于密切的关系使得企业对主银行形成依赖心理,尤其是企业在出现财务危机时银行的救助行动,不利于企业加强自身的风险防范机制,甚至有时会连累银行,导致银行出现大量呆账、坏账。

从日本的历史发展来看,主银行制的确发挥了很大的作用。而主银行制之所以产生,是由于其他金融机构的发展不足,也缺乏其他的监督机构和监督人才。青木等(1998)认为在重化工的发展阶段,由于日本主要是引进欧美的技术,事前监督的信息不对称问题不是很重要。银行对企业的救助可以保证,从长远看对社会来说是有利的,优秀企业不会因暂时的财务困难而失败。但是也出现了一些问题,随着企业自主技术革新的发展和风险性投资项目的增加,银行的事前监督就变得尤为重要。进入20世纪80年代以后,仍旧看不到金融机构对事前监督态度的变化,也未培养出对具有商业机会的企业加以评价和选择的能力。而仅仅根据设有担保这唯一条件,就决定给企业以贷款。这种抵押主义陷阱的一齐喷发,导致了泡沫经济的产生及其破灭。日本在20世纪80年代末出现金融危机,许多大银行倒闭,很重要的原因是主银行制的内在缺陷。

随着企业融资方式的多元化尤其是直接融资的发展,日本企业也出现了所谓的"摆脱银行"现象。但是这只是表面现象,实际上主银行依然在发挥着重要作用。从长期资金贷款来看,虽然主银行占有的比率不到10%,但对于必须从众多的金融机构来筹集资金的企业来说,首先有必要得到主银行同意贷款的决定。在企业发行债券时,主银行虽然不能购买,但发行债券的委托业务却是由主银行独家经营。这说明主银行制与日本的经济体制之间存在着内在联系,不可能发生根本改变,"在平稳的规制缓和的过程中,对现存监督资源有效地加以利用的同时,逐渐对市场环境的变化做出对应的选择,可能更具有现实性"[1]。

日本实行主银行制度,发展稳定的银企关系,企业融资的主要来源一般都来自相对固定的银行。德国是全能银行制,银行可以拥有证券、保险、信托等各类金融组织,可以参与工业企业的股权,银行在股东大会和监事会拥有相当的影响力。综合银行对于德国19世纪末大企业和卡特尔的形成起着重要的作用。

除了银行资本对企业的参与,工商企业也通过股权参与、业务往来等方式对各类金融机构实施控制。工业企业成立自己的金融服务公司的形式也形成了产业资本对银行等金融业资本[2]的控制,促进了财团的发展。

---

[1] 青木昌彦、奥野正宽:《经济体制的比较制度分析》,中国发展出版社,1999年,第230页。

[2] 在政治经济学中,金融资本是指工业资本与银行资本的相互融合,而不是指金融业的资本(其他学科中金融资本的含义),因而这里讨论的财团与政治经济学含义的金融资本是相同的。

我国在 1995 年《商业银行法》颁布之前,商业银行可以开设信托和保险机构,并间接投资实业。分业经营后,主要是非银行金融机构如信托、风险投资公司、金融资产公司、基金等直接或间接参股工商企业,甚至间接控股上市公司。中国产融结合的发展方向是,产业资本控制银行资本(如交通银行)和非银行金融机构,以及非银行金融机构向产业部门的渗透。在人事结合方面也要加强。[①]此外,国有企业与银行之间存在的大量不良债务也为银行将债务转变为股权、参与企业、形成金融资本准备了条件。

三、垄断的市场结构

企业之间经济关系另一方面表现为垄断或竞争的市场结构。为什么企业与企业要联合形成垄断势力?垄断的经济后果如何?今天,资本主义经济的市场结构是竞争的,还是垄断的?这些问题都是人们讨论的焦点。

关于生产集中与垄断产生的原因,通常包括规模经济、技术、市场不确定等因素,但更重要的是资本的独占性。资本为追求更多利润必然要相互竞争,竞争关系具有的排他性在一定条件下就会发展为独占性,从而形成垄断。垄断也就成为特殊的"竞争"手段。希法亭提出另一种分析垄断的思路,它与不同行业的利润率平均化相关联。由于企业自有资本有限,资本从低利润行业退出、转入高利润行业,即利润率平均化存在困难。资本大规模自由流动需要企业扩大规模、需要银行资本的参与,从而形成了垄断。而随着企业规模的扩大和资本有机构成的提高,利润率又会下降,除非完全排除了竞争。垄断与行业利润率之间的关系有不同的表现:同一行业的不同企业进行联合,行业利润率提高;不同行业的企业进行联合,不同行业之间的利润率差别仍存在,只对联合企

---

① 参阅彭绍钧、胡敬新:《中外财团经济的发展路径及模式比较》,载《经济社会体制比较》,2005 年第 4 期。

业内部而言差别消失。①

从垄断产生的条件看,规模扩大、垄断与法人持股之间也存在着一定的关系。日本在20世纪60年代市场集中度上升,而这一时期也是法人持股、相互持股盛行的时期,这不是单纯的巧合。法人持股尤其是法人相互持股形成了企业之间的共同利益关系,这会进一步促使他们共同去攫取垄断利润。市场结构与产权结构之间存在着紧密联系。②

垄断出现后,大企业的存在是否真的限制了竞争、导致社会福利的损失呢?持反对意见的包括熊彼特(创新的来源是垄断企业,垄断价格并不必然比竞争价格高,垄断产量并不必然比竞争产量少,垄断利润是对技术创新者的奖励,垄断企业是资本主义发展的动力)、施蒂格勒(企业的技术不同,最佳规模也不同,要寻找适应企业所处环境的最佳规模,因而必然会出现所谓的垄断大企业)、弗里德曼(真正的企业垄断很少,更多的是依靠政府支持的垄断和政府垄断,只有这样的垄断才是对经济自由的干预与威胁)。反之,认为垄断有危害的学者包括加尔布雷斯(大公司属于计划系统,小企业属于市场系统,大企业的发展会损害小企业利益)和罗宾逊夫人(主要考虑垄断对价值和收入分配的影响)。

争论的关键在于对垄断的界定,什么是垄断,企业规模大、市场份额高就是垄断吗?其实不然,垄断是一种行为,是操纵市场和价格的行为,并以此来获得垄断利润。如果企业只是单纯规模大而并没有操纵市场的行为,则不能给其扣上垄断的帽子。但是判断垄断操纵行为是困难的,因为他们通常是隐蔽的。而且规模大的企业一般易于形成垄断操纵行为,试想,如果能够以比较容易的方式获得利润,何乐而不为呢?

---

① 参阅[德]鲁道夫·希法亭:《金融资本》,商务印书馆,1994年。
② 由此引申林毅夫的国企改革思路:公平竞争的市场环境是国企改革的关键,产权关系是不重要的。产权关系与市场结构之间的联系说明林毅夫的观点值得商榷。

现实中的资本主义经济是垄断的,还是竞争的呢?有人认为,资本主义国家已经制定并执行了反垄断法,中小企业大量存在,市场竞争越来越激烈,信息的流动性增强,市场环境趋向健全,因而资本主义经济在很大程度上已经不是"垄断经济"了。让我们具体以结构—行为—绩效的框架来分析一下。

在市场结构方面主要考察市场集中度(最大的4家企业的市场份额或最大公司的市场份额)以及行业进入壁垒。1982年美国一些行业4企业的市场集中度分别为:化学产品及相关产品为37.3%,原金属工业为38.3%,石、陶瓷及玻璃制品为38.4%,食品及相关产品为40.2%,电机为41.1%,仪器及相关产品为47.4%,运输设备为64.4%,烟草加工制品为83.2%。[1]在近20年,美国的市场集中度没有出现下降,甚至上升了。1998年美国铁路行业中的四大公司拥有95%的铁路线;在计算机软件业,仅微软一家就拥有全球个人计算机操作系统软件市场份额的90%。在日本1992年前100位非金融企业的资产集中度为19.2%,这一比重在下降,1960年约为25%。1998年413种商品的平均生产集中度(前三位企业)为69.3%,419种商品的平均出货集中度为66.5%。可以发现,日本的市场集中度比美国还要高。表面上看这与日本国内市场相对狭小有关,但实际上日本的很多产品都要出口,面向国际市场。较高的市场集中度与前面分析的法人持股、法人相互持股是分不开的。1997年日本允许设立纯粹持股公司,这也有利于企业规模的扩大和市场集中度的提高。过去禁止是为了防止垄断。

从行业进入壁垒来看,美国的高度进入壁垒产业主要包括电力服务、地方电话服务、报纸、某些药品市场、肥皂、飞机及部件、计算机主机、重型电气设备、机车、啤酒、早餐谷物食品。可以看出,这些部门一般是技术含量高、初始投资额较大的部门。但是也

---

[1] 转引自高峰:《发达资本主义经济中的垄断与竞争——垄断资本理论研究》,南开大学出版社,1996年,第110页~111页。

有一些技术含量不是很高的轻工业部门,这说明有的进入壁垒是由于政府授予特许权而形成的。此外,人为制造壁垒的情况也不少见。

从垄断行为来看,主要指几个大企业相互勾结、共同操纵价格、对外部竞争进行限制,以获得垄断利润。垄断行为一般不是公开的,很难被发现,因而也缺乏实证资料来支持。但是我们可以看到垄断造成的后果,即垄断的绩效。

在垄断的绩效方面,可以用垄断指数（即勒纳指数 Lerner's Index）来衡量。按照新古典的理论,处于完全竞争市场中的厂商,其产品的均衡价格必然等于边际成本,而在一个不完全竞争的垄断市场条件下,产品的均衡价格将高于边际成本。因此,勒纳将价格超过边际成本的差额与价格的比率作为垄断的衡量指标,即垄断指数。后来卡莱斯基用价格与平均成本（等于边际成本,包含正常利润）的比率来衡量垄断程度。从表 2-2 中可以发现,从长期看,美国制造业的垄断程度有不断上升的趋势,虽然在特殊年份也会出现下降。垄断程度的提高与政府的放松管制政策、企业间的兼并收购有关。例如,在 19 世纪末的企业并购浪潮推动了垄断指数的上升,在 20 世纪 60 年代的企业并购和经济快速增长也使得垄断指数大幅度上升。

20 世纪 80 年代至 90 年代的新一轮并购浪潮和政府的放松管制会导致垄断指数的进一步提高。虽然促使企业并购的原因多种多样,但企业追求自身垄断地位确实是其中的一条重要动因。有人认为,对于一些需要实现规模经济的产业实行独家经营是符合效率原则的,属于自然垄断。当今,打着自然垄断旗号的行业在资本主义经济中随处可见。但是最近的大量研究表明,所谓的自然垄断并不存在,几乎在所有的行业都可以推行竞争,这样做效率会更高。

此外,比较美国和日本的企业间关系可以发现,日本的企业间的兼并并不多见,但日本的垄断程度依然很高。这是因为美国企业获得垄断地位多以兼并的方式,日本企业多以串谋的方式,这与日本企业间相互持股是否有着密切的关系,是一个值得探讨的问题。

表2-2 美国制造业的垄断程度

年份	垄断指数	年份	垄断指数
1879	1.23	1958	1.39
1889	1.32	1963	1.45
1923	1.33	1967	1.48
1929	1.39	1972	1.49
1937	1.36	1977	1.46
1939	1.38	1980	1.45
1947	1.31	1981	1.45

注:1879年~1937年为卡莱斯基计算,1939年~1982年为戈登计算。
资料来源 转引自高峰:《发达资本主义经济中的垄断与竞争——垄断资本理论研究》,南开大学出版社,1996年,第126页。

2005年中国企业500强排列中,中石化以6342亿元的营业额名列第一。2009年中国石油以3690亿美元市值成为全球最大的上市能源公司。2007年上市融资662亿多元,但在第二年,中国石油还获得高达157亿元的财政补贴。中国企业的规模在国际比较中偏小,为了提高国际竞争力,政府支持企业扩大规模,因而有人说是垄断造就了中国的500强企业。这一说法虽然有些言过其实,却促使我们思考企业规模的扩大不能依靠垄断尤其是行政垄断来实现,否则就会损害社会经济效率。

第三节 政府与企业的关系

在企业的发展过程中,会受到政府制定的各项政策的影响,也离不开政府的支持和引导。企业为了自身的利益需要,也会主动影响政治过程,对各项政策的制定施加影响。在现代资本主义经济中,政府和企业之间的关系非常密切,了解政府和企业的关系,是理解资本主义企业性质所必需的。

一、政府和企业谁为主导

在政府和企业的关系中存在着谁为主导者的争议。一方认为企业被动接受政府的指导和管制,企业行为受到政府的规范,政府在经济发展中处于主导地位。而另一方认为企业尤其是大企业处于主导地位,政府代表着大企业的利益,受他们的操纵和影响。

政府不是从来就有的。政府要代表大多数公众的愿望,要解决市场失灵的问题,要为社会提供公共产品,帮助私人解决外部不经济的争端,解决信息不对称问题,要限制垄断行为产生的社会福利损失。要进行宏观经济调控,维护宏观经济的稳定。社会管理职能和宏观调控职能是政府的基本职能。

但是有时政府走得更远,直接或间接地参与到经济活动中去,这就是所谓的国家垄断资本主义。国家垄断资本主义的表现包括建立国有企业、建立国私合营企业,通过政府采购、各种形式的津贴和补助来支持私人垄断企业的发展。一般认为,第二次世界大战后国家垄断资本主义得到迅速的发展。国家垄断与私人垄断是密不可分的。国家垄断资本主义是为私人垄断资本服务的,是"理想的总资本家"。在全球化的背景下,国家也通过各种方式支持垄断资本的国际扩张,形成国际垄断资本。

在日本,政治与企业、官僚与企业之间的关系可以用图2-1

表示,财界对政治进行献金、官僚对财界实行行政指导,对献金企业给予政策优惠。西方的政治选举与其说需要接受企业界的大量资金资助,毋宁说企业界用大量资金来支持自己的代言人,当选的政府官员虽然也有自己的物质利益,但要回报当初支持自己的企业巨头。回报的方式是在政策上向大垄断集团倾斜,不仅包括特殊的政策优惠,就是一般的宏观经济调控政策也是为大企业所左右。加尔布雷斯在《经济学与公共目标》中认为大企业的目标代替了社会目标,凯恩斯革命实际上已被计划系统(大企业系统)所同化。政府紧缩政策很少对计划系统发生影响,却打击了市场系统(小企业系统)。

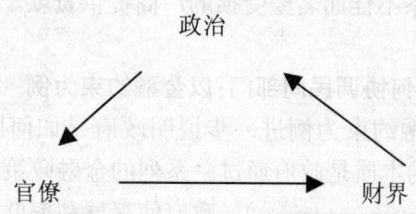

图 2-1 政治、官僚与企业的关系

长期以来,人们一直强调政府在日本经济发展过程中的作用,认为政府对企业起到指导、协调作用。但是也有人认为需要对政府与企业的关系进行反思,认为政府没有起到主导作用,而只是顺应企业的目标。尤其是在发生东南亚金融危机后,这样的反思越来越多。奥村宏反对青木昌彦的"市场增进论"的观点,强调不存在政府与企业的协调。

主张"市场增进论"的学者认为政府干预并不是要一味地替代民间部门的协调,而是要改善民间部门的协调能力,并且在干预过程中租金的设置也体现了激励的原则,它的经济推动作用远远大于非生产性寻租活动的成本。为此,青木昌彦等人提出了"相机性租金"的概念,即租金的实现视表现或结果而定,这不同于政策性租金。比如出口补贴政策,只有在达到一定的出口业绩时,才能享受到补贴,这会促使出口商以竞争的方式获得租金。赫尔曼、穆尔多克和斯蒂格利茨则提出了"金融约束"的理论,金融约束政策不像直接补贴的做法将财富自动转移给金融中介机构,而是为其创造获得额外利润的机会,银行可以通过自身的努力扩展其存款基数,对私人企业实施监控从而获得这些额外利润。①

这种相机性租金政策有助于民间部门协调失灵问题的解决,使民间企业实现合作。例如,日本开发银行不仅为出口产业,而且为主要以国内为市场基础的厂商提供低利率的信贷,但是,它极少为因行业关系不佳而名望受损的厂商提供贷款。

二、政府如何协调民间部门:以金融约束为例

下面以金融约束为例进一步说明政府是如何协调民间部门的。金融约束的本质是政府通过一系列的金融政策在民间部门创造租金机会(rent opportunities)。政府使存款利率低于竞争性的均衡水平,这样可以保证金融部门获得租金;同样,对贷款利率也实行控制,不同生产部门规定不同的利率,从而生产部门能够与金融部门分享租金。实行金融约束以后,政府就能够将资金集中到自己的控制范围内,用于认为需要发展的部门;而通过创造租金机会,政府又能"诱使当事人做出因民间收益和社会收益相背离、民间市场不会产生的经济有效的行为。"②

将金融部门的存款利率人为压低,使得金融机构的资本量得到扩充,有助于其稳定性,保持持续经营,因为低存款利率增加了金融机构盈利的机会。同时,低存款利率的金融约束又会推动金融

---

① 青木昌彦等主编:《政府在东亚经济发展中的作用》,中国经济出版社,1998年,第16页。
② 青木昌彦等主编:《政府在东亚经济发展中的作用》,中国经济出版社,1998年,第184页。

机构多吸收存款，主要通过扩大新储户和增加新的分支机构的方式来完成，这有利于发展中国家的金融深化。金融约束创造的租金和直接的补贴不同，金融机构只有付出自身的努力才能获得租金。按此推论，在金融约束环境下的金融机构应具有规模和竞争力。

政府除了通过创造租金促进金融部门发展外，也在生产部门创造租金。贷款利率下降后，申请贷款者的平均质量会提高，[①]较低的借款成本不会对借款者投资高风险项目形成压力，也即不会发生"道德风险"问题。企业获得低息贷款后，有利于自身的经营效益，并加快了"与企业的素质相关的股本的自然积累过程"（赫尔曼等，1998）。最后，贷款利率的下降降低了企业破产的概率，也使得金融机构的代理成本下降，它无须对企业进行过多的监督。

赫尔曼等人并没有对金融约束进行实证检验，但他们说明了金融约束要有效地发挥作用，必须满足一些前提条件："宏观经济环境稳定、通货膨胀率较低并且是可预测的。对金融部门稽征高税收（不管是直接的还是间接的）是与金融约束不兼容的，而且重要的是，实际利率必须是正的。"[②]但是，如果条件不适宜或执行过程中发生扭曲，金融约束就会蜕变成金融压抑，政府部门就不是在民间部门创造租金，而是从民间部门攫取租金，因而存在着对金融约束以及租金的管理问题。为了防止在民间部门创造租金产生一些不良的后果，必须对经济租金进行管理。他们认为东亚国家政府通过两种方式解决了这些问题：一是建立政策机制确保初始租金的创造只是一种暂时的行为，随着产业的成熟，租金要被取消；二是以经营业绩为标准来确定是否给予租金。这种业绩往往参照国际标准，以促使企业提高竞争力。

而要保证租金很好地被管理，前提条件是政府与企业之间建

---

① 因为不会产生逆向选择的问题，可参考新凯恩斯经济学中的信贷配给理论。
② 托马斯·赫尔曼等：《金融约束：一个新的分析框架》，载青木昌彦等主编：《政府在东亚经济发展中的作用》，中国经济出版社，1998年，第184页。

立稳固的联系纽带。日本大力开创合作关系,建立了许多专门机构,使公私合作得以实现。这些机构如1949年的"产业合理化审议会"、1964年的"产业结构审议会"。通产省为各产业部门设立纵向专业管理局,与之相对应,由官方批准成立私方同业公会。政府还通过以下两种方式加强公私之间的合作:政府对公私企业经理进行公私合作的教育;广泛的重要人物"老关系"网络从事沟通公私双方观点的工作。约翰逊认为,企业通过银行筹款、劳资关系的缓和以及收入差距较小等也支持了政企之间的合作。[①]韩国的大私人财阀和台湾省的大型国有企业都在管理租金方面起到很好的作用,因为它们与政府联系更紧密,且能克服一些短视行为。

但我们认为,如果说金融约束在当时起到了良好的作用,那么,到了20世纪90年代,其负面效应就明显表现出来,它造成了银行过重的负担、银行与企业之间的不良债权关系。且利率过低,会导致金融压抑。从"亚洲四小龙"实际利率与实际国内生产总值之间的关系看,1976~1982年、1983~1989年、1990~1995年实际GDP增长率分别为8.4%、8.9%和7.1%,而实际利率对应分别为-2.2%、3.2%和0.5%。对于其他工业国家、部分新兴市场国家的考察,也发现实际利率与经济增长率呈正向关系。[②]这说明适当地提高利率,使它接近市场化水平,可以刺激经济的增长,这一点在20世纪90年代经济全球化的背景下更为突出。

东南亚金融危机发生后,国际货币基金组织作为提供数百亿美元紧急贷款的条件,要求各国政府对各自的经济体制进行改革,包括政府与企业之间的设租行为。我们认为,消除政府的不适当干预是正确的,但如果由于改革使得政府与企业之间长期形成的良好的合作关系遭到破坏,则对经济的复苏是非常不利的。东

[①] 参见查默斯·约翰逊:《通产省与日本奇迹》,中共中央党校出版社,1992年。
[②] 国际货币基金组织:《世界经济展望(1996年)》,中国金融出版社,1997年,第74页。

亚国家在金融自由化后,政府放弃了对银行、公司债务的风险承担,使公司面临巨大的压力。因为原来的高负债是政府与民间合作的产物,现在政府撒手不管,让企业单独承受改革的代价是不公平的,公众对企业的信心也必然会丧失,加之利率的迅速上升,企业将濒临破产的边缘。而且,只要市场是不完善的,政府承担风险的职责就永远存在,而政府分担民间的风险,又会导致民间过度投机冒险、转嫁风险给政府,这是政府的两难选择。但作为对不完全市场的反应,政府与民间合作的制度安排是关键的。[1]因此,深重的危机更加需要维持亚洲模式中政府与企业之间的合作关系,以保证经济系统中的信心,在此基础上才能够逐步改革不合理的体制,向市场化、自由化过渡,"能够解决危机的政策只能基于合作以及共同分担为调整而必须付出的代价"。[2]

青木昌彦把政府和企业关系分为三种类型:权威主义型政府(以东南亚国家为代表)、关系依存型政府(以日本为代表)和规则依存型政府(以美国为代表)。他认为日本的政府机构既不是社会的强权计划者,也不是其所辖领域的民间的代理人,而是二者的要素兼而有之。但不能否认的是,无论是在美国还是在日本,大企业在经济体制中都处于核心地位。

第四节 新经济时代的企业组织形式探索

在信息经济时代,生产力的发展要求生产关系做出新的调整,企业制度方面也要发生新的变化。同时,其他方面的制度变化也为企业制度的调整提出了要求,因而出现了新型的企业关系。

---

[1] 这一观点受崔之元博士的启发,参见崔之元:《"看不见的手"范式的悖论》,经济科学出版社,1999年。
[2] 阿吉特·辛格、布鲁斯·A.韦斯:《亚洲模式:一场言中了的危机?》,载《国际社会科学》,2000年第2期。

一、新经济时代的企业组织形式

从企业之间的关系看,企业网络的发展使得企业集团内部交易变得不再重要,对集团外企业信任关系的加强、交易成本的降低使得企业可以在更宽广的空间发展。金融自由化时代新的融资体制使得股票、债券等直接融资方式得到发展,企业对银行贷款的依赖程度降低,这也有助于改善僵化的银企关系。在美国由于存在风险投资基金,很多从事高科技的中小企业可以顺利地成长起来。在日本,风险投资基金发展相对落后,企业的开业率较低。美国放松金融管制后,银行可以对企业持股,这改变着企业的股权结构。在新经济时代,生产体系从福特制向后福特制转变,消费者需求的多元化、需求变化的加快使得大量生产、大量销售时代结束,多品种、少量生产是给企业提出的新要求。相应地,企业的生产规模也不是越大越好。

但是另一方面,在信息经济和金融自由化发展的支持下,企业规模扩张越来越容易,每年都有大量的兼并和收购事件。从兼并和收购的原因看,财务、投机、规模经济、垄断等方面的原因都存在。

这些变化也影响了企业内部的经济关系,随着主银行制和相互持股的重要性减弱,企业的治理要重新进行规划,要加强董事会和监事会的作用。在对日本主银行和相互持股变化的调查中,20.3%的企业认为近年主银行在企业经营中的地位减弱,约六成的企业认为没有改变,但将来仍将进一步减弱。29.6%的企业认为近年弱化了相互持股,没有改变的企业比例为64.0%,今后将弱化的企业比例为60.3%(平成11年1999年调查)[①]。

从政府和企业的经济关系看,经济自由化、经济全球化要求政府放松对企业的管制,企业可以较自由地扩大规模,进行兼并和收购活动,反垄断法的执行效果甚微。即使政府主观上想对企业进行规制,想进行微观调控,也由于经济全球化中企业活动脱

---

① 《日本经济读本》,东洋经济新报社,2001年,第197页~198页。

离国界等因素而很难达到目的。在日本,政府和企业之间的依存关系正在弱化。但是,政府政策仍受到大的利益集团的影响,政府在企业的全球化活动中仍发挥着扶植和支持的作用。

所以,在新的经济形势下,企业内部的经济关系和企业之间的经济关系相互影响,推动着企业的发展。许多大企业解体使得人们重新认识大企业的利弊,并展开对大企业的批判。从我们前面的分析中可以看出,资本主义经济发展的历史也是企业规模不断扩大的历史,其中股份制度、银行制度、相互持股、兼并收购等对大企业规模的扩大都起到一定的作用。但企业规模的扩大、企业集团和企业系列的发展确实也有不利的一面。它抑制了中小企业的发展,很多中小企业因此倒闭或被迫接受大企业的剥削。它异化了大企业内的劳动者,劳动者的技能低下,缺乏创造精神,成为大企业的附属品。大企业内部的经营管理成本很高,存在着风险。大企业出现的本质原因是资本要求追逐更多的利润,在经济全球化的背景下,经济实力雄厚的大企业才能具有全球竞争力。所以资本主义的发展使得大企业成为必然,而从人的终极需要看,中小企业能更好地满足人们的各种需求,企业即使规模扩大,也要有一个合理的规模。因此,在资本主义经济中,中小企业在企业总量上占相当大的比重,大企业的发展也离不开中小企业。在哲学理念宣扬个人主义、自由主义的资本主义经济中更应该发展中小企业,以私有制为基础的大企业恰恰是对个人自由的反动。

二、经济学启示录 未来理想的企业组织形式

西方国家企业制度和产业组织的变革给我国企业发展提供了很好的启示和借鉴。

首先从企业的所有权结构看,西方企业的发展经历了法人持股、经理持股、职工持股、国有化等变化,这些变化有好的方面,也有不好的方面。法人持股有利于扩大企业规模,但会导致企业垄

断,尤其是法人相互持股,更容易形成内部交易,结果"一损俱损"。因此,在发展我国企业时,要慎用法人相互持股。而经理持股虽然能够对经理产生激励作用,使其利益与股东利益趋于一致,但经理的行为仍需要严格监督,否则仍会出现类似美国"安然"公司的事件,而且在我国采用经理持股也要防止国有资产的流失和内部人控制。职工持股表面上看体现了企业民主和职工地位的提高,但要让职工真正受益,还需要制度规范。在我国,职工持股还不规范,往往成为企业变相融资的手段。而西方国家企业国有化的变迁说明国有企业在一国经济中的重要作用,因此,我国关系到国计民生、关系到社会稳定的产业仍需要由国家所有。

未来理想的企业组织形式是怎样的呢?从企业的所有权结构看,由劳动者参与的协同组合、股份合作制中小企业是一个重要的发展方向,小企业可以培育真正的企业家精神、塑造平等的竞争关系。在资本主义经济中,意大利的小企业、西班牙蒙德拉贡的合作制企业都是成功的典范。在以公有制为基础的社会主义中国,今天的企业组织形式也在发生着变化。原来许多大型的国有企业经营状况不佳,面临破产倒闭,而以中小企业为主的乡镇企业和民营企业发展迅速,这说明我国目前的生产力状况需要大力发展中小企业。

另一方面,在经济全球化的背景下,要提高我国企业的国际竞争力,又需要扩大企业规模,组建企业集团。需要注意的是企业集团的发展不能一蹴而就,不能单靠政府的干预来强行联合,这样组建起来的企业集团也不会维持长久。要集中力量提高企业的科技水平,努力提升企业的核心科技和综合竞争力水平,将规模问题留给市场,使得公有制经济中大企业与其他类型中小企业能够在平等的基础上发展。同时,要加强企业集团内部的公司治理,要充分尊重劳动的权利。

其次,在企业发展的过程中,要处理好银行和企业的关系。既要建立稳定的银企关系,为企业发展提供良好的融资环境,又要注意防止这种关系的滥用,导致企业的不良贷款增加,甚至拖累银行和整个金融体系。近年来发生的次贷危机和金融危机,很重要的原因之一在于银企关系的不完善。

最后,政府和企业的关系也要掌握好合理的尺度。企业的发展需要政府的支持,尤其是一些重要的产业和行业。但政府更多的责任是为企业创造公平竞争的外部环境,而不应过多地干预,在我国国有企业的改革过程中,这一点尤其需要强调。

参考文献

1.[日]金森久雄,香西泰,大守隆.企业经营与产业组织.载:日本经济读本.东洋经济新报社,2001

2.[日]奥村宏.法人资本主义的构造.社会思想社,1991

3.[日]奥村宏.会社本位主义崩溃了吗.岩波书店,1992

4.[日]奥村宏.解体的"系列"和法人资本主义.社会思想社,1994

5.[美]哈罗德·德姆塞茨.所有权控制与企业——论经济活动的组织(第一卷).北京:经济科学出版社,1999

6.[美]玛格丽特·M.布莱尔.所有权与控制:面向21世纪的公司治理探索.北京:中国社会科学出版社,1999

7.[美]乔治·J.施蒂格勒.产业组织和政府管制.上海:上海三联书店,1989

8.[德]鲁道夫·希法亭.金融资本.北京:商务印书馆,1994

9.高峰.发达资本主义经济中的垄断与竞争——垄断资本理论研究.天津:南开大学出版社,1996

10.青木昌彦等主编.政府在东亚经济发展中的作用.北京:中国经济出版社,1998

11.何自力.私人垄断资本所有制.载:高峰,等.发达资本主义

国家的所有制研究.北京:清华大学出版社,1998

12.宁光杰.美国近20年经济增长的体制分析.载:张仁德,等.新比较经济学研究.北京:人民出版社,2002

13.宁光杰.垄断仍然是现代资本主义经济的基本特征.载:中国高等教育,2000(19)

14.Robin Marris, Managerial Capitalism in Retrospect, Macmillan Press LTD,1998.

第三章 市场经济的难题——就业问题

○ 工资的确定、变动与工资
   差异
○ 失业问题
○ 工会的作用以及劳动者内部
   的分化

　　本章主要讲述西方发达国家与劳动和就业相关的问题,探讨劳动者的经济地位和社会地位的变化。内容包括劳动者工资的确定、变动和工资差异,说明劳动者工资和企业利润之间的对立;失业的基本类型和资本主义政府采取的失业对策的局限性;工会的作用和劳动者内部的分化。工资和就业数量(失业)是研究劳动就业问题时需要分析的两个基本变量,它们都受到技术进步和一些制度因素的影响。本章在制度因素中尤其考虑了工会这一变量,考察工会在工资确定和减少失业中的影响,分析其在调节劳资关系中的作用。

第一节 工资的确定、变动与工资差异

一、工资决定之争——劳动价值论还是要素价值论

首先看一组数据,1987年如果日本劳动者的平均小时工资为100,美国劳动者的平均小时工资为115,原联邦德国为134,英国为78,法国为92。[1]2004年美国制造业劳动者的平均小时工资为16.14美元,德国为15.40欧元,英国2003年的小时工资为11.43英镑[2]。不同国家的小时工资差异到底是由什么决定的?首先受汇率的影响,其次不同国家劳动生产率的差异也会对工资造成影响。而工资还是劳资双方谈判的主要内容,因而其高低也与不同国家的工会力量强弱有关。更进一步地,政府的政策会对工资施加一定的影响。从更一般的意义讲,工资是劳动力供求作用的结果,因而各国劳动力供给的稀缺程度和与经济增长相联系的劳动力需求决定了工资的高低。

在完全竞争的劳动力市场上,工资是劳动力供给和劳动力需求充分作用的结果。从劳动力的供给看,短期的劳动力供给由劳动者的偏好(闲暇和工作的替代关系)和市场既定的工资决定,长期的劳动供给受人口增长、生命周期的计划安排和经济周期影响。例如,日本妇女的劳动参与率较低,从而对整个社会的劳动供给产生影响。劳动力的需求主要取决于以下因素:企业的技术选择(资本与劳动之间的替代)、经济增长、产业结构调整,其中也包含了短期和长期的因素。

政府的各项政策会影响劳动力的供给和需求。例如,个人收

---

[1] 资料来源:[日]永山武夫:《劳动经济——日本的经营与劳动问题》,ミネルヴァ书房,1992年,第101页。

[2] 资料来源:《中国劳动统计年鉴》,2006年。

入所得税的高低会对劳动者就业的积极性产生影响,对企业雇佣实行补贴会影响企业的劳动力需求。此外,政府还会对市场运行结果进行直接干预,例如,政府规定最低工资标准,这会对企业的工资决定产生影响。

如果劳动力市场是非充分竞争的,工资又是如何形成的呢?在劳动力市场买方垄断的条件下,工资会低于充分竞争的均衡工资水平;而在劳动力市场卖方垄断的条件下,工资又会高于充分就业的均衡工资水平。在双边垄断的情况下,工资的确定取决于工会和企业双方的力量对比。现实中的劳动力市场都是非充分竞争的,这样的工资决定就有任意性,不是简单的供求理论模型所能说明的,工资背后是更多的制度因素。

马克思经济学认为,工资是劳动力价值的货币表现,劳动力价值是由生产和再生产劳动力商品的社会必要劳动时间决定的。它的一个重要特点是"包含历史的和道德的因素"。以劳动力价值为基础的工资要能够保证工人抚养家庭、让子女接受教育,并维持必要的社会文化生活。劳动力价值的概念使得工资制定有了一个绝对标准。新古典供求理论决定的工资则不能做到这一点,它让人们承认任何水平的工资都是合理的,因为那是市场决定(无论是完全竞争的劳动力市场还是非竞争的劳动力市场)的结果。有了劳动力价值,就有了更客观的评价体系,如果市场决定的工资不能满足劳动者再生产劳动力的需求,就是不合理的。"工人必须有时间满足精神的和社会的需要,这种需要的范围和数量由一般的文化状况决定。因此,工作日是在身体界限和社会界限之间变动的。但是这两个界限都有极大的伸缩性,有极大的余地。"[1]这就为资本家剥削提供了施展空间。

马克思经济学者对劳动力价值的确定进行了分析,提出了所谓生存工资的概念,这一工资要保证能"抚养家庭、维持个人尊

---

[1] 马克思:《资本论》第一卷,人民出版社,1975年,第260页。

严、参与社交和娱乐活动"。Pollin(2002)以美国加州 Santa Monica 地区为例,估算了生存工资,参见表 3-1。他认为美国官方的贫困线生活标准不能够合理地代表生存工资,在考虑地区价格水平差异、生活必需品估计等因素后,Pollin 提出生存工资应相当于官方贫困线的 160%,以一个四口之家(父母和两个小孩)为例,如果丈夫一个人工作,每年的收入应该为 27 949 美元,这相当于应获得 13.44 元的小时工资。

生存工资的确定有着重要的意义,它不仅说明了当前资本主义经济中剥削的存在,因为很多劳动者的实际小时工资低于生存工资,而且说明了工资与就业之间的关系,对所谓最低工资的实行会减少就业的观点也是一个回击,因为最低工资标准远远低于生存工资。美国加州的最低工资在 Pollin 做这项调查时仅为每小时 5.75 美元。

表 3-1 美国加州桑塔莫尼卡地区的生存工资收入和工资水平
(2000 年数据,美元)

	贫困线收入			基本需要收入	
	极度贫困(官方贫困线)	贫困(官方贫困线的 160%)	准贫困(官方贫困线的 185%)	一人工作	两人工作
三人单亲家庭					
年收入	13879	22205	25675	38867	—
小时工资	6.67	10.67	12.34	18.68	—
四人双亲家庭					
年收入	17469	27949	32317	32362	47236
小时工资	8.40	13.44	15.54	15.56	11.35

资料来源:Pollin Robert (2002), What is a living wage? Considerations from Santa Monica, CA. Review of Radical Political Economics. 34(3), pp.267~273.

按照新古典的分配理论,工资应等于劳动的边际产品与产品价格的乘积,即 $MP \times P$,边际产品即为劳动者的生产率,所以工资的增长率应为后两者劳动生产率和产品价格增长率(近似等于通货膨胀)之和。但是劳动生产率提高的收益往往没有被劳动者充分享有,而是要与资本家共同分享。因此,我们经常看到工资的增长率低于劳动生产率和通货膨胀的增长率之和,甚至低于劳动生产率增长率本身。

另一方面,劳动生产率提高本身会导致对劳动力需求下降和就业数量减少,即技术型失业,如德国的情况。如果就业没有出现下降,则说明实际工资下降,劳动者没有获得生产率提高的好处。荷兰的情况就是这样,由于存在着工会管制,在1980年~1999年间,荷兰制造业的实际工资只上涨了7.5%,远远低于生产率的增长率。这使得荷兰在20世纪90年代保持了5.4%的较低的失业率。美国的情况也是一样,美国1973年~1996年的小时劳动生产率提高了26.4%,而实际小时工资仅提高了1.8%,在20世纪80年代、90年代实际工资都出现了下降。[1]这也是美国20世纪90年代经济好转的一条重要原因。

Zafirovsky(2003)分析了近年发达国家的剥削率,他以新古典经济学的收入分配理论为参考系。我们知道,新古典经济学认为当工资等于劳动的边际收益产品时,即不存在剥削。如果工资低于劳动的边际收益产品,则存在剥削,这时的剥削率为(MRP-w)/w。而马克思经济学认为只要存在剩余价值,就存在剥削,因而剥削率是剩余价值除以可变资本,即m/v。按照新古典这种最狭义的剥削概念,Zafirovsky以发达国家最高的工资水平——德国的工资代表完全没有剥削(新古典意义)的工资,[2]其他国家的工资水平与德国相比较,[3]得出不同的剥削率,剥削率等于本国的实际工资

---

[1] 转引自 R.D.伍尔夫:《2000年的美国经济:一个马克思主义的分析》,载《当代经济研究》,2001年第1期。
[2] 即假设德国按照劳动的边际收益产品支付工资,作为一种理论分析的方法需要,这样的假设是合理的。
[3] 经济全球化要求不同发达国家的工资趋同,所以,这种比较有意义。

与德国工资的差额/本国的实际工资。具体结果参见表 3-2。

表 3-2 主要发达国家制造业的剥削率(1997 年)

国家	小时工资(美元)	剥削率	收入分配差距(基
英国	15.47	82.8	36.8(1995)
澳大利亚	16.00	76.7	35.2(1994)
加拿大	16.55	70.9	31.5(1994)
意大利	16.74	68.9	27.3(1995)
法国	17.97	57.4	32.7(1995)
美国	18.24	55.0	40.8
日本	19.37	46.0	24.9(1993)
荷兰	20.61	37.2	32.6(1994)
瑞典	22.24	27.2	—
挪威	23.72	19.2	—
瑞士	24.19	16.9	—
德国	28.28	0	30.0(1994)

资料来源：括号内数字为年份，前两项转引自 Zafirovsky, M. (2003), "Measuring and Making Sense of Labor Exploitation in Contemporary Society: A Comparative Analysis", Review of Radical Political Economics, Vol35（4），462~484，后一项转引自《国际统计年鉴 2002》。

可以看出，英国、澳大利亚、加拿大、意大利、法国和美国的剥削率较高，而日本、荷兰、瑞典、挪威、瑞士和德国的剥削率较低。相应地，前一组国家的基尼系数较大，而后一组国家的基尼系数普遍较小，这说明前一组国家的收入分配更加不均等。就是说，反映劳资关系的剥削率是影响收入分配格局的重要因素。一个有意思的现象是前一组国家实行强调自由竞争的资本主义市场经济体制，而后一组国家则要求政府有一定的干预，而且工会组织力量较强大。可见，政府的干预和工会力量在一定程度上保护了劳动者的利益，使得剥削率相对较低。

在考察工资时，还需要考虑劳动时间的因素。劳动时间表面上是劳动者愿意提供劳动供给的时间，但劳动者一旦被雇佣，就要服从企业对劳动时间的安排,服从企业的劳动需要,例如被迫接受加班。延长的劳动时间虽然也获得额外的报酬,但企业从中获取的更多(属于绝对剩余价值的生产)。单个工人劳动时间的长短还会影响到雇佣数量,影响到社会的失业率。从表3-3中可以看出,日本和美国是劳动时间较长的国家,劳动时间从20世纪70年代到20世纪80年代不断上升。而原联邦德国和法国的工作时间较短,原联邦德国从20世纪70年代开始工作时间就不断下降,这是劳动者斗争争取的结果。

表3-3 年劳动时间(小时)的国际比较

年份	日本	美国	英国	法国	西德
1975	2043	1881	1923	1830	1678
1980	2162	1893			
1985	2168	1929	1952	1643	1659
1990	2031	1861	1767	1610	1566
2000	1821	1858	1701	1496	1443
2004	1789	1824	1669	1441	1426

资料来源:1975年、1980年、1985年数据来自[日]永山武夫:《劳动经济——日本的经营与劳动问题》,ミネルヴァ书房,1992年,第107页;1990年、2000年、2004年数据来自OECD网站。

近年来,日本劳动者的年劳动时间虽然缩短,但是退休年龄在延长(65岁领退休金),即一生必须工作的总时间没有减少多少。这与其长期的低工资政策是相关的。由于人口老龄化和社会保险负担过高,德国、法国等也在延长退休年龄。2000年的数据显示,韩国劳动者的年劳动时间最长,为2474小时[①]。

参考资料:法国工会领导的维权斗争

2010年9月6日至7日,法国工会发动了全国性罢工114

---

① OECD Employment Outlook, July 2001.

场,目的是抗议总统萨科奇提出的将退休年龄由60岁提高到62岁的改革方案。据悉,该次罢工被视为是2010年以来法国人民参与的最猛烈的抗议游行之一,各行各业超过200万职工纷纷涌上法国各大城市街头,坚决抵抗本次退休改革,而法国政府方面的态度是,要将本次改革进行到底。

根据法国全国退休指导委员会提供的数据,受法国人口老龄化和国际金融危机的拖累,法国退休基金会赤字总额在两年内增了2倍,已经达到320亿欧元,倘若不进行必要的改革,到2020年,退休金赤字总额可能会攀升到450亿欧元。到那时,让法国人引以为豪的退休金制度,将有可能因不堪重负而瓦解。事实上,从欧洲范围来看,法国政府这次的退休制度改革与欧洲总体趋势是一致的,英、德等国在该方面早已强行改革过一次,法国目前可能是欧洲"最后一个战略堡垒"。

欧盟委员会多次警告,欧盟国家政府必须提高退休年龄,才能确保其社会保障制度免于崩溃。该委员会保守预计,为保持当年的退休金支付水平,至2060年,欧盟27个成员国必须将退休年龄推迟至60岁到70岁。

资料来源:《中华工商时报》,2010年9月9日。

二、工资的变动:工资粘性是否存在

工资确定后,并不是一成不变的,会随着经济周期和生产率的变动而变动。但是,由于种种原因,工资的变动并不很灵活,而是存在着一定程度的滞后。工资粘性又分为名义工资粘性和实际工资粘性。一般情况下,前者是指工资不能随价格变化而迅速地调整,后者主要指工资不能随劳动生产率的变化而变化。也有的观点认为实际工资粘性是由于存在工会和局内人力量等原因,使得实际工资长期处于市场出清水平以上。

用来解释名义工资粘性的理论包括长期劳动合同、不完美信息、调整成本等。长期劳动合同是指在劳动合同未到期时,工资不能随价格变化而变化。不完美信息则说明由于信息问题,导致工资的调整滞后于价格的变化。而调整成本理论(菜单成本理论)说明调整工资的成本阻止了工资的灵活变化。

用来解释实际工资粘性的理论包括隐含合同、效率工资、局内人—局外人理论和工会理论。隐含合同是从劳动者追求收入稳定的角度说明工资的变化,劳动者和企业形成的隐含合同使得工资的变化幅度小于经济周期的变化幅度,从而出现一定程度的粘性。效率工资说明高于市场出清水平的工资会激励劳动者努力工作,从而工资存在着实际的粘性。局内人—局外人理论和工会理论从企业内部职工和工会谈判力量的角度,说明工资具有向下的粘性。

工资粘性的存在会对劳动者和企业造成不同的影响,会影响他们各自的收益(劳动者的工资和企业的利润),并对就业数量产生影响。当高工资不能很好地解释失业时,主流经济学家又提出了工资粘性的理论。即工资变化存在着一定的粘性,滞后于价格的变化,从而会影响企业的成本,形成社会范围内的失业。

在经济衰退时,长期劳动合约、不完美信息和调整成本的约束都使得名义工资的调整滞后。但是,这种滞后并非对企业不利从而增加企业的劳动成本,而是企业在特定约束条件下的最优选择。例如,因为调整工资存在着菜单成本,企业不调整工资比调整工资更合算。如果工资不能有效地下降,解雇工人就成为企业的选择。可以说,名义工资粘性即使存在,也不是工人的错,工人不应该对此负责。

而实际工资粘性的存在又加剧了需求下降时降低工资的阻力。实际工资粘性应该说是一种常态,它不随经济周期的变动而变动。在衰退时期,隐含合约要求企业仍旧按照原有的水平支付给工人工资;效率工资也不会被打破,否则会影响工人的劳动生产率;最后,局内人及工会力量也会阻止衰退时期工资的下调。

厂商与工人之所以订立隐含劳动合约,不仅是为了回避产品市场的风险,而且也是为了能够长期持有企业特有的人力资本,降低雇佣成本,通过工人与企业形成的长期纽带联系来激励工人努力工作。效率工资理论与局内人—局外人理论、工会理论存在着联系。前者着重强调厂商在制订工资方面的市场势力,后两者则强调了企业内部的职工拥有较大的市场主动权。现实经济中两者都拥有一定的控制权,这主要体现在厂商与工人的谈判或者厂商与工会的谈判上,从而会对工资粘性带来影响。厂商主动制订高工资是为了提高工人的劳动生产率,厂商被迫接受工人的高工资要求是因为局内人会影响雇佣成本、解雇成本以及劳动更替产生的效率损失。谈判的结果取决于双方的力量对比。

可以看出,实际工资粘性也符合企业的利益,是企业的自主选择。此外,实际工资粘性的存在原因中既然有劳动生产率的因素,那么这种粘性(尤其是高工资)就有其合理的成分,是劳动者应得的部分。只有将随生产率提高(降低)而相应增加(减少)的部分扣除,剩下的才是真正的实际工资粘性,而以往的研究者并没有做到这一点,他们将因生产率提高(降低)而引起的工资变动归结为粘性,往往会高估工资粘性的程度,将经济波动完全归罪于劳动者是有失公允的。

三、工资差异的分解:差异合理与否

在就业过程中,不同劳动者获得的工资不同,而且差距很大。这主要是由什么因素造成的,是劳动者自身的技能素质,还是工作性质以及市场因素(二元结构劳动力市场、劳动歧视)造成的?哪些因素造成的差距是合理的?哪些因素形成的差距是不合理的?

首先,从职业性质来看,危险的工作、体力消耗大的工作需要

用高工资来补偿。不同职业的工资差距往往与工作性质(危险程度、繁重程度、就业不稳定或解雇风险大)有关,如果一种职业的危险性较高,按照补偿性理论应该获得较高工资,如采掘业。但假如它面对的是买方垄断的劳动力市场或者劳动力供给严重大于需求,则其工资也可能较低。例如,在西方国家一些重体力劳动工作中,充斥着大量的移民和低技能劳动者,其工资水平也较低。中国的煤矿工人的工资并不高,其原因在于在偏远地区的煤矿是当地唯一的企业,劳动力供给过剩,因而形成了劳动力市场的买方垄断。而一个存在卖方垄断的职业,其工作即使没有危险性,工资也可能很高。此外,现实中看到的危险程度大的工作工资并不高,还有另外一个原因,即能力差异的混同。人们比较的是两个不同技能的劳动者,一个在危险的职业,一个在安全的职业,假如在安全职业工作的劳动者同时又是高技能的劳动者,则危险职业劳动者的工资不一定比安全职业劳动者的工资高。相反,如果同一个劳动者由安全岗位转向危险性高的岗位,工资会上升;由沿海地区转向艰苦的边远地区,工资也会上升。

至于危险工作的工资到底应该多高,则需要进一步分析人们对危险工作的供给与需求。不同类型人(穷人、富人)对危险的态度不同,富人需要很高的工资增长来弥补风险的增加。这涉及个人的效用和对生命价值的评价。而企业提供危险的工作环境也要考虑成本与收益的问题,在成本过高时,企业也不愿提供危险的工作环境。也就是说人们靠冒风险来获得更高的工资,但是作为政府部门必须从社会正义和稳定的角度,对这一行为加以限制,促使企业改善工作环境,保证劳动者的基本权益。例如,大幅度增加对事故死亡者的赔偿,使企业提供危险环境的成本上升。尤其是在工人不知道职业的高风险、而且高风险的职业也没有得到相应补偿的情况下,政府的限制措施就更有积极的意义。

从中国的情况看,对危险职业的补偿情况如何呢?中国社科院 1995 年进行的抽样调查表明,国有企业劳动者在不同工作环境下获得的工资存在差异,在室内工作的劳动者工资平均为 6278.99 元,在室外作业的劳动者工资平均为 6286.75 元,在地(水)下作业的劳动者工资为 7928.35 元。在高低温环境下工作的劳动者工资为 6554.91 元,而常温环境下工作的劳动者工资为 6277.23 元。在有毒或危险环境下工作的劳动者工资为 6477.74 元,在无毒险环境下工作的劳动者工资为 6278.56 元。不同工作强度的劳动者工资也不同,工作很轻松的劳动者工资为 5795.01 元,工作中等强度的劳动者工资为 6290.88 元,工作强度很大的劳动者工资为 6566.80 元。①可以看出,在危险工作岗位工作存在着工资补偿,但并不很充分。

其次,高学历的劳动者工资较高,技能越高的劳动者工资越高。人力资本理论认为具有较高技能的劳动者理应获得高的工资收入。从劳动力的供求角度来看,也是如此。产业结构的升级使得对高技能人才的需求增加,对低技能人才的需求减少。而低技能劳动力的供给远大于高技能劳动力的供给,因而在供求因素的作用下,高技能劳动力的工资水平就较高。技能的获得主要有两种途径:教育和在职培训。所以,受教育时间越长,工资会越高;接受的在职培训越多,工资也会越高。

从美国的情况来看,一般认为教育的收益率为 5%~10%。如果教育收益率提高,则高学历者与低学历者之间的收入差距会扩大。高技能和低技能劳动者之间工资差距在不断扩大这一问题,无论在发达国家还是在发展中国家都普遍存在,也引起了广泛的争议。这种差距是否恰当需要重新评估,尤其在高技能劳动者的边际生产力很难衡量的情况下,其工资的确定就更加缺乏依据。教育的收益率高于其他物质资本投资的收益率,教育被看成是提

---

① 李实、张平、魏众、仲济垠等:《中国居民收入分配实证分析》,社会科学文献出版社,2000 年,第 263 页~265 页。

高低收入家庭收入、消除贫富差距的一条重要途径。但是,近期的研究发现随着人们受教育水平的普遍提高,收入差距不是在缩小,而是在扩大。①很多人提高了受教育水平,工资并没有得到应有的提高。其中的原因并没有搞清楚,深层原因在于资本主义经济体制本身,下面的二元结构劳动力市场也与此有关。

  随着工龄增长和接受在职培训的增多,劳动者的技能不断熟练,工资也相应提高。在日本体现为年功序列制,即工资随着工龄的增加而不断增加。从国际比较中可以看出,日本年轻劳动者和中老年劳动者的工资差异很大,高于美国和德国的水平。例如,如果把日本1999年25岁~34岁劳动者的平均工资水平定为100日元,则45岁~54岁劳动者的平均工资水平为130多日元,而美国1998年的相应数字为110多美元。如果把日本1999年25岁~29岁劳动者的平均工资水平定为100日元,则45岁~54岁劳动者的平均工资水平为150多日元,而德国的相应数字不足110马克。②年功序列是完全与劳动者的技能有关,还是存在论资排辈的成分?在日本,中老年劳动者和年轻劳动者的技能差异真的如工资差异显示的那样大吗?其实不然,年功序列在很大程度上与论资排辈有关,年轻人的工资实际上被人为地压低了。同时,这样的工资支付方式也是企业采取的一种策略。它迫使员工长期服务于该企业,减少中途辞职和偷懒的行为,否则就丧失了将来较高的工资,这对企业雇佣队伍的稳定和特殊人力资本的保有都有好处。在受到很多批判后,近年日本的年功序列制度有所松动,不同年龄层劳动者之间的差距呈现缩小的趋势,但幅度不大。

  技能与工资之间的关系是比较复杂的关系。有的时候劳动者的技能相差不大,但工资差异很大。例如,作为高层管理者的总经

---

① P. S. Martins and P. T. Pereira, "Does education reduce wage inequality? Quantile regression evidence from 16 counties", Labor Economics 11(2004), 355~371.

② 劳动省:《平成12年版劳动经济白书》,日本劳动研究机构,2000,第234页,第3-(3)-8图。

理和副总经理的工资相差就较大,而从他们的能力和对企业的贡献来看,差距并没有工资表现的那么大。这里就要考虑工资的特殊功能,即激励功能或竞赛功能。通过巨大的工资差异,激励每个参与者都积极努力、希望成为胜出者,而谁最终胜出往往取决于很微弱的才能优势甚至偶然因素,但胜出者可获得很高的收益。正如势均力敌的体育比赛胜负取决于很微弱的优势或偶然因素,但冠军获得远高于亚军的丰厚报酬,通过这一方式激励双方努力竞争,增加比赛的可观赏性。所有参与者努力的结果是创造的产出远远大于付出的工资。从按劳分配的角度看,似乎是胜利者多得,失败者少得。

具有特殊技能的人也获得很高的工资,超级明星与二流演员之间存在着巨大的收入差距,这又应如何解释呢?可以用经济租金的理论来说明,由于劳动者具有特殊技能,劳动力供给曲线是垂直的,而劳动力的需求却非常旺盛,超级明星服务产品的可复制性,使其有巨大的市场潜力。因而具有特殊技能的劳动者可以获得巨额收入。

再次,劳动力市场上存在分割,也会导致工资差异。劳动力市场上存在分割的极端形式被称为二元结构劳动力市场:头等劳动力市场上劳动者的工资高,次等劳动力市场上劳动者的工资低。由于存在着垄断,劳动力在市场上不能充分地流动,次等市场上的劳动者即使提高了技能,也很难进入头等市场。二元结构劳动力市场的根源在于行业垄断、地区垄断、企业垄断和职业垄断。这些垄断的出现与产品市场的竞争状况和政府部门的干预政策(制度因素)有关。

由于劳动力市场分割的存在,同样的技能在一个地区、行业比在另一个地区、行业更有价值,这也是一种准租金。同样,不同职业虽然要求的技能不同,但如果政府对职业实行严格的许可证形式的数量管制,从而使得劳动者进入一种职业受到限制,也会产生租金。这些管制表面上的目的是要确保职业标准或维持秩序,但不难看到,他们也经常考虑通过限制劳动力供给的手段来保证现有从业者的收入,使他们在较长的时间内获得准租金。

Krueger 和 Summers(1987)曾对美国不同行业的工资差异做过分析,其中包括没有考虑工人素质因素和控制了工人素质因素两方面。工人素质包括教育水平、年龄、职业等,可以清楚地看出不同行业间存在着工资差异。控制了素质因素后,差异平均会缩小,标准离差从 24% 下降为 15%,但这并不影响不同行业存在工资差异的事实及其排序情况。控制的工资差异与不控制的工资差异之间的相关系数为 0.95。工资差异不能完全用工人素质的差异来解释,即说明了劳动力市场上存在着分割。一些垄断性行业如采矿、通讯、公用设施的工资高于平均水平,这些行业的工人属于头等劳动力市场。另一方面,纺织、餐饮、零售等行业工人工资低于平均水平,且容易受到失业威胁,这些行业的工人应该属于次等劳动力市场。[1]

最后,歧视也会导致工资差异。如果劳动者的技能相同,所处的外部环境(行业、地区、所有制、职业)也相同,而工资却不同,我们就认为这种差异可能是由歧视造成的。它造成的工资差异是不能由技能或其他有关特征差异解释的部分。歧视的根源在于受历史文化习俗影响的人们的特殊偏好。从道德上讲,歧视的情感是讨厌,但我们要从政治经济学的角度分析歧视是怎样影响工资差异的。

从歧视的类型看,有性别歧视、种族歧视、年龄歧视和对特殊群体的歧视(例如某些人对农民工的歧视)。目前美国黑人工资只相当于白人工资的 70%,其中只有一半的差异归于他们可观察的

---

[1] 11 Krueger, Alan B., L. H., Summers, "Reflections on the Inter-Industry Wage Structure," in Kevin Lang and Jonathan S. Leonard (ed.), Unemployment and the Structure of Labor Markets, New York: Basil Blackwell, 1987, 17~47.

技能的不同。妇女的工资长期以来只有男性工资的60%,在1980年以后得到提高,现在相当于男性工资的70%(Borjas,1996)。中国目前农民工的工资、女性工资较低,其中也有歧视的成分存在。

从歧视的来源看,分为雇主歧视、雇员歧视和消费者歧视。以中国的农民工歧视为例,雇主歧视表现为雇主因自身歧视农民工而不愿意雇佣他们,虽然现行的农民工工资水平低于城市工工资。如果有两类雇主,一类雇主歧视农民工,即使其工资低也不愿意雇佣;另一类雇主不歧视,愿意用低工资雇佣农民工。这样一来,不歧视的企业的劳动成本就低,在市场竞争中占有优势,长期下去可以把歧视农民工的企业挤垮,从而在一定程度上消除歧视。可见,通过市场竞争的自发作用,可以达到消除就业歧视的效果。更进一步地,如果市场上没有了歧视的雇主,当对农民工的需求增加时,其工资也会上升,从而可以逐步消除由歧视带来的工资差异。

来自雇员的歧视表现为雇员不愿意和被歧视者共事,这会对企业主的雇佣行为产生怎样的影响呢?如果不存在雇主歧视,单纯的雇员歧视不会阻碍企业主雇佣被歧视者。例如,在城市工不愿意和农民工合作的情况下,企业主可以形成两套生产组织,让城市工和城市工共事、农民工和农民工共事,避免他们正面接触以减少歧视的发生。这样做也不会影响企业的利润,但却形成了完全的劳动力市场分割,即城市工的劳动力市场和农民工的劳动力市场,他们之间的工资差异依然存在。除非城市工和农民工之间可以完全替代,这时没有歧视倾向的企业主愿意用农民工替代城市工,农民工可以依靠竞争优势实现工资的均衡。

如果是消费者存在歧视,对企业的雇佣和劳动力配置、消费者的支付也会产生影响。例如在一些服务行业,消费者希望得到容貌漂亮的雇员提供的服务,而不愿意接受容貌欠佳的雇员的服务。这时,企业就需要调整劳动力的配置,不让容貌欠佳者从事服务性工作,让他们从事不需要和顾客直接接触的工作,他们的工资也会低于容貌漂亮雇员的工资。如果是纯粹服务性行业,所有的雇员都需要与顾客见面,那么容貌欠佳者就很难被雇佣。而消费者也为"漂亮"付出了代价,因为容貌漂亮者工资较高,服务收费较高。

可以看出,如果人们的歧视偏好不改变,在市场的作用下,受歧视者可以获得工作,但工资支付不足,工资差异会长期存在。只有在其付出更多努力、具有特殊才能的情况下,工资才会得到提高。歧视还会对企业利润和消费者剩余带来影响。在这个过程中有利益受损者,也有受益者,但是赢家的收益不能弥补输家的损失,即歧视会带来社会福利的净损失。认识到这一点,是否会改变人们的偏好呢?此外,反歧视的法律也会发挥一定的作用。

在对不同国家的工资水平进行比较时,除了以上分析的影响因素外,还要考虑汇率、物价水平等因素。

不合理的工资差异一旦形成,就会以一种习惯、制度的方式长期存在下去,很难被改变。像上面分析的二元结构劳动力市场、歧视造成的差异,都具有长期性。即使技能差异形成的工资差异在多大程度上具有合理性,也需要重新评价。少数高技能者获得的高工资完全符合劳动价值论吗?工资差异的形成弱化了劳动者的共同利益,甚至劳动者之间产生矛盾和摩擦,这也转移了劳资矛盾的视线。但是,应该看到,能够获得较高工资的劳动者只占少数,且高工资是以牺牲大部分劳动者利益而获得的。中间阶级的收入较高,但数量最少。无产阶级和半无产阶级的收入较低,且不稳定。中间阶级对资本主义经济发挥着不可或缺的稳定作用。这个稳定作用是资本家付出了昂贵的"忠诚租金"(相对较高的工资)以后买到的,而收买注定只能应用于一个相对少数的群体。这是因为,如果收买的范围大幅度扩大,收买的成本也必然大幅度地上升,能够保留下来供资本家阶级分配的剩余也就所剩无几了。另一方面,如果收买的范围扩大,收买的效果就会降低。因为现在高工资已经不是少数人的特权了。

第二节 失业问题

一、资本主义经济中失业问题的根源

关于资本主义经济中失业的原因,有多种理论和解说,下面对一些相关理论做分析,以澄清失业问题的根源。

(一)工资与失业

有一种观点认为第二次世界大战以后发达国家失业率的上升与工资过高有关,这属于古典型失业理论的观点。到了20世纪80年代,西方经济学又提出新的观点,认为不是工资的绝对水平而是工资变动不灵活,即存在工资粘性导致失业率的上升。

美国1973年~1996年的小时劳动生产率提高了26.4%,而实际小时工资仅提高了1.8%;在20世纪80年代至20世纪90年代实际工资都出现了下降。①但是,20世纪80年代却出现了较高的失业率。Buchele和Christiansen(1993)衡量了战后美国非农业部门工资份额的变化,他们定义的工资份额为实际工资与劳动生产率的比率,按照新古典的观点,如果充分支付工资,则工资份额应该等于1。运用这一指标,可以考察企业劳动成本的变化,进而分析它与失业的关系。工资份额在战后呈现出很明显的波动,如果以1977年的工资份额为1,在20世纪50年代工资份额呈现上升的趋势,大致在1~1.02之间,而20世纪60年代工资份额先下降后上升,大多数年份在1以下。20世纪70年代工资份额保持在较高水平,在1~1.02之间。到了20世纪80年代,工资份额又下降。从失业率来看,美国20世纪50年代平均失业率水平最低,以

---

① 转引自R.D.伍尔夫:《2000年的美国经济:一个马克思主义的分析》,载《当代经济研究》,2001年第1期。

后逐渐升高,到20世纪80年代达到最高。这似乎无法用工资份额的变化来解释,因为工资份额下降并没有带来失业率的下降。相反,工资份额却受失业率的影响,例如20世纪60年代工资份额的下降受到20世纪50年代末失业率提高的影响,而后随着失业率的下降,工资份额也逐渐上升。而20世纪80年代工资份额的下降直接源自20世纪70年代失业率的上升。[1]这一分析符合现实情况,也符合马克思经济学的产业后备军对工资产生影响的理论。

进一步地,可以通过实证来说明这一问题,首先看工资是否是失业的解释变量。Madsen(1994)回归分析了OECD 22个国家实际工资差额(实际工资超过劳动边际产出的部分)和失业之间的关系。结果虽然表明有正的影响,但Madsen认为影响系数不大,并且还有其他因素可能曲解两者之间的关系。[2]总之,Madsen认为实际工资差额对20世纪70年代后期各国失业率的上升可能有一定的解释力,但20世纪80年代的高失业率还需要从其他方面来解释,例如需求因素。

反过来,Buchele和Christiansen(1993)在用上一年失业率、设备利用率和上一年劳动份额作为解释变量,对美国劳动份额进行回归分析时,发现在大部分时期失业率对工资份额的影响都是显著的。在1948年~1966年失业率对工资份额的影响系数为−0.3721,在1982年~1989年系数为−0.4668。这说明20世纪80年代失业率对工资份额下降有更大影响。

工资粘性对失业的影响究竟有多大,我们尚需实践证明。从理论上看,实际工资粘性是一种常态,它使工资总高于市场出清水平,因而对失业的影响亦是负面的。但名义工资粘性在经济繁

---

[1] Buchele, R., J., Christiansen, 1993, "Industrial Relations and Relative Income Shares in the United States", Industrial Relations, 32(1), 49~71.

[2] 参阅 Jakob B. Madsen, 1994, "The Real Wage Gap and Unemployment in the OECD", Australian Economic Papers, 33, 96~106.

荣、物价上涨时，工资保持不变或落后于物价调整，则其作用是积极的，只有在经济衰退、物价下降时才对失业有负面影响。[1]由于经济周期变化，工资粘性的影响是否可以相互抵消，在理论上还不得而知，还是让我们试着从实证上作一些探索。

Allen(1992)认为由于研究方法的不恰当，使人们得出战后美国的名义工资粘性增大、对周期反应不敏感、自相关程度更强的结论。采用正确的研究方法，他发现美国今天的工资与100年前的工资一样对周期有敏感性，甚至更强一些，从而否定了名义工资粘性一说。Nickell和Quintini(2003)研究了英国的名义工资粘性。虽然有证据表明在经济衰退时，一些劳动者的工资存在向下的粘性，但也有很大比例的劳动者工资出现下降。Christofides和Stengos (2003) 对加拿大的工资粘性做了研究，发现在1976年~1999年间，名义工资的下降很少见，但实际工资的下降经常会被看到。在经济衰退的低通货膨胀时期，发生削减实际工资的事件数量并不会减少，虽然削减的幅度不大。这说明加拿大的实际工资基本不存在粘性[2]。

进入20世纪90年代以后，各发达国家的工资粘性明显减弱，在荷兰和美国，工资的灵活调整[3]被认为是保持较低失业率的关键要素。而由于周期波动和产业结构的变化，单独用工资粘性来说明失业率的变化也更加不充分。

---

[1] 与此相反，隐含合约和内部劳动力市场的存在使得在经济繁荣时不增加雇佣工人，而在经济衰退时也不减少雇佣工人。

[2] 关于工资粘性的研究，参阅 Steven G. Allen(1992), "Changes in the Cyclical Sensitivity of Wages in the United States, 1891-1987 ", American Economic Review, 82 (1). Nickell, S., G., Quintini(2003), "Nominal Wage Rigidity and the Rate of Inflation", The Economic Journal 113, 762~781.Christofides, Louis N., Stengos, Thanasis (2003), "Wage Rigidity in Canadian Collective Bargaining Agreements ", Industrial and Labor Relations Review, 56(3), 429~448.

[3] 更真实地说是相对较低的工资，在荷兰主要依靠工会的协调作用。

参考资料：经济危机时是减薪还是裁员

减薪的压力是持续的，会对员工心态造成很大影响。选择降薪的前提是能把握被降薪的人对企业有足够的忠诚度，否则后果很可能是大批员工跳槽，造成队伍不稳定，甚至跳到了竞争对手的公司。如果同行业其他公司提供更高水平的薪酬，员工就很容易与之进行比较而产生一种不公平感，这就会影响工作的积极性，也容易引起员工流失。而且，降薪会挤压高效率员工，最后可能会导致低质量员工以低收入应对同样工作量，不会产生效率增长，因为无论水平高低、努力与否、业绩如何，大家都被减薪了，而高质量员工则选择高薪岗位寻求跳槽机会。

而裁员也有问题。裁员过早，一旦经济复苏，企业将面临人员短缺，可能需要花费大笔资金招募新员工，那么裁员花费的成本可谓得不偿失；如果经济持续衰退，企业没有及时裁掉员工，那么企业的利润就会受到很大影响。而且，一旦涉及裁员，对于员工的整体士气会造成很大影响。不少企业仍然采用"裁员"这一招，甚至有的企业一边裁员一边招人？究其原因，主要与企业的运营成本有关。采用此招的企业，通常把裁员作为降低运营成本的主要手段，尤其是对劳动密集型企业，因为人力成本所占比重大，裁员是降低成本支出的最有效手段。而且，对于很多企业尤其是外企而言，经济危机时刻反而是企业"换血"的大好时机，可以趁机砍掉一批不能赢利或者利润很低的项目或者部门，同时转变企业战略，集中人力物力财力发展核心业务，实在是一举几得的妙招，比如微软、谷歌、惠普等大牌外企纷纷采用此种策略。但是，需要注意的是，"借机瘦身"的招数并非针对所有企业的万能药方。对于有些企业而言，这种方式非但没有帮助企业实现战略性的转变，反而招致了较为敏感的"劳务纠纷"。一方面大幅度降低了公司形象，也影响了公司内部员工的士气与忠诚度。

(二)技术进步、产业结构演进与失业

对技术性失业的最早关注可追溯到19世纪初,19世纪几乎所有的古典派经济学家都参与了这一问题的讨论,包括萨伊、西斯蒙第、李嘉图、拉姆塞、马尔萨斯、西尼尔、马克思、穆勒等。在这其中,分为对立的两派,一派认为技术变动对就业的负面影响只是短期的,长期可以实现就业的补偿;另一派则认为补偿是不充分的,技术性失业是长期存在的。

在此基础上,人们围绕技术进步的就业补偿机制展开了很多的讨论。例如,Howard 和 King 对"补偿理论"的重新辩解。Vivarelli(1995)将技术进步影响失业的补偿机制进一步归纳为以下八种:(1)通过降低价格从而增加需求;(2)通过新的投资;(3)通过降低工资,工资下降会促使企业用劳动替代资本或延缓节约劳动的技术创新过程;(4)通过新机器生产,带动产业间联系,进行补偿;(5)通过新产品创新;(6)通过技术进步增加的收入,进而转化为消费和投资;(7)通过"熊彼特效应",以创新增加投资;(8)通过"庇古效应",用价格下降来带动投资增加。①

现实情况是技术进步、劳动生产率的提高与就业增长和失业率的下降之间并没有一定的规律。较高的劳动生产率可以带来低失业率(德国的20世纪60年代、美国的20世纪90年代),也可以带来低就业增长率(德国的20世纪70年代);同样,较低的劳动生产率能够带来高就业增长率(荷兰的20世纪90年代),也能够带来高失业率(美国的20世纪70年代、德国的20世纪90年代)。这说明技术进步与就业和失业的关系不是简单的正向或反向关系,具体结果取决于补偿机制的完善程度。②

---

① Macro Vivarelli, The Economics of Technology and Employment, Edward Elgar, 1995.

② 一般而言,经济增长率高的年份,失业率低,即两者存在着反向关系,而劳动生产率与经济增长率之间又存在着紧密的关系。由于我们主要分析技术进步对就业的影响,所以劳动生产率是我们考察的重点,而把经济增长率的影响作为补偿机制中的重要部分来分析。

Vivarelli(1995)通过对美国和意大利的技术进步相关资料进行计量分析,得出这样的结论:在美国,通过价格和产品创新的补偿机制较显著;而在意大利,通过新机器和收入的补偿机制较显著。总体来说,美国的技术进步对就业扩大的正面影响更大一些。

战后随着第三次科技革命成果的应用,资本主义经济中技术更新的速度加快,资本有机构成的提高也相应加快,以美国制造业为例,从1947年到1984年,固定资本净存量增长了268%,按固定资本计算的资本技术构成提高了192.4%,与此同时,职工人数仅增长了26%。[1] 这说明资本对劳动力的需求因技术的采用而相对缩小了。另一方面,从资本生产率和劳动生产率的对比中也可以看出技术进步的方向是节约劳动型的还是节约资本型的,后者对就业的影响是正面的。实际上,资本有机构成等于劳动生产率与资本生产率的比值。从一些主要资本主义国家1960年~1997年劳动生产率和资本生产率的数值来看,可以发现资本生产率在大多数时期都是负值,只有美国、法国、意大利在1960年~1970年出现过正值。证明资本主义经济中节约资本的技术应用不多见,一般采取节约劳动的技术,这会减少劳动力的需求。当然也不能绝对地认为劳动生产率越高,失业率越高。因为劳动生产率高的国家具有国际竞争力,在工人工资提高的幅度不超过劳动生产率提高的幅度时,可获得大量利润,如果用于再投资,就能扩大对劳动力的需求。日本在经济起飞阶段就是如此,它的劳动生产率较高,资本生产率较低,但失业率较低。

由于资本主义经济中存在的固有矛盾,各种补偿机制之间存在矛盾,因而补偿不可能充分实现。以投资需求为例,投资补偿有赖于利用获得的利润,进行迅速再投入。投资要足够地大,这又涉及技术进步收益在工人和资本家之间的分割问题,从而形成矛盾:消费需求增加要求收益更多地向工人倾斜,否则产品的价值

---

[1] 高峰:《资本积累理论与现代资本主义》,南开大学出版社,1991年,第179页。

实现就成为问题,而投资需求增加又要求利益更多地向资本家倾斜。看来,两种补偿机制不可能同时充分实现,而且投资的补偿还要求投资不存在时间上的滞后,但这一条件基本上是不现实的。由于对未来的预期不稳定,资本家很难迅速增加投资,如凯恩斯所言,投资不足是西方国家经常发生的问题。另一方面,如果新的投资过程又伴随着技术变动,形成的是资本密集程度更高、技术更新的项目,则就业补偿的能力更加微弱。马克思认为资本积累的常态是资本有机构成的提高,即资本密集程度不断扩大。这一技术特征被以后的经济发展历史所证实。

产业结构的变化要求劳动力能够进行就业的转移,如果由于技能等原因存在转移障碍,就会形成结构性失业。这里的结构变化不仅包括三大产业之间的变化,也包括三大产业内部的变化。就业结构在一定程度上决定着失业的结构,制造业中一些传统产业的就业增长缓慢,并且容易受经济周期的冲击,结构性失业的数量较多;而新兴产业部门的就业比较稳定。

从表3-4中可以看出美国就业结构的变化。美国农业部门就业的比重不断下降,从1947年的13.8%下降到2005年的1.6%。原来的农业工人如果在城市中找不到工作,就会形成失业人口。下降幅度在1950年~1979年尤为明显,1950年农业部门的就业比重为12.2%,1960年降为8.3%,1970年进一步下降为4.4%,这意味着在每个相邻年份都有较大的变化,从而导致结构性失业的上升。

从美国战后发展来看,就业结构主要表现为非农产业内部的变化,第二产业就业比重下降、第三产业比重上升以及它们各自内部的变化,这都会给失业带来冲击。在非农产业中,第二产业的就业比重从1960年的35.3%下降到2005年的16.6%,下降了近20个百分点,而第三产业的就业比重则从1960年的64.7%上升到2005年的83.4%。在1980年~2000年,第二产业就业比重下降的幅度尤其大。在第二产业内部,主要是制造业的就业比重下降非常突出,从 1960 年的 28.4%下降到 2005 年的 10.7%。在第三产业内部,就业比重上升较快的产业主要是教育卫生、商业服务、娱乐和金融,而贸易交通、信息等行业的就业比重却略有下降。

表 3-4 美国非农产业的就业结构变化(1960 年~2005 年)

年份	非农就业	第二产业	资源采矿	建筑	制造业	服务业	贸易交通	信息	金融	商业服务	教育卫生	娱乐	其他	政府
1960	100	35.3	1.4	5.5	28.4	64.7	20.5	3.2	4.7	6.8	5.4	6.4	2.1	15.6
1970	100	31.2	0.95	5.1	25.1	68.8	19.9	2.9	5.0	7.4	6.4	6.7	2.5	17.9
1980	100	26.8	1.2	4.9	20.7	73.2	20.3	2.6	5.6	8.3	7.8	7.4	3.0	18.1
1990	100	21.7	0.7	4.8	16.2	78.3	20.7	2.5	6.1	9.9	10.0	8.5	3.9	16.8
2000	100	18.7	0.5	5.2	13.1	81.3	19.9	2.8	5.9	12.6	11.5	9.0	3.9	15.8
2005	100	16.6	0.5	5.4	10.7	83.4	19.3	2.4	6.2	12.7	13	9.5	4.1	16.3

资料来源:根据 Economic Report of the President 2006 计算。

但是,第三产业的发展也不能脱离第一产业、第二产业,尤其是第二产业中的制造业。Greenhalgh 和 Gregory(1997)的研究表明,英国制造业就业的下降是解释英国失业增加的重要原因。因为制造业是产业结构的基础,它为国民经济提供技术支持,也对第三产业产生需求,更重要的是它具有很强的就业创造功能。[①]美国近年来由于过度发展金融等虚拟经济部门,随着泡沫的破灭和金融危机的爆发,金融部门产生大量失业,并且危机累及实际经济部门,使整个社会失业率上升。

从技能不匹配的方面来看,失业和空位同时存在证明了有不匹配问题。衡量不匹配的程度一般用贝弗里齐曲线(Beveridge

[①]Christina Greenhalgh, Mary Gregory. Why Manufacturing still Matters: Working with Structural Change in Philpott, J. (ed.), Working for Full Employment. London and New York: Routledge, 1997,96~108.

Curve)来表示,横坐标为失业率,纵坐标为空位率,曲线越远离原点,不匹配程度越深,说明失业率与空位率同时上升。Schettkat(1992)计算了美国从1963年~1987年的贝弗里齐曲线,认为从1963年到1982年,曲线有一种向右移的趋势,说明不匹配的程度在加深,而1982年以后,又开始向左移动。① 但不管怎样,空位率都大大低于失业率,空位率最高的年份也不到2%,而失业率在4%~11%之间。可见单纯用技能不匹配不能解释所有的失业问题,在资本主义经济中,失业是不可避免的,即使提高了工人的技能。

(三)需求与失业

美国经济学家谢尔曼对马克思的周期性失业理论作了发展,他将失业的原因归结为危机的原因。他认为危机的直接原因是利润率下降,而后者又是投资过度和消费不足共同作用的结果。在经济扩张阶段后期,投资过剩从供给方面起作用,通过工资上升和原材料价格上涨使生产成本提高,同时消费不足从需求方面起作用,限制了商品价格的相应上涨。换言之,在繁荣时期,工资的上升引起工资占收入份额的上升和资本份额的相应下降。到繁荣的后期,利润率的下降降低了人们的预期,经济从繁荣走向停滞,失业人口增加。尔后,又会开始新一轮循环。其中,谢尔曼引用了Glyn和Sutcliffe等学者的观点,分析了工资上升与工会斗争有关。随着经济的膨胀,在扩张的后期,劳动力市场上的失业者减少,工会的谈判能力增强,因而工资有可能提高。② 这样的分析给人的感觉是工资挤压利润造成周期性失业。其实不然,谢尔曼认为工资份额的上升只是利润率下降的结果,而不是原因,更不是唯一的原因。虽然工资在利润达到最高点之前就上升,但上升速度慢于利润的增长速度,在利润达到最高点之前,工资的份额是下降的,

---

① Schettkat R. (1992), The Labor Market Dynamics of Economic Restructuring: The U.S. and Germany in Transition, New York: Praeger, P.129.

② Howard J. Sherman, The Business Cycle: Growth and Crisis Under Capitalism, Princeton University Press, 1991, pp.223~224.

第三章 市场经济的难题——就业问题

直到利润开始下降以后,工资的份额才上升。[①]而利润的下降又是由多方面的原因促成,主要有要素价格的上升、需求不足。工资上升在其中起作用,但作用不大。谢尔曼承认马克思的分析是长期趋势分析,他将其理解为长周期,因而对全面把握马克思的失业理论仍显不足,但他在周期性失业方面的研究,的确是对马克思理论的一个重要发展。

关于经济周期波动的理论都强调了企业投资需求不足的问题,由于企业家的预期不乐观,投资需求会下降,从而使企业对劳动力的需求下降。但是,在资本主义经济中,需求不足更重要的来源是消费需求,它决定着产品的价值实现。[②]而消费需求的主要构成主体是劳动者,劳动者获得的工资是其主要收入来源,是其进行消费的基础。这样一来,消费需求就与工资建立了紧密的联系。如果像前面所分析的新古典失业理论那样依靠降低工资来解决失业问题,则不会取得好的效果。因为虽然从微观上看,降低工资的企业的劳动成本下降,企业愿意多雇佣工人。但是,作为宏观经济中的消费者,众多被削减工资的工人的消费需求会下降,所以企业的商品会出现销售困难,从而整个宏观经济中的失业量反而可能上升。马克思对这一问题做过深刻分析,"直接剥削的条件和实现这种剥削的条件,不是一回事。二者不仅在时间和空间上是分开的,而且在概念上也是分开的。前者只受社会生产力的限制,后者受不同生产部门的比例和社会消费力的限制。但是社会消费力既不是取决于绝对的生产力,也不是取决于绝对的消费力,而是取决于对抗性的分配关系为基础的消费力;这种分配关系,使社会上大多数人的消费缩小到只能在相当狭小的界限以内变动

[①] Howard J. Sherman, The Business Cycle: Growth and Crisis Under Capitalism, Princeton University Press, 1991, p.228.

[②] 诚然单纯生产过度、资本有机构成提高就会导致利润率下降和周期性失业,危机不一定与产品价值实现有关,这也是马克思危机理论的核心。但是现代的经济危机往往与产品价值实现相联系,即与消费需求有关。

的最低限度。这个消费力还受到追求积累的欲望的限制,受到扩大资本和扩大剩余价值生产规模的欲望的限制。""生产力越发展,它就越和消费关系的狭隘基础发生冲突。在这个充满矛盾的基础上,资本过剩和日益增加的人口过剩结合在一切是完全不矛盾的……"①

在卡莱茨基的模型中,高工资有助于实现高就业水平,也有利于高的经济增长。由收入分配所决定的工资使得消费需求不足,而消费需求不足会导致投资需求不足,投资不足又会进一步抑制资本主义再生产过程和经济增长,并引起经济周期性波动。②

在资本主义经济中通过提高工资刺激消费需求是可行的吗?Marc Lavoie(2003)的有效劳动需求理论认为,在就业水平低时,就业和产出的扩大需要提高工资以使增加的总供给能被总需求吸收,经过一段时间,由于存在边际收益递减,增加的产出相对于增加的就业和工资支付而言很小时,实际工资必须下降以使产品市场上的供求相等。其前提是边际收益递减规律成立。社会的总需求是由工人的工资总额和资本家的自主花费(消费和投资)构成的,利润最大化企业家的预期取决于购买者的消费行为,从而产生有效劳动需求。其公式为 $f'(L)=[f(L)-a]/L$, $f(L)$ 为生产函数,a 为来自利润的自主花费的比例,为劳动力数量。因而 Marc Lavoie 也指出高工资产生失业的理论是错误的,在现有的有效劳动需求条件下,企业家没有动力也没有办法降低工资,因为实际工资受有效需求的决定。只有社会有效需求增加时,实际工资才可能下降。③而这时的社会有效需求增加要依靠自主花费的提高,也就是说,收入分配比例会发生变化。在工资下降、工人的消费需求不足时,要依靠来自利润的消费和投资的增加来维持总有效需求。但是,资本家的自主

---

① 马克思:《资本论》第3卷,人民出版社,1975年,第272页~273页。
② 参阅陈英、景维民:《卡莱茨基经济学》,山西经济出版社,1999年。
③ 这时,劳动者的产出可能出现边际收益递减,但也不一定。

花费也会出现不足的问题,这时,就需要政府采取财政支出扩大的政策来提高,从而得出凯恩斯治理需求不足的结论。而无论是资本家的自主花费和政府花费的最终来源仍然是收入分配中从工人手中多得的部分,所以它们伴随着工人工资的降低,从这个意义上Marc Lavoie 说,"失业的最终解决还需要降低工资"。[①]可是,如果社会有效需求不增加,只是降低工人的工资是没有用的,它不能解决经济衰退和失业问题。笔者认为,依靠工人消费需求的增加来解决社会有效需求不足才是真正正确的途径,但在资本主义经济中却缺乏实现的可能性,所以才出现依靠资本家和政府这样的解决方法。

Rowthorn 和 Glyn(1990)的实证分析表明人均消费水平与失业之间存在着相关关系。在 1979 年~1985 年间,那些人均消费出现大幅度负增长的国家,失业率水平也很高。例如,西班牙、爱尔兰、荷兰、德国等。[②]美国 20 世纪 70 年代开始直至 20 世纪 90 年代中期的实际工资下降给消费需求带来了负面的影响,虽然企业的劳动成本得到降低。消费需求的不足必然会对失业产生威胁,但是,为什么在20 世纪 80 年代、20 世纪 90 年代美国的失业率能够有效地下降呢? 这里必须要考虑消费信贷的支持,如果劳动者只是依赖工资收入来进行消费,消费需求不足就会出现,而消费信贷使得维持较高的消费需求成为可能。但是,消费信贷本身也有很大的弊病,尤其从长期看,导致居民高负债率这一隐患迟早给宏观经济以致命的打击。美国平均每个家庭的消费债务由 1989 年的 1.92 万元上升到1998 年的 3.34 万元,而同期家庭收入仅从 3.28 万元上升到 3.33 万元。[③]

[①] Marc Lavoie, 2003, "Real Wages and Unemployment with Effective and Notional Demand for Labor", Review of Radical Political Economics, 35(2), pp.166~182.
[②] Marglin, S. A. and Schor, J. B. (ed.) The Golden Age of Capitalism, Clarendon Press, Oxford, 1990.
[③] 转引自 R.D.伍尔夫:《2000 年的美国经济:一个马克思主义的分析》,载《当代经济研究》,2001 年第 1 期。

在失业的周期波动中也要强调通货膨胀和失业的关系,一般学者认为通货膨胀和失业存在替代关系,即存在所谓的菲利普斯曲线——高通货膨胀和低失业相对应,而低通货膨胀和高失业相对应。这种运动的内在机理却是实际工资的变化。在经济走向繁荣期的阶段,通货膨胀不断上升,而实际工资增长慢于价格的上升,从而实际工资是下降的,成本的下降带动了投资的扩大,所以高通货膨胀对应的是低失业率。但是,繁荣期不可能长久持续下去,因为实际工资的下降必然会影响消费需求。而如果劳动者要求增加工资以与通货膨胀水平保持一致时,则企业的投资意愿又会受到影响(不是获得不了利润,而是不能获得像以前那么多的利润),所以替代关系不能长久地成立。

(四)自然失业率

自然失业率理论是主流经济学家提出的,马克思经济学者对这一理论进行了批评。自然失业率理论强调一定水平的失业是经济中不可避免的,是正常现象,即使经济实现了理论意义上的充分就业,也会有一定量的失业存在。失业如果是自愿的,也就不能通过政策来消除。如果是这样的话,资产阶级就能够掩盖资本主义经济中的矛盾和危机,把失业看成是正常现象,它不是由制度缺陷所造成的,政府和企业不需要也没有义务去为降低这一类型失业而努力。一般认为自然失业率包括摩擦性失业与结构性失业,①它们都与劳动供给结构有着密切的关系。

摩擦性失业主要是由于劳动转换需要经历一定的时滞,包括劳动者的寻找时间和企业的雇佣时间。如果劳动力市场是完善的,信息可以自由流动,则摩擦性失业可以基本不存在。西方主流经济学者一般从劳动力市场的制度结构和劳动者自身的特征来说明摩擦性失业。例如,如果法律上存在着解雇限制,就会导致企

---

① 也有将自然失业率称为"无加速通货膨胀的失业率"、"无加速工资增长的失业率"或者直接称为"结构性失业率"(包括由劳动力市场结构所导致的摩擦性失业)。

业雇佣行为的低落,劳动者寻找的摩擦就会加大。而年轻人和妇女的就业行为尤其会出现短期化的现象,因而更容易成为摩擦性失业者。其实,摩擦性失业者并不完全是自愿失业者,它的产生受制度结构的影响,但远不是解雇限制这样的制度,而是更深层的制度。例如,为什么年轻人和妇女劳动转换率高、易于流动,他们是自愿的吗?其实不然,这取决于资本对这两种类型劳动力的需要。马克思对妇女儿童劳动有精辟的论述,认为他们是资本主义使用机器后首先考虑的雇佣对象,是资本主义劳动的补充力量,这使工人家庭全体成员都受资本的直接统治。也因为此,成年男性工人的劳动力价值可以降低,因为家庭成员都走向劳动力市场,作为成年男性工人的工资中不必包含抚养家庭的部分了。妇女儿童是更容易剥削的群体,工资较低,在经济周期波动时可以随时解雇。由于这些原因加上妇女和年轻人自身特有的特征(妇女生育、年轻人接受教育),使人得出这样的印象:妇女和年轻人因劳动流动性强很容易成为摩擦性失业者。而更深层的原因在于资本主义生产为什么要将妇女和年轻人纳入雇佣大军中。妇女劳动参与率在战后不断上升,一个很重要的原因是单靠丈夫一个人工作已经很难抚养家庭。解雇限制虽然对劳动力市场摩擦有影响,但是我们看到的却是一些有严格劳动保护的国家(例如北欧各国)其失业率很低,低于缺乏劳动保护和解雇限制国家的失业率。这说明劳动保护和解雇限制不足以说明摩擦性失业。

劳动力的技能结构问题会产生结构性失业,这也包含在自然失业率的范围中。有人认为因为技术革新是不可避免、经常发生的,所以因技术变动、技能不匹配而出现的失业也是正常的,是任何制度的经济社会都存在的。但是,前面的分析却让我们看到,如果技术进步被合理利用并存在充分的就业补偿机制,技术进步并不必然会带来结构性失业。但是在资本主义经济中,因为技术为资本所控制,且缺乏充分的补偿机制,所以技术进步会产生大量

西方国家市场经济八大问题

的结构性失业。这不仅仅与劳动者的技能有关,即使劳动者提高了技能,如果技术又进一步变化或者存在劳动力市场的分割(二元结构劳动力市场),失业也会经常存在。总之,无论是摩擦性失业,还是结构性失业,这些失业并不是自然现象,它们都是由资本主义内在制度结构所决定的。

早期人们认为自然失业率是固定不变的,大致在6%左右。这样,只要不高于6%的失业率都被看做正常的,也不需要再降低。后来的学者认为自然失业率是变化的,而经济现实也出现低于6%的失业率。美国在20世纪90年代自然失业率为什么会降低呢?有人把其归因为劳动力供给结构的改善(年轻人所占比重下降,劳动者的技能提高),实际情况是,由于20世纪90年代的经济景气使得总体失业率下降(自然失业率与周期性失业率、古典型失业率之和),低于6%的自然失业率,这使原来固定不变的自然失业率理论不攻自破。①为了维护自然失业率理论,他们只好提出"自然失业率不是固定不变的"学说。这意味着在某一历史时期是"自然"的失业率,在另一时期就会变成"不自然的","自然"与否取决于政策需要,而劳动力市场的竞争程度与劳动力的供给结构并没有发生大的变化。当现实出现高失业率时,可以宣称"自然失业率上升了"来为政府开脱,这样自然失业率就成为一个"有力"的工具来维护政府的利益。当现实的失业率低时,可以宣称"自然失业率下降",但更多的时候是说"政府的宏观经济政策有效,失业治理成功"。

因为自然失业率的特殊政治意义和实践价值,主流经济学很重视对它的研究。后来,又提出"无加速通货膨胀的失业率"(NAIRU)的概念,让自然失业率与通货膨胀建立联系,以期为资

---

① Pollin(1999)认为劳资力量对比的变化以及美国更大程度地融入全球经济是压低自然失业率的两大主要因素。参见郭懋安:《自然失业率论是掩饰阶级剥削的理论》,载《国外理论动态》,2000年第12期。

产阶级的宏观经济政策服务。在自然失业率水平以下,再降低自然失业率,会带来非常高的通货膨胀。这样便给政府开脱责任提供了理由,一旦经济达到自然失业率水平(例如6%),则这一失业率不仅是正常的,不需要花力量降低它,而且如果努力降低它,不仅失业率不会有明显降低,还会带来副产品——严重的加速通货膨胀。也就是说,政府的任务是将失业率降到自然失业率为止即可,但是自然失业率的水平又是不确定的,取决于政府与主流经济学家的判断,他们于是将自然失业率为己所用。但是,经济现实却给予有力的反驳。例如,美国对自然失业率的估计为6%~6.2%,按照自然失业率理论,当失业率低于自然失业率1%时,通货膨胀会上升0.5%,那么在1994年8月到1996年8月美国的5.6%的失业率将导致0.2%的通货膨胀上升(假定自然失业率为6%)。实际情况却是通货膨胀在这个时期从2.9%下降到2.6%。

实际上,失业率一旦被降得很低,低于所谓的自然失业率水平(如果它存在的话),进一步降低失业率不会带来加速的通货膨胀,通货膨胀在失业率被长期压低的情况下上升幅度不会增加。传统观点认为菲利浦斯曲线是凸形的曲线,同一水平的通货膨胀增加带来失业的减少呈现递减,因而政府不愿意将失业率降得足够低,虽然他们能够做到。但是如果菲利浦斯曲线是凹形的,同一水平的通货膨胀增加带来失业的减少则会呈现递增。Stiglitz(1997)认为菲利浦斯曲线可能是凹形的,实证分析也支持这一点。这与非对称价格调整一致,生产者可能向下调价,但不愿意向上调价,即使面对普遍上升的价格。这样的话,政府就会对治理失业有信心,能尽可能地将失业降低。但是这一思想还不可能被资产阶级政府所接受。

(五)小结

战后主要资本主义国家经历了20世纪60年代至70年代低失业率的"黄金时代",在20世纪80年代和90年代失业率却居高不下,2008年次贷危机的爆发又将一些国家的失业率推到较高的水平。早期的低失业与战后恢复时期快速的经济增长和需求的扩张是分不开的。在私人需求不足的情况下,由凯恩斯理论支持的政府需求的扩张起到补充作用。随着劳动生产率的提高和经济快速增长,劳动者的工资也有了一定程度的提高,这有助于消费需求的增长。在20世纪70年代石油危机发生之后,资本主义经济进入衰退时期,失业率也开始逐渐上升。这时,所谓的工资粘性对失业产生过短暂的影响,但影响不大。相反,实际工资由于高通货膨胀的存在不断下降,这导致20世纪80年代以后资本主义经济中的消费低迷。此外,在需求下降时,企业的调整措施对失业数量产生很大的影响。微观企业只注重自身利益,不顾劳动者和社会利益,导致失业数量过度增加。20世纪90年代个别国家由于采取相应政策(政府购买、出口扩大、消费信贷)部分解决了需求不足的问题,因而失业率得以下降。但需求因素仍然是制约资本主义经济和失业的关键因素。进入21世纪,尤其是2008年以来由美国次贷危机引发的全球金融危机和经济危机,又将资本主义经济的失业率推到一个高峰。

战后发生的技术革新和资本有机构成提高对失业产生重要的影响。在第一个时期,第三次技术革命带来资本有机构成的提高和劳动生产率的增长,资本主义经济中出现了技术型的失业。这一时期技术进步主要表现为过程的创新,因而对失业的影响非常大。但由于技术进步带动了经济的快速增长,存在着就业的补偿机制,所以失业问题仍不是很突出。在20世纪80年代以后,信息技术的发展同样提高了劳动生产率,因而对失业也产生影响。这一时期技术进步的特点主要以产品创新为主,对失业的影响系数小于前一时期。但由于经济增长率较低和产业结构以及就业结构调整的缓慢,就业的补偿是不充分的,因而失业率在20世纪90年代乃至近年都没有得到有效的下降。

在资本主义经济中,自然失业率包含的不仅仅是自愿失业,还包括非自愿失业。它不是固定不变的。资产阶级政府经常夸大自然失业率的水平,将由其他制度结构、需求不足等原因造成的失业都归入自然失业(或所谓的结构性失业)的范畴,认为所有的自然失业率都是自愿的,以掩盖资本主义失业的本质,也为了推卸政府的责任。随着经济全球化的发展,发达国家的失业问题必然受资本国际运动的影响。失业的出现仍然是资本积累发展的必然结果,只是现在的资本积累在全球范围内进行。

总之,战后发达国家失业的变动反映了资本主义经济的周期波动,也反映了资本积累的长期运动。其中,资本有机构成提高造成的相对人口过剩规律仍然在发挥作用,而投资需求的扩大在一定程度上起到就业补偿的作用。由于工资水平的制约,消费需求不足问题会经常出现,因而补偿是不充分的。

二、发达国家解决失业问题的药方

从历史上看,发达资本主义国家解决失业的政策多种多样,但大致是从供给和需求两个方面入手,其中更强调了供给方面的政策,例如就业补贴、教育培训、减少劳动供给、缩短劳动时间、加强职业中介等,而需求方面的政策主要靠宏观经济政策来刺激需求,以实现充分就业,也包括雇佣补贴、在公共部门创造就业等。我们的分析也说明失业的产生不仅源于需求不足,也源于劳动力市场的功能性障碍、劳动力的技能结构,而一些制度性原因造成的企业工资不灵活则兼顾供给和需求两个方面。因此,政策取向也要兼顾这两个方面。

(一)供给方面

从供给方面看,主要有以下几项措施:

1.加强对劳动力的技能培训,包括失业者和在职者

我们知道,结构性失业者的技能一般不能适应新的产业需

要,他们要想在其他产业就业,必须进行培训。而此时他们已经失业,个人进行教育培训存在困难,这就需要政府部门出面组织相关的培训,使其能够获得一定的技能,尽快走出失业队伍。同时,失业与空位同时存在的现象也说明了进行技能培训的必要性,因为有一部分空位是由于劳动者的技能不匹配所造成的。

西方各国近年来都加大了对失业者培训的投入,例如德国1991年对失业者培训的公共支出已占其GDP的0.44%。在日本和挪威,任何失业者都有资格参加培训,提供培训的政府机构叫公共就业服务(PES),培训时间一般为4个月到6个月,而培训者在此期间可获得失业救济金。PES可以自己开设课程,也可以委托其他单位代理培训任务。由于培训的目的是为了尽快获得工作,培训的内容、培训方式要尽可能与企业的需求相结合,而不是采取传统的学校教育方式。有些国家因而采取了提供劳动合同的培训,即在培训结束后,能确保为培训者找到工作甚至签订长期劳动合同。实际上,这种类型的许多培训是由企业承担的,政府就业部门为企业提供经费。这样做将劳动力的供求双方紧密结合在一起,既有利于企业通过培训获得它所需要的工人,又能激发失业者参加培训的积极性。

失业培训绩效的好坏主要通过培训后失业者的就业率来反映。英国和挪威1992年的官方估计认为就业率低于50%,日本的情况稍好。一个主要原因是由于20世纪90年代初西方各国又出现了需求不足型的高失业,影响了培训后失业者的就业,技能培训毕竟不能解决需求问题。而在经济景气时,技能培训者的就业率就会显著提高,培训被认为是解决失业的较成功的措施。

除了对失业者进行培训外,还需要对在职者培训,尤其是那些衰退产业或企业的在职者。这样做主要是为了缓解结构性失业问题的发生,衰退企业的工人技能得到提高后,会增强企业的竞争力,使企业不至于过早退出本行业。而一旦企业倒闭,这些工人由于具有较高的技能,也会很快地找到其他工作。这种培训实际上是提前的培训,它避免了结构性失业期间的延长。当然这里的前提是技能培训的内容不仅限于企业特殊的技能,而要有较广泛的适应力。对在职者进行培训可以由政府就业部门来组织,但更重要的,它应是企业的自觉行为。但衰退部门的企业是否有动力去进行这种培训,培训的结果是否会造成企业解雇部分工人呢?在某些情况下,这些问题的确存在,这也是依靠企业进行在职培训的不足之处。

此外,从学校教育这个源头抓起,加强职业教育培训、加强学校与企业的沟通和联合,政府对提供实习机会的企业给予奖励,就可以提高年轻人的技能水平,使他们在初次进入劳动力市场后能够很快找到工作,降低年轻人的失业率对于社会整体失业率的下降具有关键性的作用。这里的教育部门不仅包括中等学校,还包括高等学校。

参考资料:次贷危机中OECD各国的培训措施

23个国家采取了技能培训措施。例如加拿大对老年失业者、在贫困社区居住者、不能获得失业保险者(如自我雇佣者和长期失业者)提供追加的培训资金。13个国家推出或扩大了工作经验计划,为失业者提供积累工作经验的机会。如美国扩大了对年轻人暑期工作的资助,日本扩展了对大龄失业者的试用就业项目。还有10个国家提供对实习项目的追加支持,如澳大利亚、加拿大和法国给雇佣实习生的企业提供资金激励。对现有职工进行培训也在14个国家得到推广,这是未雨绸缪,预防将来失业的最好办法就是现在提高技能。此外,培训的内容是一般技能,还是特殊技能,现在更多的看法是经济危机时期是结构调整加速的阶段,很多失业者需要转换职业和行业,所以要更多地侧重于一般技能培训。

2. 提高劳动力市场的功能,减少摩擦,增强工人与厂商的寻找能力

劳动力市场的摩擦包括由于信息不充分造成的,也包括人为的制度性阻碍。减少这些摩擦,就可以加快劳动力在市场上的流动,降低摩擦性失业的发生。

解决信息不充分的方法是建立各种形式的劳动中介服务机构。中介机构的作用在于获取相关的工作信息,加强劳动者与企业之间的联系,降低它们的寻找成本,并且促进双方达成协议,这实际上相当于瓦尔拉斯一般均衡中的市场叫卖者的地位。中介机构有的由政府承办,还有的是私人营利性中介。并且,公共的就业服务部门还可以弥补劳动者寻找与企业寻找的缺陷。在衰退时期厂商寻找活动降低时会加大劳动者寻找的难度,而劳动者寻找的加强会产生劳动者之间的拥挤现象,这时就需要发挥中介的参与、协调作用。例如,公共就业服务部门可以在厂商寻找活动下降时代替企业,为失业者提供信息;而在许多劳动者拥挤有限的空位时,对其进行协调,以避免资源的浪费,增强寻找的效率。

除了信息问题,制度阻碍对劳动力市场的影响也不容忽视。这种阻碍体现在对劳动力流动的限制,因此应消除各种有碍于劳动力流动的制度,使劳动力能够在不同地区、不同产业、不同企业间自由流动。尤其是二元劳动力市场问题,它虽然是劳动力市场上的分割现象,深层原因却是企业局内人控制、行业垄断的问题。只有解决了这些深层问题,次等市场上的劳动力才能在经过培训后顺利进入到头等市场中去,不同市场上的劳动工资以及失业率才能趋于均衡。而政府对跨地区劳动力流动的限制会阻碍失业者在劳动力市场上的寻找,增加其寻找成本。有些时候,这种限制并不明显,甚至看似与劳动力市场摩擦无关,但实际上却影响着市场的正常运行。例如,企业招聘时人为提高应聘者的技能要求,或对其职位、行业背景做出不合情理的规定以及要求户籍条件等。

失业救济作为对失业者的帮助,可以保障失业期间的基本生活、培训和寻找成本,目的是为了使其尽快转业。但若被不适当地运用,却可能降低失业者的寻找努力,使失业问题得不到解决。要消除这些制度性阻碍并不是一件易事,因为每一种制度都保护着某一特定的利益集团。这就需要政府协调各利益主体的利益,从全局上为劳动力市场的完善创造良好的环境。

3. 减少劳动力供给

如果在劳动力供给数量上进行有效的控制,也能达到缓解失业的目的。但这并不能算是积极的治理失业的政策。因为它是在需求不能改善时靠人为减少劳动供给来使失业率下降的,这种做法并不能长久维持,只能作为暂时性的应急措施。

减少劳动供给主要靠以下几种方式:一是提前退休,让年老者为年轻者让位。但经验表明那些实行提前退休的国家其失业率仍旧很高,当然影响高失业率的因素很多,但至少可以知道提前退休对降低这些国家失业率的作用不大。而且提前退休对社会保障基金形成很大的压力,这对于人口老龄化日益严重的发达国家是不堪重负的。正是处于这样的压力,法国在经济危机的背景下依然将退休年龄由 60 岁延长到 62 岁,虽然这样做遭遇到大规模的游行和示威。二是缩短工时,这实际上是在全体劳动者之间重新分配劳动,这样做可能增加企业的劳动成本,因为每个工人的劳动时间减少,企业雇佣工人的数量增加,由此会增加培训成本和带来每个工人工时的规模不经济。[①]并且在闲暇的增加并不增加缩短工时者的效用时,也会遭到工人的反对。有的国家表面上失业率很低,但很大部分劳动者是做零工、临时雇佣,这些劳动者工资低,缺乏就业保障,很多人并非自愿的,而是在就业形势不好

[①] 关于缩短工时的就业效果,Booth 和 Schiantarelli 曾做过分析,认为其效果是不确定的,甚至很可能是负的。参见 Booth, Schiantarelli, 1987, The Employment Effects of a Shorter Working Week , Economica, 54(2), pp.237~248.

时不得不做出的选择。根据 OECD 的资料,2005 年荷兰的非全日制雇佣占全部雇佣的比例达 35.7%,澳大利亚为 27.3%,日本为 25.8%。三是对青少年延长教育培训,推迟其进入劳动力市场的时间。这项措施实际上与解决结构性问题联系起来,可以起到一举两得的效果。此外,从长期看,控制人口增长率也能起到减少劳动供给数量的作用。

4. 失业保险与失业救济金

失业保险与失业救济金是一项被动的治理失业的政策。说其被动,是由于它仅作为失业者获得的基本生活保障,帮助失业者进行教育培训,尽快寻找到工作,而并不直接用于新工作的创造。但它对失业者仍是必要的,否则失业问题会更加严重。

失业保险与失业救济金要运用得当,才能发挥作用。如果失业者对保险和救济金形成了依赖,就不会有动力去积极寻找工作。所以合理的失业保险设计应规定享有保险的适当期限,比如一年,并且随着失业时间增长,逐渐降低可得的金额。对于确实积极寻找仍就业困难者,以失业救济金的方式提供给其基本生活保障。德国、加拿大、丹麦、芬兰、荷兰等在 20 世纪 90 年代的就业政策改革中都削减了失业保险的支持力度:享受保险的期限被减少,享受人的条件要求更加严格,以此来推动失业者努力寻找工作,避免形成长期失业。2007 年各国失业保险最长享有期限为 5 年,如挪威、比利时、德国、法国等国,最短期限只有 1 年,如美国、韩国和意大利。考察失业保险的水平,可以用失业保险金占失业者之前工作收入的比例这一指标,五年平均替代率较高的几个国家为挪威 72%、比利时 63%、奥地利 59%,而美国、韩国和意大利的替代率较低,分别只有 6%、6% 和 7%(OECD,2009)。失业时间达一年以上的为长期失业,2005 年意大利和德国长期失业者在失业中所占比例较高,分别为 52.2% 和 54%(OECD,2007)。

(二)需求方面

从需求方面看,有以下的失业治理措施:

1. 通过宏观经济政策扩大投资和消费需求

失业治理政策主要是通过政府的财政政策、货币政策刺激总需求的扩大,包括增加政府的财政支出,使公共部门的就业量增加,更重要的是运用合理的政策引导微观企业扩大投资需求,并为其创造良好的金融环境。

政府刺激投资需求可通过降低税收、增加财政支出等方式来进行。由于市场经济中市场是不完善的,信息也不充分,市场很难协调众多私人投资者的行为,存在着外部性。所以仅靠私人投资不能达到充分就业,而政府投资的增加会带动私人投资,增加市场上的交易量,降低交易成本。当然,政府投资也有局限性。例如可能对私人投资形成"挤出效应",政府投资也会出现投资失败,它的效率远不及私人投资。最后,依靠财政赤字来支撑的需求管理也会受到财政赤字的限制。鉴于此,需求管理政策要适度,要以能够引导私人投资为目标,而不能与私人投资相冲突。政府要加强市场的建设,增进市场的调节功能,帮助私人企业获取信息。同时,政府的政策也要保持连续、一贯,这有助于投资者形成合埋的预期。

战后发达资本主义国家为适应垄断资本要求国家干预经济的需要,采用财政政策和货币政策调节国民经济,并发展起国家垄断资本主义经济,以缓和经济周期波动,实现充分就业的目标。这使得失业的周期波动幅度缩小:经济危机时失业率不是很高,但高涨时失业率也不会下降得很低。

加强金融市场的建设,协调好金融部门与实际部门的关系是保证私人投资需求的一个重要条件。这包括保持货币市场与资本市场运作的高效率,为私人投资者提供足够的资金,不仅保证厂商获得低成本的资金,而且保证资金从储蓄部门流向能获取最大收益的投资项目。这需要在金融部门引进竞争机制,消除进入壁垒,放松对经营业务的管制。这种金融体制的结构性变革必将促进金融市场功能的完善,有助于资本形成与经济增长。

政府放松管制的目的是为了加强市场的运行效率,而并非放任不管,金融调控仍是政府的职能。但金融要向新成立企业以及成长中的中、小企业倾斜,特别是那些资本密集程度较低的企业,使这些企业获得较低成本的资金,如果可能,让他们在资本市场上发行股票上市筹集资金,这些都有利于政府就业目标的实现,也解决了失业问题。

政府还可以直接在公共部门创造就业机会。这种方式更为有效,并且能与提高失业者的技能相结合,但要注意防止形成公共部门的冗员与低效率。

为了解决消费需求的不足,可加大开展私人贷款业务的力度,如向中低收入者开展消费信贷,支持他们购买耐用消费品;对农村居民开展小额信贷支持他们购买农业生产资料;通过不动产抵押贷款支持居民购置住宅。分析表明,居民部门是具有硬预算约束的部门,在配套措施完备的情况下,银行给他们的贷款要比给企业的安全性高。

2. 限制技术进步对就业的负面影响

技术进步是经济增长的推动力,但毋庸否定,技术进步在短期内会造成一部分工人失业,只有在技术进步带来投资扩张、经济增长的就业效果在长期中显现出来时,对失业的负面影响才会逐渐减弱。但在资本主义国家中,由技术进步引起的资本有机构成的提高是一般趋势,所以失业的产生也就在所难免,任何形式的"补偿理论"都不能完全行得通。技术进步的应用方式不同,对就业产生的后果也就不同。技术进步本身是不带阶级性的。如果技术进步是资本家用于获取最大限度利润的手段,则技术进步的应用会伴随着失业人数的增加;如果技术进步只是用于减少工人劳动强度、缩短工时,则不会对失业产生影响。

面对技术进步的就业冲击,西方国家的政府能做些什么呢?虽然它不能阻止企业资本有机构成提高,但它还是可以通过税收等政策来限制技术进步对就业的负面影响,引导企业多使用劳动,从而缓解失业问题。当社会上出现高失业率、劳动力过剩时,政府可以对企业雇佣工人进行减税或补贴,这会鼓励企业采用劳动密集型技术,并能降低企业的劳动成本,增强其竞争力。

(三)供求结合方面

结合供给与需求两方面的措施有:

1. 增强企业调整工资、劳动力数量的灵活性,降低粘性

在前面的分析中我们谈到工资粘性的存在使企业将工人的数量作为调整的选择,从而引起就业量的波动,而工资粘性导致工资成本的加大又会促使企业采用资本替代劳动的生产方式,解雇一部分工人。工资粘性是造成古典型失业的重要原因,因此要降低工资粘性,使工资能成为真正反映劳动力供求的信号。我们知道工资粘性形成的原因很多,但主要是企业内部企业主、工会以及职工为了自身利益而达成的一种对策,因而要解决工资粘性,仍要从一些制度性的改进着手。

西方一些经济学家为此提出了使工资较易变动的方法。例如:(1)把工资的谈判尽量分散化,不要通过工会等集体力量来进行谈判;(2)不要使工资与价格水平相联系,提倡工资非指数化;(3)让企业职工参与利润的分享,使劳动生产率与其收入更好地挂钩;(4)不设最低工资之类的限制;[①](5)努力降低劳动力的非工资成本,即社会保障金等。我们认为这些措施有些是可以奏效的,如削弱工会谈判的力量、降低非工资成本;有些则不然,或者虽能奏效却是不恰当的,例如,工资谈判分散化虽然可具体情况具体

---

① 但取消最低工资似乎存在困难,而且各国对最低工资政策的运用不同,近年荷兰降低了法定最低工资,而美国和新西兰却提高了最低工资水平。

分析，但分散化往往容易使企业的工会与厂商仅考虑一个企业的就业状况，而不顾谈判带来的外部性。事实上，一个地区乃至全国的集中谈判更能综合协调不同产业、企业的就业状况，有利于失业率的下降。而工资的非指数化不仅会遭到工人的反对，在现实中难以执行，而且非指数化本身就是一种名义工资粘性，不利于失业问题的解决，在通货紧缩时期会加剧失业。

我们认为将工人的工资与其劳动生产率、企业的经营成果很好地结合起来，能有效地防止工资粘性，即在劳动合同中仅规定基本的固定工资，工人能否获得基本工资以外的收入取决于其实际生产率以及企业的销售成果。这样，在经济不景气、企业销售下降时，工人的工资水平也作相应调整，降低了工资的粘性。同时，企业要减少效率工资的使用，不能仅靠高工资来刺激劳动生产率的提高，而要寻找其他的机制来替代。例如，引入竞争机制，使外部失业者能够进入企业，对在职者形成压力。虽然内部职工可凭借其特殊的人力资本继续掌握谈判主动权，但现代科技的发展、信息的传播会不断削弱局内人与局外人之间的技能差异。

在工资变得有弹性的条件下，企业雇佣劳动的数量就会变得较稳定。但在产品需求有较大的波动或企业生产方式发生变化时，仍需要对劳动的使用数量进行调整。这时劳动力数量调整的灵活性就可以保证市场功能的完善，有利于降低失业率。相反，如果存在制度性阻碍使企业不能够及时调整劳动力数量，企业从市场雇佣的劳动力数量与生产中的需要量就会不等。在需求增加时，企业不会轻易增加雇佣新劳动力，因为一旦被雇佣，各种法令就会限制企业以后在不景气时解雇工人，厂商只能依靠适当延长现有工人的工作时间来满足需要（工时的延长也受到劳动法规的限制）。由此产生了较高的雇佣与解雇成本，使得企业形成了内部劳动力市场。从微观上看，内部劳动力市场是企业在既定约束条件下的最优选择；而从宏观上看，内部劳动力市场没有将整个社会的劳动力供给与需求调整到最优状态。

所以,要消除对企业雇佣解雇的各种消极限制,使劳动使用数量也能灵活变动,企业能够根据需要自主灵活地增加、减少工人数量,增加、减少工时,甚至可以随意转移使用劳动力,出现短工和劳动力利用的外在化等非正规雇佣形式。[①]例如,芬兰和西班牙近年大幅度取消了对长期劳动者的就业保护。这样做对于企业原有工人来说意味着失业风险的加大,而就整个社会来看,却使更多的失业者能获得工作,即使是不固定的。这种做法的意义不仅是原有工作的重新分配或工作分享(work sharing),而且使企业能更充分地实现供需均衡,因而是一种资源的优化配置。

这一政策的不足之处是会引发厂商的道德风险(moral hazard)问题。如果雇佣、解雇工人的主动权完全掌握在厂商手中,厂商就会滥用这种权利。在经营管理不善时,却冒称需求不足或为了企业发展需要解雇工人,因此需要对厂商的行为进行有效的监督。

2.鼓励自我雇佣

鼓励失业者自我雇佣也是一项有效的解决办法,它兼顾供给与需求两个方面。20世纪80年代以来,自我雇佣在许多国家都快速增长,不仅表现在绝对数量上,而且表现在占劳动力总量的比重上。1990年日本自我雇佣劳动者占总就业劳动力的22.4%,意大利为28.7%(OECD,2007)。但到2000年以后又有所下降,例如日本2005年的自我雇佣比例降为14.7%。自我雇佣是创造就业的一种途径,它还具有乘数效应,因为许多自我雇佣者为发展自己的小企业,要增加资本投入并雇佣其他工人。而且,就业结构向服务业化发展也使得中小企业成为吸收雇佣劳动的场所,因为小企

---

① 劳动力利用的外在化的例子如企业将生产任务承包给家庭工场。非正规雇佣比例近年在各国都有很大的提高,但应该看到有些非正规雇佣的出现更多的是企业主为回避全日制正规雇佣的制度性限制、降低劳动成本而采取的行为。处于非正规雇佣的劳动者会被迫长期陷入低收入、高失业的次等劳动力市场,这会导致整个社会的就业波动。

业在服务业中分布得更为广泛。这类小企业应该得到政府的支持，小企业发展初期经营风险较大，竞争力较弱，但却能充分吸纳过剩的劳动力，不会有大垄断企业对劳动力的排斥影响，并且失业者通过自己创建小企业锻炼了经营管理能力，这会提高这些劳动者的素质，即使个人经营成败，他们在再次寻找工作时也会比以往容易些。政府应为小企业提供信息、指导、培训以及融资上的支持。

自我雇佣的优点是方式灵活，因而改善了劳动力市场的功能。不仅由于他们很少像大企业那样受各种法规条例的约束，还由于小企业成长与消亡的速度非常快。这使得劳动力在市场上的流动性加强，竞争加剧，而自我雇佣总数却可以保持相对稳定。经验表明在工作保险立法较严格、雇主社会保险负担较重的国家自我雇佣往往较盛行，小企业作为大企业的分包商，绕过了制度性的阻碍，使不足的需求得到恢复。但是自我雇佣比例过高也说明经济的相对不发达，也会出现问题。例如土耳其1991年自我雇佣比例高达62%，到2005年仍有45.8%。

第三节 工会的作用以及劳动者内部的分化

一、工会的作用

工会作为劳动者的集体组织，在协调劳资关系、促进劳动力市场协调运转方面发挥着很大的作用。但是战后西方国家的工会组织率（劳动者参加工会的比例）明显下降。以日本为例，1949年的工会组织率高达55.8%，20世纪50年代有较大的下降（1959年为32.1%）。20世纪60年代又得到一些恢复（1970年为35.4%），而且60年代末和70年代初劳动争议的件数不断上升（1974年达10462件），之后，组织率进一步下降。1991年的组织率为24.2%，劳动争议数为1292件。1999年组织率为22.2%。1994年一些西方国家的工会组织率分别为：瑞典 91%，意大利 39%，加拿大 38%，澳大利亚 35%，英国 34%，德国 29%，日本 24%，美国 16%，[1]大部分国家的工会组织率比 20 世纪 80 年代有所下降。美国 2000 年的工会组织率为 13.5%，2005 年进一步降为 12.5%。

伴随工会力量变化的是劳资关系的改变，一般用劳动争议的数量、参与罢工工人的人数及损失的就业时间来考察。[2]

工会组织率下降的主要原因在于产业结构的调整、妇女劳动参与率的提高、企业层的抵制、社会保障的发展以及集体行动的逻辑等。工会会员主要集中在传统的第二产业，而第三产业就业者的参加比例不高，战后西方国家第三产业的发展和就业人口比例的增加导致工会组织率的下降。由于特殊的原因，妇女参与工会的比例不高。从工会的组织成本来看，吸收妇女参加工会的成本很高。[3]而战后妇女就业参与率上升使得其在就业人口中所占的比重增加，但参与工会的积极性依然不高。所以，总体工会组织率下降。为了避免工会组织制造麻烦，企业所有者会极力阻止工会的成立。为了缓和阶级矛盾，企业也会主动改善劳动者的待遇，使其自动放弃组织工会的想法。而社会保障的发展也为劳动者提高自身经济状况提供了很大的空间，许多原来只能通过工会组织获得的利益现在可以通过社会保障等其他方式获得了，这样，自然地，组织工会的必要性就下降了。最后，组织工会是一项集体行动，需要大家的统一配合。但难免出现"搭便车"的行为，而且工会是否能够代表大多数工会会员的利益也值得思考。有些国家的工会是企业别工会，而不是行业别、职业别。企业别工会存在着一定的弱点：不利于各产业工人的集体行动，劳动者一旦被企业解雇，就可能会失去会员资格。

---

[1] OECD Employment Outlook, July 1997.
[2] International Historical Statistics: Europe 1750~2000, Palgrave Macmillan 2003.
[3] 同样地，吸收居住分散的劳动者参加工会成本也很高。而战后，西方国家劳动者的流动性加强，这增加了工会的组织成本。

从工会追求的目标和实际影响看,工会主要以工资为目标,对雇佣量很少关注。弗里德曼认为"许多工会是完全不起作用的。甚至于强大有力的工会对工资结构只能发生有限的影响。……它们的影响使得高工资的工人以牺牲低工资工人的利益作为代价来获得更高的收入。"①即工会可能只会导致不同类型劳动者(工会会员和非工会会员)出现收入差异。

二、劳动者内部的分化

技术的发展、工会组织的演变,使得劳动者内部出现了分化。这在一定程度上转移了劳资矛盾的视线。首先随着技术发展,劳动者内部出现分层,出现白领与蓝领之分,他们已经没有共同的利益了吗?戈登(1982)将美国劳动力的演变分为三个阶段。第一个阶段从1820年到19世纪末,它的特征是:工人的无产阶级化,劳动供给成分的多元化,劳动过程的技术基础没发生根本变化,工人对自己的劳动仍有控制能力,统一的劳动力市场还未形成。第二阶段从1873年到第二次世界大战结束,这一时期是劳动力的均质化阶段,它的背景是科技的应用使企业的机械化水平提高,也加强了对工人劳动的控制,监督管理部门迅速膨胀,企业对工人技艺的依赖下降,劳动趋于简单化,工人之间的技艺差别缩小,半技术工人比重扩大,统一的劳动力市场已形成。第三个阶段是劳动力的分割阶段,它开始于一战时期。其基本特点是劳动力市场的二元化,分为头等市场和次等市场。头等市场上劳动力的劳动生产率高,多为管理和技术人员,平均收入高,就业稳定,解雇率低。企业内部的控制制度相对较弱,以资本与工会的合作为主。次等市场上的劳动力大多是半技术工人、粗工,他们收入低,就业不稳定,解雇率和流动率都较高。企业内部的控制较强,以机械化和监工为特征。同时,头等劳动力市场内部也出现了分割,其

---

① 弗里德曼:《资本主义与自由》,商务印书馆,1999年,第118页~119页。

中又分为独立头等市场和从属头等市场。前者的劳动者为专业的技术和管理人员,他们在企业中处于中层以上;后者的劳动者为半技术的蓝领和白领。通过三阶段的分析,戈登说明目前美国工人阶级在分裂,差距在拉大。造成这种现象的原因在于工人生产过程所经历的客观分工和特定的制度结构。如同历史上出现的"同化"是为了加强对劳动的控制一样,劳动的分割也是为了满足资本家攫取利润的需要。

在戈登的第三阶段分析中,工人不是被动地接受资本家的分工和管理,而是组织起来获得一定的权利,因而工会的作用就不容忽视。[①]而布雷弗曼认为工人存在着同化的趋势:技能下降,工人阶级之间的差别缩小,工人在劳动过程中处于被动的地位。这类似于戈登的第二阶段中工人的状况。这可能与布雷弗曼的著作完成年代较早有关,也与他的方法论有关。在布雷弗曼看来,他并不接受"新工人阶级"这样的概念,他"必须加以研究的是整个阶级,而不是从这个阶级中任意选择出来的一部分。"[②]出于这样的研究目的,使他没有对劳动分割这个重要的制度性变化给以足够的关注。

此外,技术发展也对中老年劳动者进行排斥,年轻人由于能够很好地适应新技术发展而得到重用,年轻工人因而和中老年劳动者之间存在着矛盾。现有企业的职工形成局内人,反对外来职工的进入,以维持自己的利益。随着发达国家海外投资和国内雇佣的空心化,发达国家劳动者对来自发展中国家的进口商品进行抵制,要求发展中国家也提高工资成本。发达国家劳动者与发展中国家劳动者之间似乎也存在着矛盾。但是这些矛盾都不是就业矛盾的主要方面,导致矛盾发生的仍是资本主义制度本身,主要矛盾仍是劳资矛盾。工人内部的矛盾是次要矛盾。工人阶级内部

---

① Gordon, D. M., Edwards, R. C. and Reich, M.(1982), Segmented Work, Divided Workers, Cambridge University Press.
② 哈里·布雷弗曼:《劳动与垄断资本》,商务印书馆,1978年,第29页。

的分化是存在的事实,但并没有像有些学者认为的那样严重,也"不一定就说明阶级特点的衰退"(皮尔森,1999)。

工会力量的变化影响资本主义劳资关系的力量对比,战后的阶级结构也发生了明显的变化。一种划分标准认为,工人阶级包括体力劳动工人、技术工人、普通职员和低级管理人员。资产阶级包括大资本家、中小资本家、食利资本家、大公司的高级管理人员、政府高级官员、资产阶级政党的上层人物。中间阶级包括手工业者和农民、自由职业者、中层的技术与管理人员。

在社会学领域,中产阶级一般根据人们之间表面的、次要的、非本质的差别,例如收入或职业的差别来划分,如有中等收入或从事非体力劳动工作的人被列为"中产阶级"或"中产阶层"。马克思经济学的阶级概念不同于社会学领域的阶层概念。马克思把生产资料的占有关系当做划分阶级的首要条件。按照这一标准,经理阶层仍不属于资产阶级,是非所有者,只能属于中间阶级。有的技术工人即使收入达到"中产阶级"的标准,从其在生产关系中的地位看,也只能属于工人阶级。

表3-5 1960年~1990年美国的阶级结构(%)

阶级位置	1960年	1970年	1980年	1990年
非所有者				
1.经理	7.50	7.57	7.95	8.25
2.监督者	13.66	14.86	15.23	14.82
3.专家经理	3.87	4.41	5.06	5.99
4.专家	3.53	4.53	5.49	6.90
5.技术工人	13.46	14.08	12.92	12.77
6.工人	44.59	45.13	44.05	41.38
全部工人(5、6)	58.08	59.21	56.97	54.15
所有者				
7.小资产者	5.54	4.09	4.53	5.19
8.雇主	7.86	5.33	4.77	4.71

资料来源 埃里克·奥林·赖特:《后工业社会中的阶级——阶级分析的比较研究》,辽宁教育出版社,2004年,第101页。

从表 3-5 中赖特对美国战后阶级的划分看,他仍按照所有者和非所有者这两个范畴来分析。从整体看,所有者的比重在下降,尤其是雇主这一阶层。这说明越来越少的人成为剥削阶级,他们占有更多人的劳动。所有者中的小资产者大多是自我雇佣者,他们的比例是先下降后上升。而在非所有者中,经理和专家阶层的比例在上升,这反映了劳动者内部的分化,这一阶层是所谓的中产阶层,他们的大量出现既是产业结构变化的反映,也是被资本家收买的结果。技术工人和工人的比重先上升后下降,但变化并不大,在20世纪70年代之后下降反映了产业结构变化对劳动者就业结构和阶级结构的影响。

经济学启示录

首先,西方国家劳动者工资和就业的长期变化给予我们一定的启示。战后西方国家劳动者的实际工资在20世纪50年代至60年代经历了快速增长,失业率较低;20世纪70年代以后实际工资出现下降,失业率上升,失业率的持续上升也使得劳动者的实际收入下降。这与经济周期有关,也与劳资关系的转变有关。20世纪90年代情况略有好转,但进入新世纪后尤其是随着2009年次贷危机的爆发,工资和就业率又出现下滑。工资的确定和变化应与劳动生产率相联系,但工资的变化往往低于、滞后于劳动生产率的变化,劳动生产率又不能准确地被衡量,实际上,劳动力价值理论应成为工资决定的重要参考。

中国近年来劳动报酬占国民收入的比重出现下降,提高劳动者收入的关键是改善劳动关系,提高工会的谈判力量,同时也要政府的积极干预。要通过企业、劳动者和政府的三方协商,参考劳动力价值理论制订最低工资标准,并严格执行,使广大劳动者能够不断提高收入水平,分享改革开放的成果。

其次,不同劳动者之间的收入差距扩大问题需要关注。西方国家在工资普遍下降的同时,劳动者内部收入出现分化,少数技术和经理阶层成为高收入者。这种收入差距部分与歧视有关,这背后也与劳动关系的调整有关。我国改革开放以来居民收入差距在扩大,其中占收入主要来源的劳动收入差距也在扩大。我们认为劳动者的工资如果是其真实生产率的反映,这样的差距就是合理的。但应该看到,我国存在着许多不合理的工资差距,例如不同行业、不同所有制部门劳动者的工资差距,对农民工的工资歧视,这些都需要通过劳动力市场的健全和制度完善来克服。

最后,各国实施了不同的失业治理政策,但大多不见显著成效。失业产生的根源在于资本主义生产方式的内在矛盾,而失业问题的解决也要依靠制度调整,扩大国内需求,特别是扩大劳动者的消费需求,这又与就业保障和提高劳动者工资紧密相关。

在我国,改革开放以来,失业问题也逐渐凸现,尤其是国有企业改革过程中形成的大量下岗和失业人员。这是由制度结构调整引发的失业。同时,由于技术升级引起的结构性失业也很明显,我国一些企业在能够获得低于市场价格的资金的情况下(这也缘于政府的过度扶植),过快用资本替代劳动,导致经济高速增长的同时没有带来充分的就业。当然,技能不匹配的问题也是存在的。此外,劳动力市场信息和制度摩擦导致的失业也不容忽视。当前,我国经济发展中要减少失业,在保证经济增长速度的同时,需要增加就业吸纳能力,通过资本市场的完善促使企业按照比较优势选择技术,通过教育和培训提高劳动者的技能,通过劳动力市场的信息建设减少摩擦性失业。

参考文献

1. George J. Borjas, Labor Economics, The McGraw-Hill Companies, INC, 1996.

2. D. Sapsford and Z. Tzannatos(ed.), Current Issues in Labor

Economics, The Macmillan Press LTD, 1990.

3. M. C. Sawyer, The Challenge of Radical Political Economy, Harvester Wheatsheaf, 1989.

4. Gordon, D. M., Edwards, R. C. and Reich, M., Segmented Work, Divided Workers, Cambridge University Press, 1982.

5. [日]永山武夫.劳动经济——日本的经营与劳动问题.ミネルヴァ书房,1992

6. [日]金森久雄,香西泰,大守隆.劳动力和劳动问题.载:日本经济读本.东洋经济新报社,2001

7. [日]劳动省.平成12年劳动白书.日本劳动研究机构,2000

8. 哈里·布雷弗曼.劳动与垄断资本(中译本).北京:商务印书馆,1978

9. 厉以宁,吴世泰.西方就业理论的演变.北京:华夏出版社,1988

10. 宁光杰.失业问题研究——一个微观分析框架.西安:陕西人民出版社,2004

11. 宁光杰.论马克思就业理论的发展.载:经济评论,2002(2)

12. 宁光杰.技术革新、规制缓和与日本的不安定就业.载:南开经济研究,2003(5)

第四章 发达国家技术创新的变化及其影响

○资本主义市场经济体制下的新技术
○市场竞争中企业的技术选择
○技术创新与经济增长
○构建有竞争力的国家创新体系

发达国家经济的技术领先于其他国家是经济发达的重要标志之一。自工业革命以来发达国家经历了多次技术创新带来的经济变革。正像恩格斯所说的,"自从蒸汽和新的工具把旧的工场手工业变成大工业以后,在资产阶级领导下造成的生产力,就以前所未有的速度和前所未闻的规模发展起来了。"①马克思也说过,"生产力里面也包括科学技术。"②

在不同的历史阶段技术创新的形式也在发生着明显的变化。当今发达国家技术创新的主要途径正转向以产品创新为主导的时代。以美国为领头羊的信息技术的影响,带动了"新经济"的发展。这与早期的以生产过程创新为主导的时代形成一种鲜明的对照。这些变化是怎样发生的?技术创新对企业的发展以及宏观的经济运行和经济增长产生着怎样的影响?发达国家形成的技术创新体系涉及哪些内容?有什么值得借鉴的经验?存在哪些需要避免的问题?这些都是本章在探讨当今发达国家技术创新的最新特征及其影响的过程中力图回答的问题。

---

① 《马克思恩格斯选集》第3卷,第308页,人民出版社,1972年。
② 马克思:《政治经济学批判大纲(草稿)》第3分册,第350页,1963年。

第四章 发达国家技术创新的变化及其影响

第一节 资本主义市场经济体制下的新技术

一、技术进步与技术创新

"科学技术是生产力",它在促进资本主义经济的发展和企业及国家的竞争力上的作用毋庸置疑。在资本主义制度下,为了在竞争中不至于被淘汰并获得更高的利润率,企业必须不断进行技术创新,以维持技术领先水平。在国与国之间也存在着国家地位的竞争,所以各国政府也十分重视技术创新。随着技术不断进步,发达国家的生产力水平和经济富裕程度大大超过其他国家。经济学界把技术进步看成是经济发展的引擎。

当深入探讨技术创新、技术进步、生产力发展的关系时,我们首先注意到这些概念之间的逻辑关系有些模糊。一般人们认为技术进步是技术创新的结果;技术进步引起生产力水平的提高。但是当我们试图测量这种效应时,我们会发现,并不是所有的技术创新都能直接提高劳动生产率;而生产力水平也不能完全涵盖当今新技术所产生的深远影响。除了生产力之外,技术进步还会影响到社会生活的许多其他方面。这些其他方面很难计算到经济核算的指标体系之中,然而,这些进步对于经济进步却是十分重要的。因此,我们有必要在回答我们提出的问题之前先澄清这些概念及其关系。

实际上,技术进步是一个含糊的概念。何谓技术进步?在经济学里的解释不太一致。例如,《包格夫经济学辞书》中就是这样解释技术进步的:技术进步即是"经济社会从农业基础转变为工业基础,始于大约 1750 年。它以技术变动的巨大力量的本身内在逻辑启动了经济变革的过程。这种逻辑就是不断采用新技术和组织进步来追求利润,因此出现了单位劳动力总产出的不断增加(这是提高生活水准的主要源泉的能力)、生产方法的进步型机械化和自动化,以及经济结构的持续发展"。①这里把技术进步看做工业革命或工业化过程中的技术变革了。

另一些学者则认为技术进步并不仅仅是工业化过程中的事,而是普遍的生产力发展的基础。例如,诺贝尔奖获得者、美国经济学家 R.索洛在把技术进步作为一个变量植入经济增长模型时,把它看成是抵消规模效应递减所带来的效应。他说:"我在这里只是想指出,规模报酬递增的效应往往是包含在技术进步的效应之中的。"②"这与说技术进步只增加了劳动的内涵是同一回事"。③显然,索洛认为技术进步在经济增长中与其他生产要素不同之处就在于它的作用是报酬递增,而其他因素都受制于报酬递减律。换句话说技术进步的作用是提高要素生产率。

根据这样的解释,经济学家在测度技术进步时采用的方法有两种:一种是用人均资本使用率来反映技术的影响,称之为"资本深化";另一种是用"索洛余数法"来反映"全要素生产率"的变化。前者反映生产力的变化,即人控制生产能力的程度;后者反映的是人在新技术条件下的生产效率。

技术进步以技术创新为前提,根据最早系统研究技术创新的经济学家熊彼特(J.A.Schumper)的定义,所谓技术创新就是新产品、新过程、新方法、新材料或新系统首次在经济活动中的采用。它不同于实验室里的科学研究(科学发明和科学发现过程),而是在商业条件下为创造和改进产品、改进生产过程和体制而进行的新发明成果的应用。

然而,按照这种界定,经济学中通常测度技术进步的方法只

---

① John Eatwell, Murray Milfate and Peter Newman, The New Palgrave: A Dictionary of Economics, Vol. 4, P.617.
② R.索洛:《经济增长论文集》,北京经济学院出版社,1989年,第36页。
③ R.索洛:《经济增长论文集》,北京经济学院出版社,1989年,第3页。

能反映"新过程、新方法、新材料或新系统"的采用所产生的经济效率,却不能反映"新产品"在经济活动中的应用所产生的影响。换句话说,产品的数量变化能够测度,而产品质量的变化无法测度。而当今发达国家经济中产品创新的作用甚至比产品数量变化的影响似乎还要大,我们无法对这种变化忽略不计!

如此看来通常我们所理解的所谓技术进步这个概念的界定及其测度只反映生产效率或产品数量变化,不能反映当今越来越重要的产品创新所带来的经济影响。而对后者的研究在理论上和测度方法上还需要进一步的研究。

二、技术创新的两种形式及其经济效应

(一)生产过程创新和产品创新

技术创新带来的产品数量变化和质量变化的不同,表明著名经济学家熊彼特所列举的很多种类技术创新,可以区分为两大类:生产过程创新和产品创新。生产过程包括新方法、新材料、新系统和新工具等。这些创新在经济活动中解决"怎样生产"的问题,因此新技术的使用在于改变生产过程,即生产工艺的变革。产品创新涉及提高产品质量、改变产品性能或款式、品种,以及生产全新的产品等等。产品创新在经济活动中解决"生产什么"的问题,它所改变的是物质生活方式或消费方式。

对技术创新类别的这种划分与经济的历史发展有着很重要的联系。因为,过去经济学界非常看重生产过程创新,理论上的研究和分析很多,而对产品创新的经济意义的探讨却很少。例如,从古典经济学到现代经济学;从马克思经济学到西方经济学都对生产过程创新给予了高度的重视。

英国古典政治经济学的集大成者亚当·斯密很细致地考察了生产组织中的分工所产生的巨大的生产效率。马克思研究了机器大工业如何因经济效益的大大提高而使经济发展进入一个全新的历史阶段。现代经济学家索洛研究了经济增长中技术所起的作用,库兹涅茨和钱纳里等学者用历史统计证明了这一点。

生产过程的创新包括生产工艺的变革和生产组织的变革。亚当·斯密的分工理论实际上是对生产组织形式变革进行的研究,而马克思的经济学理论着重分析了机器大工业中工艺的变革,其中尤其突出的是生产工具的变革。

马克思甚至认为:"各种经济时代的区别,不在于生产什么,而在于怎样生产,用什么劳动资料生产。"这是因为工业化过程中技术创新最突出的特点在于生产工具的变革,而这种变革具有划时代的意义。这也是生产过程创新当中最代表生产力发展的方面。回顾历史,这种变革至少有三次:18世纪水力和蒸汽力通过蒸汽机、火车、轮船的发明,引发了第一次工业革命。19世纪的热力和电力的发现,使机器大工业进入了内燃机、电动机和半自动化的生产线时代,生产率进一步加速提高,这是第二次工业革命。20世纪的信息技术和集成电路的发明又使生产进入了数码和智能时代。完全自动化生产意味着大批量的产品可以在很短的时间内完成。我们也可以称之为第三次工业革命。

生产过程创新的另一方面是生产组织形式的变革。古典经济学家亚当·斯密在《国富论》中曾谈论过劳动分工与生产率之间的关系。这实际上也是一种生产组织形式的变革。他的别针厂的例子相当生动。这个工厂从由每个工人独立制造别针改成由每个工人只完成其中一道工序的分工协作,结果生产率提高几十倍。从生产组织的历史演变中我们可以看出,制造业从工匠主宰的作坊,到众多工人共同生产的工厂,再到大型公司;从每个工人独立操作(无论是手工还是使用机器)到生产线的使用,再到灵活应变的跨国生产的组织形式。每一步进化都意味着生产率的巨大提高。这是包括生产过程中的生产工具、生产方法、材料、乃至组织方式的变革。

然而,20世纪70年代以来,经济的发展已经达到一个高度,

第四章　发达国家技术创新的变化及其影响

以至于生产率提高的意义已变得不如产品创新那样重要了。这时我们看到，各个时代的区别不是"不在于生产什么"而是与生产什么大有关系。从经济历史来看，每一个时代都有不同的、具有时代特征的新产品问世，每一个时代的传统产品都有改进或换代。产品创新总是与新技术联系在一起的，例如蒸汽力时代，除了火车和轮船的出现，最突出的是机器织的纺织品替换了手工织的纺织品。电动和热力时代的新产品有汽车、收音机、电视机等。这些产品的广泛使用不仅大大改变了人们的生活方式，也使很多传统产品成了历史文物，如马车、原始的农具等。今天我们正处在信息时代，新产品的问世更多了，除了不断升级的计算机芯片和软件、不断改进性能和款式的手机以外，每一种产品几乎都在求新求变，因而各种各样的新产品层出不穷。

而产品创新则是生产不一样的最终产品（因为中间产品的创新可以归为生产过程创新的一部分，算成是新材料、新工具等），包括新产品的开发和旧产品的更新换代，涉及产品的质量、性能、花色品种等方面的创新。

产品创新的重要意义不在于提高生产率（当然不排除生产率的提高），而更在于新市场的开辟。企业不是把科学技术用于生产过程，而是用于创造的新产品，原因就在于新产品由于适应新的或改变旧的需求结构而使企业获得新的市场。产品创新过程虽然也是人改造自然界的过程，但是新产品，特别是最终产品生产的意义在于提供新消费的可能性，而不在于生产的方法。由于它与需求变化相联系，所以产品创新的基本目的不是提高生产效率，而是提高"销售效率"。它的出发点和结果都在于人而不在于物，因此产品创新实质上是用科学技术改变人类的生活质量和生活方式。产品创新是人类追求更高消费需要的途径。

当然，如果有些新产品能够作为生产资料（如电脑或通讯设备）进入生产过程，并且能够提高生产率，它就与生产力的发展有关了,因为这是生产过程创新。例如,机器的发明和生产,开始时也是新产品,但是由于它的使用价值是生产资料,而不是个人消费品,所以必须进入生产过程才有意义。机器的出现,实质上是把一种科学研究成果引入生产过程,其作用在于提高生产效率,所以属于生产过程的创新的一部分。但是,收音机或电视这类新产品的使用价值是满足个人生活消费,与生产过程无关,对生产率的提高没有直接的影响。这类进入个人生活消费的最终产品的发明和生产就是产品的创新。有些新产品既可以作为生产资料使用,也可以作为个人消费使用,那么这种新产品的开发就具有双重经济意义。例如,电脑作为个人使用的工具,就是生活方式和生活质量的改变;作为生产工具就是生产过程的改变。前者解决生产什么的问题,后者解决怎样生产的问题。前者属于产品创新的范畴;后者则是生产过程的创新。可见,新产品的开发到底能够产生什么经济效果取决于新产品的用途。

(二)技术创新的生产率效应和市场效应

对于企业而言,无论采用什么技术,只要能提高盈利能力就产生了经济效应。在市场条件适当的情况下,生产过程创新和产品创新都能使企业获得较高的利润,但这两种技术创新以不同的方式使企业获得利润。生产过程的创新,通过提高生产率、降低成本的方式增加利润;产品创新通过市场的开辟、增加销量的方式增加利润。前者可称为生产率效应,后者应称为市场效应。

关于技术创新的生产率效应自古典经济学以来就有很多论证,在经济学界和商界几乎人所共知。根据马克思的分析,一个企业提高生产率,意味着相对剩余价值的增加。因为新技术的采用使劳动生产率大大提高,投入同样的生产费用,生产出数量更多的产品,单位产品中包含的成本大大降低。生产效率的提高使工人在生产过程中用比较少的时间生产出补偿劳动成本的价值,从而缩短了"必要劳动时间",相对地延长了"剩余劳动时间"。所以生产过程的创新能够使企业获得更多的利润。

除了能够提高利润率,生产过程的创新还使企业的竞争能力大大提高。在其他企业还没有掌握同样技术的情况下,技术创新企业在市场上有两种优势:(1)在商品市场价格不变的情况下,企业能够获得超额利润。由于降低了成本,产品的出售价格与其他同类价格一样,其成本差额就是企业获得的超额利润。(2)由于降低了生产成本,创新企业的产品还可以低于市场价格出售,从而获得更多的买主。在消费者收入和需求偏好一定的情况下,价格相对便宜的同样产品,必然能够吸引更多买主。这意味着创新企业在既定的市场上争取到更大的市场份额。

而产品创新的市场效应来自产品的独特性。独特的商品比旧产品的销售数量大,甚至供不应求,原因就在于只有创新企业能够满足新的需求。创新产品获得市场的方式与生产过程创新不同:生产过程创新可以通过价格的降低赢得市场,产品创新则通过产品的新奇、性能、质量、款式等特性赢得市场。它的特点是开辟新的市场,而不是在已有市场范围内瓜分更大的份额。产品创新的市场效应具体表现在以下几个方面:

1.新的需求增长的情况下,创新产品的生产可能出现供不应求的状况,产品的价格会大于其价值,结果利润率大大提高。

2.新需求的增长给新产品生产的扩张提供了空间,创新企业不断增加产量,利润增长边界不断扩大。

3.创新产品一般有专利法的保护,因此形成其他企业的进入壁垒,因而创新企业对新产品的生产和销售具有垄断性。创新企业的垄断地位使它能够控制产品的价格和产量,因而能够获得垄断利润。很多产品创新企业的所谓"高附加值"其实就是这种垄断性的结果。

4.很多新产品还可能因为满足"时尚"要求而对传统产业部门的产品具有替代效应,其结果必然挤掉传统产品的市场。例如,当汽车销量增加时,自行车的销量就会减少;当计算机销量好的时候,算盘就变成了"古董"。这种现象随着产品创新的发展会越来越多。从这个方面看,产品创新企业比传统产业更具有竞争力。

5. 当产品创新企业竞争力非常明显的时候,企业在金融市场上融资就变得容易。融资的良好条件推动创新企业的扩张和发展的速度加快,从而在增值能力上取得优势地位。

6. 高"附加值"和高增值能力使创新企业在创新能力上获得优势地位。雄厚的资金使企业能够加大投入或购买专利;产品创新经验也使企业比较容易进一步进行产品创新,产品创新的优势地位因此不断得到保持和加强,使企业在竞争中取得优势。

总之,技术创新可区分为生产过程创新和产品创新,这两种创新对企业来说可产生两种不同的经济效应——生产率效应和市场效应。用一个图来表示,技术进步的两种形式与其两种经济效应之间的联系是这样的:

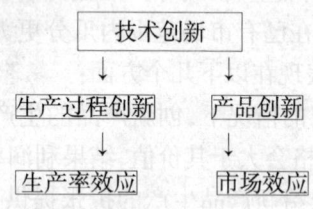

图 4-1 技术创新与两种经济效应

两种技术创新及两种经济效应的划分不仅是概念上的区别,在实践中可以帮助我们理解发达国家经济运行当中不同形式的技术创新的不同特征和经济发展不同历史阶段。长期以来,经济增长理论关于技术变动的作用非常难以处理。正如美国经济学家乔·默克亚在他的《来自雅典娜的礼物:知识经济增长的历史起源》中所说的:"但是,技术进步带来的影响并不仅仅使这些产品变得便宜,他们还带来了过去人们从没想到过的新的消费品,而这些新消费品的出现,使过去的福利比较失去了作用。""……我们必须认识到,除了生产力之外,技术进步还会影响到许多其他地方,而这些方面的变化对经济绩效产生无法预料的影响。"

为了探讨除了技术创新所产生的生产力和经济增长以外的影响,两种经济效应的划分,可以帮助我们理解技术创新对生活产生的数量和质量的影响。这种影响在经济活动的实践中明显地体现在微观和宏观经济两个方面。从微观来看,企业在竞争中的技术选择反映了不同技术创新与其生存和发展的关系;从宏观来看,不同的技术创新体现在经济增长速度和社会福利的差异上。

第二节 市场竞争中企业的技术选择

历史和理论都证明:要在市场竞争中取得优势地位,采用先进的技术是最重要的手段。无论是生产过程创新,还是产品创新,对于企业来说,只有当它们在资本之间竞争中带来更高的,严格地说超额的利润时,采用新技术才是有意义的。如果说不同的技术创新能带来的经济效应不同,那么在什么情况下采用什么样的技术创新才更有利可图?对于企业来说,虽然技术创新是好事,但并不是在任何情况下都能产生经济效应,因而即使要搞技术创新,也要面临技术选择问题。什么样的条件下适合生产过程创新,什么情况下适合产品创新?这两者在现实中受什么条件约束,是我们理解企业技术选择的关键。

一、选择生产过程创新的条件

生产过程创新的结果在于提高生产率,亦即单位成本生产的产品数量增加。在市场竞争中生产过程创新可以给企业带来成本优势。马克思主义经济学告诉我们,个别企业首先采用先进的技术,提高劳动生产率使得商品的个别价值低于社会价值,而且能够按照社会价值出售其商品,因此能够赚到高于其他企业的超额利润。由于成本低于一般的企业生产该商品的成本,企业还可以凭借较低的价格占领更大的市场份额。这样的企业不仅利润较其他企业高,而且还可以凭借对市场的占领扩大销售额。在工业化过程中,企业的竞争主要是以这种方式来取得优势的。

然而,这种优势也不是在任何时候都能取得,即使先进的技术摆在面前。生产过程创新的生产率效应取决于两个基本条件:产品的成本优势和需求增长边界。从供给方面看,企业是否选择生产过程的技术创新的标准是成本能否降低。如果添置了新的生产设备,不但没有使产品的成本降低,反而更高了,或者生产时间更长了,这就表明采用新技术不但不能带来经济效应,甚至会降低利润率。在这种情况下,选择生产过程的技术创新就是错误的。

从供给方面看,生产过程的创新可以提高生产率,一般情况下都具有降低生产成本的功能。但在某些情况下即使企业采用了新技术还不能降低成本,其原因可能是:(1)机器设备的价格太高,以至于生产率提高给企业带来的利润不足以补偿设备更新的费用。这往往是由于机器设备的垄断高价所致。(2)使用先进设备的劳动力价格提高,超过生产率提高带来的利润。为了保证利润,产品价格就无法降低,于是产品在市场上仍然没有竞争力。(3)使用先进设备的操作技能不足,以致不能使新设备发挥提高生产率的效应。(4)生产的组织结构没有适应新设备使用的需要而进行调整,也可能妨碍生产率效应发挥,如此等等。为了取得生产商品的成本优势,企业在生产过程中引进新技术的时候必须考虑以上因素。否则,即使采用了新技术也不能产生经济效应。

从需求方面看,任何商品的需求增长都有一个边界,生产规模的扩大一旦超过了这个边界,生产率效应就没有了,甚至出现亏损(即负效应)。因为在商品的需求进一步增加非常困难的情况下,无论生产成本怎样降低,扩大生产规模都意味着生产过剩或生产能力过剩。换句话说,在某种商品需求的增长达到这个边界之前,生产过程的创新是有效的;在达到这个边界以后,生产过程创新不但无效,甚至会造成越来越大的损失。

如何判断商品需求增长的边界?观察商品的需求弹性很有帮助。一种商品富于弹性,价格的变动才会引起需求的变动,这表明需求还有扩大的空间。如果一种商品缺乏弹性,那就意味着当产量达到一定水平以后,再降低价格也不能增加需求,这就意味着需求增长的边界已经临近。

在需求增长边界到达以后,采用生产过程的创新即使降低了成本,企业所能增加利润的空间也非常小了。生产率的进一步提高虽然能够增加单位资本的增殖能力,却不能扩大生产规模。所以,当市场潜在需求增长到达边界时,生产过程创新的经济效应受到市场的限制。

在取得成本优势的情况下,如果市场的需求足以支持创新企业的发展,生产过程的创新会引起这样一系列的变化:生产过程创新→生产率提高→成本降低→价格降低→需求增加→企业市场份额增大→产量增加→企业规模增大→企业利润总量增多→企业资本积累加快→企业竞争能力增强。相反,如果创新企业生产的产品没有市场,或市场不再增大,生产过程的创新就很难获得经济效应。

二、选择产品创新的条件

当生产过程创新遇到需求增长的边界时,产品创新恰恰能够超越这个限制,获得市场效应。产品创新之所以能开辟新的市场,原因就在于市场对商品的需求的变动除了价格还取决于许多其他因素。这些因素包括:新商品的收入弹性、它对消费者偏好的满足程度,以及供给弹性。当新产品因上述等因素得到广大消费者的青睐,形成供不应求的市场状态,而其他厂商却暂时无法提供这种商品时,这种创新产品的企业就取得了商品生产和销售的垄断地位。凭借这种垄断地位和供不应求的市场局面,企业不但可以高于商品的成本销售商品,而且可以获得超过商品本身价值的超额利润。企业是否选择产品创新不仅要看有没有产品创新的能力,还要看能不能凭借这些因素打开市场。否则,即使有了产品创新的能力,也不能取得经济效应。

除了供给弹性,需求弹性对创新产品市场影响更大,收入弹性是指消费者对商品的需求随收入变化而变化的程度。随着消费者收入的变化,商品需求的变化一般有三种情况:弹性为正、弹性为负和弹性为零。

长期看,收入弹性为正的商品随着经济的发展需求有增长的趋势,因而生产可以进一步扩张;收入弹性为负的商品需求变动是下降的趋势,应逐渐被淘汰;收入弹性为零的商品一般市场增长的空间很小,生产扩张的余地也很小。

在三种商品当中,第一种商品最有可能打开市场。换句话说,收入弹性为正的商品是企业产品创新的目标。第三种商品虽然市场空间很小,但还是可以通过品种和质量的改进争得更大的市场份额。

当然,商品的收入弹性不是一成不变的。随着生活方式的变化,一些商品的收入弹性会下降。例如,汽车从高档消费品逐渐变成必需品或低档品,弹性趋于为零甚至为负;另一些商品的收入弹性也可能增大。例如有些必需品可以通过产品创新,使之高档化和方便化,从而收入弹性就会从零增大为正。只要企业根据产品的收入弹性变化不断创新,就能不断开辟新的、更大的市场。

消费者偏好是决定产品创新的市场效应的另一个因素。在消费者行为中有根据消费者个人的主观感受选择商品的倾向。同样的商品对消费者甲的满意程度很高,对消费者乙的满意程度可能就是零。在价格和收入一定的情况下,越多的消费者对一种商品的偏好越大,它的销量就越多,反之则越少。在价格和收入一定的情况下,偏好越大的商品,一般需求弹性就越大。弹性越大,商品生产扩大的空间就越大;弹性越小,生产扩大的空间就越小。特殊情形例外。产品创新的企业应当选择消费者偏好比较大的商品来创新,或者迎合消费者偏好来设计产品的款式和性能。

消费者偏好是一个比较复杂的指标,消费者个人对商品满意程度的评价或估计,与消费者的伦理、习惯和品位标准相联系。创新企业必须努力调查和了解,才能够找准方向。迎合消费者偏好的产品有几种类型:(1)个性化产品,即满足不同消费者独特性的追求的产品,例如专门为个人设计的服装、饰物、造型等。这种产品的生产规模往往比较小,但因为在使用价值上满足了消费者个性化的追求,对消费者来说满意程度很大,出价可能大于其成本很多。一般来看,产品设计是生产这类产品的企业的主要创新方式。(2)新奇产品,即满足消费者求新求变或"赶时髦"的欲望的产品,如家用电器、装饰品等一些新潮产品。这种产品的创新涉及传统产品的更新换代和新产品的开发。所以要求不仅设计新颖,还要在产品功能上下工夫,因此设计和研发都是创新工作的重点。(3)高科技产品,如电脑和新药等。这种产品本来就存在很大的潜在市场,只是在科技水平尚未达到时没有供给。如果能够开发出来,市场的界限就取决于支付能力了。所以,高科技产品的创新企业具有竞争优势。总之,产品创新就是要提供其他企业不能提供的产品来满足其他企业不能满足的偏好,从而产生市场效应。

供给弹性本来是企业提供产品的数量对市场价格变动的反应程度。产品创新企业一般由于专利权的保护,在市场上有某种垄断性,常常可以控制价格。但是,从另一方面看,在价格不变的情况下,当产品的需求急剧增长时,如果企业的供给能力长期达不到市场的要求,即供不应求,那么创新企业的市场效应就受到限制。在这种情况下,一方面表明企业的生产能力还不足以吸收产品创新带来的市场效应;另一方面,供给不足的市场必然给其他企业的仿冒带来盈利机会。所以,对于垄断企业而言,所谓供给弹性,是供给对市场需求的反应能力,也就是企业能不能随时提供足以满足市场需求的产品数量的能力。只有供给弹性强的企业才能够充分利用优势地位获得最大可能的利润。

除此之外,当产品的潜在需求受到大多数消费者的支付能力的限制时,创新产品的市场效应还受到产品成本的限制。在这种情况下,产品的设计应当考虑物美价廉。例如,英国豪华的劳斯－莱斯汽车只能满足少数贵族的需求,虽然名气很大,但是在相当长的时间里它却是最昂贵的消费品之一,因此产量无法扩大。相反,美国的福特T型汽车的设计就特别注意降低成本,结果以相对低的价格赢得了市场优势,取得了巨大的规模生产的经济效益。这是因为大规模生产创新产品意味着:企业不仅能够开辟新市场,而且能够扩大市场规模,因而同时获得市场效应和生产率效应。

总之,企业在产品的市场需求增长尚未达到边界,并能进一步降低成本的情况下,可选择生产过程创新的新技术。在市场需求增长已经临近边界并具备产品创新能力(如 R&D 投入)的情况下,企业可选择产品创新。选择产品创新的企业特别要考虑新产品的潜在市场,因此必须注意新产品的收入弹性、消费者偏好和供给弹性。企业能否盈利是技术选择的基本标准,离开了这个标准,一味地求先进、赶潮流都是不理性的行为。

第三节　技术创新与经济增长

技术创新是经济增长的引擎或发动机,这是经济学界比较一致的看法。然而从技术创新不同形式及其效用的区分我们看出,不同的技术创新对于经济增长的影响是不同的。在有些情况下,技术创新,特别是产品创新,不一定能够引起经济增长。我们知道经济增长的发生源于两个基本条件或基本事实:一是投入生产的生产要素量的增加,二是生产要素使用效率的提高(即生产率的提高)。一般来讲,前者取决于生产资源的成本,后者主要取决于技术变动。所以技术创新在经济增长中的作用,一般被看成是对通过要素生产率的影响而推动经济增长。这种认识,暗含着一个假设前提,即经济增长不考虑产品的差异性,只考虑产品的数量变化。换句话说,技术创新在经济增长中的作用只是通过生产率效应发生的。那么,产品创新对于经济增长起到了什么作用呢?如何理解在当今产品创新比生产过程创新更盛行的情况下,经济增长的机制呢?

一、两种技术创新对经济增长的不同影响

两种技术创新所带来的不同的经济效应从宏观来看反映在经济增长的速度和经济增长方式上。一般情况下,生产过程创新的生产率效应比产品创新更能促进经济增长速度的加快。这是因为生产率效应体现在单位成本的产量增长上,是一个数量指标;而产品创新是一种质的变化,不直接体现在增长速度上。

首先,生产过程创新通过生产技术和生产组织的变革,提高生产率,其直接结果就是生产能力的增长和单位资源和单位时间产量的增加。因此,生产过程的创新的结果直接带来经济增长。事实上,产品创新不直接作用于生产力,而是通过开辟新市场而使生产总量增长。以这种方式带动的产量增长,笔者称之为技术创新的需求效应。需求效应能够促使经济增长多少,取决于新产品市场的大小,而这个潜在的新市场的存在和大小取决于很多更复杂的因素。其一,取决于一个国家的人均收入水平或富裕程度;其二,取决于既定的国民收入的再分配;其三还取决于一个国家消费者的偏好;其四,它还取决于一个国家在经济全球化过程中的

开放程度等等。总之,新产品的潜在市场是由很多因素决定的。如果新市场的规模很小,例如只有少数人能够消费的产品,不仅产量增加的数量有限,而且生产率也不一定提高。因为大规模的生产往往能够采用比较有效率的生产线或自动化设备(而这种情况实际上是与生产过程相联系)。如果新产品对旧产品有某种程度的替代效应(如空调市场的开辟可能使电风扇的市场缩小),经济总量的增长速度也受到限制。这就是说,产品创新能够开辟的市场有多大取决于新产品的用途的广泛程度。只有当它刺激了消费时才可能成为经济扩张的推动力,而且新产品的扩张的速度受到更复杂的因素的影响和约束,因此以产品创新为主体的国家往往经济增长速度不一定很快,但却具有明显的竞争优势。

其次,生产过程创新不仅能够直接提高生产率,还能够带动中间品,特别是生产设备的生产。生产过程的创新使生产变得更迂回(即不再是劳动直接作用于劳动对象,而实现制造工具或其他条件,然后通过制造的工具或条件作用于劳动对象),因而往往涉及新工具、新材料。生产过程创新对中间产品的需求,能够为新的生产资料的生产提供广阔的市场。除此之外,新的生产方式下生产规模的扩大,又进一步带动被加工的原材料的需求。这样生产过程创新能够以乘数的效应推动经济增长。而最终产品的创新,除非能够大规模地生产,一般不会引起投资品生产部门的较大的变动。但是,新产品常常在开始阶段只能是少数人消费得起的产品,要成为大规模消费的产品还需要一定的条件和时间。

第三,生产过程的创新,由于能够提高生产率,结果是降低生产成本,从而降低产品的价格。所以真正能够大规模打开市场的最终还是要靠生产过程的创新。在资源一定的前提下,生产过程创新有利于提高增长速度。而最终产品的创新,特别是在生产规模不够大的情况下往往使成本增大,因而不利于增长速度的提高。为什么这样说?理由有二:其一,生产率的提高能够节省要素成本,这是没有争议的事实。要素成本的节省对于整体经济的增长来说,意味着以相对少的产能资源(即劳动和资本等)生产更多的产品,从而加快经济增长。但是产品创新的意义不在于提高生产率,也不在于节省成本,而在于提供独特的或新奇的消费品。而产品一旦成为大规模消费的产品,也就失去了独特、新奇的特点了。其二,生产过程的创新,对于生产者来说如果说使成本提高,一般是资本品的投入的增加;而资本品成本提高的界限是比它所代替的生产工具和劳动所带来的剩余价值要多,而这里所指的剩余价值的基础是剩余产品。但是产品创新,对于生产者来说,要投入生产成本以外的开发成本(如 R&D)、销售成本(新产品的出现一般需要以广告宣传和促销等方式赢得消费者的接受)。这些活动大部分是非生产性的。这种成本的来源只能是剩余产品。相比之下,前者多生产剩余,后者多吸收剩余。可见,生产过程的创新能够比产品创新使增长速度提高。

当然,产品创新的经济意义不在于产品的数量,而在于产品的质量或差异性。这并不等于说产品创新不能促进经济增长速度的提高。在两种情况下,产品创新能够大大使增长速度提高。一种情况是:新产品的用途非常广泛,其成本能够在大多数人的支付能力范围内,并且有广泛的接受程度。在这种情况下,产品创新对经济增长的推动作用有可能是巨大的。例如汽车、个人电脑、手机等等就大大推动过经济增长。另一种情况是:新产品不仅可以作为最终产品用于消费,而且还可以作为资本品用于生产,并且当它作为资本品使用时能够提高生产率。例如,微软计算机可以是消费品,但是也可以装上一定的程序为生产而用。后一种情况如果使生产率提高,就能够提高增长速度。

二、经济增长速度计量上的误解

经济增长是产量和生产能力的增长,因此它是物质产品数量的增长。当一国经济经历了一段快速增长时期后,我们会看到物质资料的丰富和人民生活水平的提高。显然经济增长速度的计量应该是物质资料的增长速度。但是,物质资料的品种繁多,无法加总,我们只好用产值来计算,这是因为产量的提高可以反映在产值上。但是,用产值计算物质资料的增长速度往往并不准确。通常经济学教科书里提醒我们的学生,计算经济增长要排除通货膨胀因素。一般通过物价指数的办法我们大致能够做到这一点。但是即使排除了通胀因素,产值的增长是不是就能完全反映产量的增长速度了呢? 从产品创新经济的运行特点来看,产值越来越不能充分反映产量的变化了。

我们知道产品创新的优势,不是凭借成本和数量来取胜,而是凭借市场效应来取胜。而所谓市场效应,其实就是独特产品的市场供给小于需求的状况。一旦市场打开,而又在"知识产权"的保护下垄断地生产和出售,产品创新的企业能够获得一种"超额利润"。换言之,这种超额利润的获得不是数量变化,而是质的不同带来的。它是一种出售价值大于成本价值的结果,而不是降低成本的结果。因此,即使成本很高,在供不应求的市场状况下,提供这类产品还是能够获得超额利润。对于一个企业来说,超额利润的增加可以反映在每年产值或增加值的提高上;对于一个国家来说,创新产品的出口会从国外赚取巨额的超额利润,因而这个国家的产值也会大大增加。特别是在贸易国缺乏技术创新的情况下,用创新产品去交换对方的大宗产品,获取的超额利润会更高。这就是为什么发达国家近年来一手高举"知识产权保护"大旗;另一只手大量向发展中国家推销其新奇产品的缘故。所以,产值的增加不一定发生了产品数量的增加,发达国家用高价的创新产品交换大量的所谓"低端"产品,以至于主要的消费品都依靠进口。

三、技术创新的外部效应与经济增长方式

技术创新不仅本身能够推动经济增长,还通过它的外部效应带动其他企业为经济增长做出贡献。什么是外部效应？简单而言,技术创新的外部效应就是技术扩散所带来的宏观经济效应。

这个原理出自 20 世纪 80 年代以来,美国经济学家罗默(1986 年)和卢卡斯(1988 年和 1993 年)等人提出了所谓新经济增长理论。这一理论的核心思想是说明资本(生产要素)的投资所产生的外部效应是高速经济增长的重要推动力。生产要素(资本)被划分为物质资本和非物质资本。前者指的是传统理论解释的生产要素(生产资料和劳动力)的投资；后者指的是有关技术进步的投资,如人力资源的培训、基础环境的建设、产学研相结合机制的建设等等。非物质资本的概念在理论上虽然还有很多值得探讨的空间,但对经济增长起着至关重要的作用。技术创新的外部效应之所以能够推动经济增长速度加快,就是因为技术创新不仅能够使资本积累获得稳定的边际收益,而且其他企业也能从这种投资中获得好处。在整体经济运行当中,创新企业与经济的其他企业之间形成一种良性竞争与相互影响,结果不仅创新企业的投资动力不减,而且被带动的企业也会因成本相对较低而有很大的投资积极性。例如,个人电脑的大量生产和计算机的广泛使用,使得掌握电脑技术的新企业及相关投资层出不穷,大大推动了美国 20 世纪 90 年代快速的经济增长,同时也使很多其他国家因此得到经济增长的机会。这是因为微软的计算机的研发技术不仅推出了一种新产品——个人电脑（计算机）,其设计和使用原理(Know-how)的掌握很快培养了一大批人力资源,这些资源迅速带动了手机和其他相关电子产品的研发和生产,以至于带动产品创新的投资连绵不断,不仅促进了美国的经济增长,还带动了其他一些国家的经济增长。

技术创新的这种外部效应在经济增长中的作用反映了经济

增长方式与传统的认识有所不同。从索洛的经济增长模型的观点来看,经济增长的原因在于生产要素的投入量和生产率的作用,而技术创新就源自生产要素的生产率,在计算经济增长时,生产要素的贡献率主要看要素投入量的变化对增长率的影响,而超出这个变化的部分都是外生的,并以余数的办法归功于技术进步。而新增长理论,尽管在抽象的概念和推理上还有很多值得探讨的地方,但它把技术作为一种生产要素放入增长模型,给企业家的影响在于:技术创新的投入在生产中是必不可少的。一个企业要获得更多的利润,并维持稳定的利润边际就必须不断增加技术创新的投入;一个国家要提高增长率也必须依靠技术的不断创新。可以说,新增长模型,尽管在理论上还有探讨的空间,但它反映了现实中一个突出的现象:技术创新的重要作用至少与物质的投入同等重要。

近几十年里,我们看到,企业对"非物质资本"的投入越来越重视,这不仅是战略的需要,更是竞争的需要。从宏观来看,技术创新投入的增加意味着经济中的生产能力不仅在数量上增加,而且在变化中不断更新其内容,以适应和引领不断变化的市场的需求。从供给方面看,生产结构随着技术的创新而不断改变;从需求方面看,需求结构在产品创新的竞争中不断提升品质取向。如此看来,在技术创新的竞争中,经济增长不再仅仅是产品和生产能力数量的增长,而且还涉及产品和生产能力在质上的不断变化和提高。

四、后工业时代是产品创新时代

尽管产品创新并不排斥生产过程创新,但是 20 世纪 70 年代以来发达国家增长速度和生产率增长率的放慢,反映了产品创新在经济中的比重比以往提高了。换言之,在后工业经济时期,产品创新是主要的或最重要的技术创新形式;而在工业经济时期,生产过程创新是最主要的技术创新形式。

第四章 发达国家技术创新的变化及其影响

之所以发生这种转变,有几个基本事实起了推动或决定作用:一是第三次产业革命;二是发达国家的富裕程度;三是发展中国家劳动成本和资源成本的竞争力;四是垄断形式的变化。

首先,第三次工业革命与前两次革命不同:前两次革命主要是动力革命所引起,而第三次革命则是由微电子技术和生物技术引起的。这就是说前两次革命对生产过程创新起了巨大的推动作用,而这一次革命直接引起最终产品的革命。

具体来看,第一次工业革命发生在 1760~1840 年。蒸汽机的发明,使水力和热动力代替了人力和畜力;机器的使用得到了普及,工厂迅速发展。第二次工业革命是在 1840~1850 年,电的发现和使用,使机械化生产进入了新的历史阶段——电动机和内燃机时代。新的动力使机器的生产能力大大提高,生产由"机械化"进入"自动化"时代。经济中出现了"大企业",生产的社会化程度进一步发展。(我想这两个时期就是马克思当年看到的工业革命,并高度赞美了其巨大的生产力)。当然,第二次工业革命的影响比第一次更广泛:除了动力革命,也因电和新动力的使用产生了大量的新的最终产品,如电话、电报、汽车、飞机,以及各种家电产品。因此,第二次工业革命比第一次工业革命更复杂。资本主义国家由于两种创新交织在一起,经济增长速度很快。这种情况与经济学家库兹涅茨考察的资料是一致的。

第三次工业革命被认为从 20 世纪 50 年代开始至今。这次工业革命的特点是科技产品成为经济增长的主力军。标志性的科技突破是电子、生物等方面,而不是动力。集成电路的影响被认为可以和蒸汽机和电动机相媲美。这个时期典型的新产品是录像机、复印机、移动电话、个人电脑及与其配套的各种软件、互联网,此外还有各种新药品等。这些科技产品绝大部分是最终产品。尽管其中很多产品是办公用品,电脑业也可以用于生产,但是对生产过程的影响比不上对消费和生活方式的影响。

其次，发达国家经过第二次世界大战以后的高速增长，人均收入水平迅速达到追求生活质量阶段。发达国家现在的富裕程度应该怎样估计？我们看看下列数据：

表4-1　根据同等购买力测算的人均GDP

（美国的购买力为100，绝对货币值为2.59万美元）

高收入国家	中等收入国家	低收入国家
美国　100.0	韩国　39.9	中国　9.7
日本　81.7	泰国　26.9	印度　4.9
德国　75.3	波兰　21.2	尼日利亚4.6
英国　69.4	巴西　20.9	卢旺达　1.3

资料来源：《1996年世界发展报告》，世界银行，1996年。

发达国家到底有多富，表4-2列举了发达国家人均国内总产值的具体数额：

表4-2　1820年~1989年人均GDP　　　　（单位：千美元）

	1820年	1913年	1950年	1988年	1989年相对于1820年的倍数
英国	1.4	4.0	5.7	13.5	10
德国	0.9	2.6	3.3	14.0	15
美国	1.0	4.9	8.6	18.3	18
日本	0.6	1.1	1.6	15.1	25

资料来源：安格斯·麦迪逊著，《资本主义发展的动态力量》，牛津大学出版社，1991年（转引自[美]托马斯·麦格劳著，《现代资本主义》，江苏人民出版社，1999年）。

我们仅从第二次世界大战以后的发展来看，发达国家人均GDP在1988年达到1.3万美元到1.8万美元。这些收入对发达国家的消费和生活方式产生的影响，可以从家庭消费支出的构成上反映出来。

表 4-3 家庭消费支出构成 （单位:%）

国家	年份	食品和饮料	服装和鞋类	住房、燃料和能源	家用设备及支出	医疗保健	交通和通讯	教育、休闲与娱乐	其他
英国	1996	19.9	5.9	19.7	6.5	1.6	17.1	10.8	19.9
美国	1996	10.6	5.7	18.6	5.4	18.0	14.4	10.8	16.5
日本	1996	16.3	5.2	23.3	5.0	10.8	11.6	12.8	15.0
韩国	1996	28.5	7.4	7.7	4.4	4.4	12.6	15.2	19.9
印度	1993	53.0	9.8	9.9	4.2	2.3	13.0	3.5	4.4

资料来源：韩国《韩国社会指标》(1999年)。转引自朱之鑫：《国际统计年鉴》(2000年),中国统计出版社,2000年。

表 4-3 的数据显示：发达国家英国、美国、日本的家庭消费支出中在前 4 项（即吃、穿、用）占一半左右，其中美国只占 40%；中等国家韩国家庭支出在前 4 项也不到一半；而不发达国家印度，仅第一项就超过了一半，前 4 项合起来占家庭支出的 76.9%。这表明，发达国家和中等国家的家庭可支配收入，用于必需品的支出仅仅一半就够了，其余的一半可以用来改善生活的质量。

对于技术创新而言，如果生产过程的创新继续进行，则意味着生产率提高以后，进一步降低必需品的成本，相应地扩大改善生活质量的支出。而后一部分支出能力越大，则对产品创新的需求就越高。

第三，战后以来发展中国家的政治独立和经济建设，使得这些国家，尤其是新兴工业国，生产能力迅速发展起来。特别是发展中国家的资源和劳动力成本大大低于发达国家。一方面，发展中国家基本消费品的自给能力和出口能力增强，大大缩小了发达国家这类产品的市场；另一方面，这类部门特别是加工业，在技术上扩散比较容易（一般都属于生产过程创新），再加上成本优势，对发达国家的传统产业部门形成竞争压力。在这种压力下,发达国家的传统产业出现了转移或转产:一方面以跨国公司为主将传统产业部门直接转入发展中国家,以分享发展中国家比较低的资源成本和劳动成本优势;另一方面,许多企业转向产品创新型的科技产品的开发和生产,实现所谓产业结构升级。

第四,技术垄断比规模垄断变得更有利可图。资本的垄断形式迄今为止,比较活跃或比较多见的恐怕是规模垄断和技术垄断两种形式。规模垄断,不管组织形式如何,主要靠组织规模形成对生产和市场的控制。技术垄断主要通过对产品的专利权和专有技术的掌握来控制生产和操纵市场价格。前者在工业经济时期比较多,大工业时期的大规模生产,客观上为大型生产组织的规模垄断提供了土壤。规模垄断依靠资本的势力形成进入壁垒,但在资本过剩时代,显得调整笨拙。特别是在经济衰退阶段,闲置的生产能力会给大企业造成客观的亏损。而技术垄断,仅以产品生产的专利权,就形成牢牢的进入壁垒。这种壁垒不但不被"反托拉斯法"制约,反而受到法律保护。美国的制药业对防治艾滋病药生产的控制就是一个典型的例子。这种药的价格非常贵,发展中国家买不起,也无权生产。而美国因为这种药的生产,获得了巨额的垄断利润。如今,我们经常听到发达国家向发展中国家提出的"知识产权保护"的呼声,其背后的垄断意义恐怕并不一定受到注意。发达国家凭借资本优势、技术优势和人才优势,在产品创新中获得垄断地位的能力是发展中国家不容易做到的。因为产品创新的技术扩散,受到专利或"知识产权"的限制,比过程创新难度要大。

以上四个方面的变化足以使发达国家在技术创新形式上更倾向于产品创新。第三次工业革命激发了发达国家企业对产品创新的重视,有组织的研究和开发活动成为现代企业经营当中最重要的部分。信息和通讯的迅速发展使企业跨国活动变得容易,而产品创新给发达国家带来的垄断收益和市场效应促进了经济增长,但是由于它不直接作用于生产率,所以并不能像工业经济时期增长速度那样快。我们应当看到,高附加值不等于高生产率。

第四节 构建有竞争力的国家创新体系

"国家创新体系"这个概念据说最早是由美国经济学家内尔森提出来的。它指的是一个行业或一个国家产生并且应用创新能力的制度、政策和策略的总和。这里我们更注重国家层面的创新能力的产生和应用。

技术创新,对于一个国家来说,应该包括新技术的突破能力和新技术吸纳能力两个方面。前者也可以说是新技术的原创能力;后者则是对新技术的扩散发挥作用的能力。例如,美国微软公司在个人电脑技术方面的贡献可以算做新技术的突破;而利用这一技术在新型电脑控制的各种设备和小型手机、游戏机等新产品的开发,以及与之相关的产业的迅速发展等都与技术扩散有关。

国家创新体系的这两个方面在概念上不难理解,然而要把它们落在实处,并且长期有效地发挥其作用却并不简单。例如,国家为了应付外来的军事威慑,我们可以组织力量"攻关",研发和生产某些所谓高、精、尖端的军事武器。这甚至连比较贫穷的国家都能做到。然而要长期地、不断地研究和生产在世界上有竞争力的高科技产品,却只有极少数国家能做到。因为后者需要一系列行之有效的、长期的意识、氛围、做法等。

从历史考察和各国技术创新的经历来看,实现技术突破和技术吸纳的基本条件至少包括:基础科学、人力资本、社会基础、政府的政策、产学研相结合等。

一、基础科学的研究

尽管认识到技术创新可以带来巨大的经济效应,如果没有创新机会,这一切还是无从谈起。发达国家经济发展的历史表明,技术创新并没有稳定的规律性。各个国家发生的技术创新有点像浪潮一样,有时一浪来了,经济迅速增长能持续很多年,有时十几年也不出现突破性技术创新。可见内生新增长理论尽管影响很大,但是技术进步作为一个经济变量,与其他生产要素的性质有很大差别。它既不稳定、不可控制,也很难测度。其重要原因之一就是技术创新机会并不是经常地、有规律性地出现。决定技术创新机会的条件很多,最根本的条件是基础科学的研究。基础科学是人类对自然界物质变换及其规律的认识。没有足够的对于基础科学的理解,技术突破性进展是很难的,因此技术创新的机会也就不多。例如,中国几千年的文明体现了中国人民的创造力和吃苦耐劳的优秀素质。但是,经济在近代落后于西方国家,很重要的一个原因就是我国对基础科学研究得不够。相反,18世纪和19世纪基础物理研究的进展推动了19世纪末20世纪初的电灯、电话、汽车、电动机、半导体等电子技术的创新;而基础化学的进步推动了化学革命:无论是染料、合成纤维,还是化学试剂、农药等技术创新;20世纪生物学研究,特别是基因重组技术的研究又推动了转基因农作物和一些新药的技术突破等等。

  对于一个国家来说,基础科学可以说是经济发展的基础。从长期看,提高一国经济竞争力的因素可能来自各种不确定的因素,比如战争、石油发现、政治变革、人口变动,甚至地球生态变化等等。但是,要维持持久的竞争优势和实现经济进步,不能离开技术进步。当然,技术创新的机会也不很确定,但是与上述其他因素相比,应该是最有把握的一种。以基础科学研究为基础的社会,创新机会的出现绝不是偶然的现象。一个有远见的、有长远发展战略的国家,只要财力允许就应建立持续、普遍和深入的基础科学研究的一切条件。

  基础知识的研究不仅可以直接产生技术突破和技术创新的

机会,反过来技术创新和技术突破也会推动基础科学研究的进展。例如,18世纪蒸汽机的发明促成了热力学的形成。所以,基础研究和技术创新是相互促进、相互影响的良性互动关系。

二、人力资本的投资

关于人力资本这个概念,国内外学界目前还有不同的认识。一些人把人力资本看做"劳动力"的另一种提法。比如英国 J.L.汉森(J.L.Hanson)编写的《经济与商业词典》里①的解释就是这样;还有一些人把人力资本解释为经济中人类作为收入生产主体的生产能力。《包格夫经济学辞书》的进一步解释是:"人力资本是人身上体现出的技术存量和生产性知识。对人力资本的投资的产出和回报在于增强人的技能和赚钱的能力,以及提高经济决策的效力,无论是在市场经济范围之内还是之外。"②中国经济学家胡代光和高鸿业主编的《西方经济学大辞典》里对人力资本的解释是:"通过各种形式的生产性投资而提高了人的素质和劳动技能成为人力资本,是物质资本的对称。"③但是,我国有马克思经济学者对这个概念的这种解释并不认同,认为,按照马克思的解释,资本是能够增殖的价值,不是生产要素本身。本文在这里倾向于使用《包格夫经济学辞典》的解释,因为这是目前被人们普遍理解的概念。

尽管存在解释上的差异和理论上的争议,但是本文使用这个概念的用意在于在大多数人能够理解的基础上,说明人力资本在技术创新上的重要作用。就像张三是一个人名,不涉及他这个人是个什么人,同理,这里使用人力资本这个概念只是指:人在经济活动中体现出来的技能和知识给他带来的特有能力。如果说经济

---

① J.L.Hanson, A Dictionzry of Economics and Commerce, (fifth edision), Macdonald and Evans,1977, p.245.

② John Edwell, Murray Milgate and Peter Newman (ed.), The New Palgrave: A Dictionary of Economics,Vol.11, p.682.

③ 胡代光、高鸿业:《西方经济学大辞典》,经济科学出版社,2000年,第392页。

活动需要投入的生产要素可划分为生产资料和劳动力两种的话,那么"人力资本"在这里指的是劳动力的素质,用中国老百姓的话说,就是人才。事实上,另一种生产要素——生产资料(在西方经济学里称为资本)也有"素质"变化,只要它被赋予了更高的技术"含量",比如更先进的生产设备、更好的新材料等。我们在计算生产要素对经济增长的贡献时,没有办法测度这些"素质"变化的贡献,只能计算生产要素数量变化的影响。索洛想了一个简单的办法就是把不能算出来的剩下部分的增长都归功于技术的变化;但这样一来在建立模型(计算公式)中,技术变动就成了所谓的"外生变量",无法在理论上解释清楚。以罗默和卢卡斯等为代表的经济学家提出的新增长理论力图把技术变动"内生化",但是所建立的模型还是不能令人满意,因为要测度生产要素的"素质"变化很难找到完全能说明这个变量的数据。比如我们可以用教育投入解释劳动力素质的变化,但是劳动力素质的变化除了教育还有很多其他因素,如社会环境、家庭教育、人本身的天赋、刻苦好学精神、集体合作方式,以及人的不同性格等等,这些都是很难量化的因素。也正因为如此,这里特别强调建立创新体系的重要意义。

就"人力资本"而言,发达国家的经验和我们近几十年的实践表明,人的素质提高需要个人、家庭、社会等各个方面的诸多方面的条件配合,所以创新体系中应该包括着这些内容。作为个人素质的提高除了客观因素的促成,主观上的努力和聪明才智的发挥也需要教育和社会环境的激发。所以,建立适合人才培养和发挥才能的体系尤其重要,而培养人才当中最重要的是教育。对于形成技术性突破,或研发能力而言,最需要的是创造性人才。这种人才的培养,绝不仅仅是劳动力的技能和素质的提高,因为除了技能和专业知识,更重要的是人的探索热情和对基础知识的了解。因此,除了正规的学校教育和扎实的基础知识的教育以外,我们还需要家庭、学校、社会、科研机构等各个方面从精神上鼓励、引导和支持人的科学探索。对于前者,我国的基础知识教育不比发达国家差,甚至有些方面还超过发达国家,如天文学、文学、数学、物理和化学等;但对于后者,我国教育还有一些方面应当注意:如探索热情、想象力、观察力的培养,以及对社会需要的了解等。而这些方面的工作需要的不仅是资金的投入,而且还涉及教育的改革。我国教育的改革与创新人才的培养的联系至少涉及这样几个方面:

第一,学校对学生成绩的评价标准除了基础知识的掌握,还应当考虑创造精神的鼓励。创造精神常常与人对自然现象的观察、想象和改变的欲望等有关,但这些方面的素质常常超出了教科书的内容,所以难以评价。但是如果评价体系只限于书本知识,学生的创造精神就得不到鼓励。因此如何为学生提供一种充分发挥其创造性兴趣的机制,是值得研究和向西方学习的改革命题之一。

第二,创新性人才往往不仅掌握科技知识,也了解社会和市场。例如,我们可以想象比尔·盖茨如果不了解个人电脑的商业价值,并在十几岁年龄时就具备了与大商家谈判的能力,信息技术能否在今日如此影响深远可想而知。学生参与社会实践在我国也可以向发达国家学习。例如,发达国家的学校和社会为学生创造打工赚取学费和生活费的条件就是很好的途径之一。

第三,技术创新往往涉及不仅是单一学科的知识,全面了解基础知识有利于新技术的突破。我国虽然基础教育比较好,但由于中学的文理划分和大学的专业细化都可能造成学生视野过窄的影响,因而尝试综合知识的培养和探讨值得提倡。

根据美国经济学家罗伯特·卢卡斯的考察,教育系统的有效性与增长率有很大关系,因为人力资本的形成也有内部和外部效应:内部效应是因为教育培训增加人力资本,从而增加个人的生产率;外部效应是因为增加个人的人力资本也提高整个社会的平均人力资本。重视教育的国家往往能够实现较高的增长率。

三、社会制度和组织系统

技术创新在经济增长中作为一个因素可以"内生化",但是决定这个"内生化"现象的因素却是长期的、多方面的、不确定的。企业自身在追求利润的动力下可能会在一定条件下,或时机成熟情况下积极从事技术创新活动,但是企业创新活动的限度是显而易见的。这是因为决定技术创新活动的多重因素超出了企业作为市场主体的范围。所以,只有在国家层面建立制度和组织系统,才能保证技术创新的可持续性和合理性。

首先,专利保护是国家乃至国际权威机构的责任。由于技术创新带来的产出效应和高额的利润,新技术的研发成果很容易被窃取或研发人员的利益很容易受到伤害。国家设置专利保护(或知识产权保护)和技术特许的相关法律和法规,有利于鼓励技术创新。为此,国家需要建立与国际接轨的专利评估机构,从而保证技术和知识产权鉴定的合理、公正、公认的标准。专利鉴定和授权工作,不仅能够保护和鼓励技术研发,更能掌握新技术成果的进展状况。例如,美国由于专利评估体系的国际性标准,大约有一半的专利申请是由外国人提出的。这也从一个侧面给美国掌握世界先进技术情况提供了方便。

其次,技术创新与产业结构的调整是密切联系的。经验证明,由于决定技术创新的因素很复杂,经济中各个部门在技术创新上并不会按照比例发生。这就是说,虽然经济中各个部门之间存在着相互依存的关系,但是当技术创新在某个部门发生时,其他部门并不一定能够及时调整到与之相适应的程度。因此,技术创新虽然笼统地看是推动经济增长的引擎,但是在结构不能及时调整的情况下,很容易发生经济不平衡带来的暂时不稳定。另外更常见的情况是:一些部门的产品创新赢得市场的时候,就是另一些成为"夕阳产业"的部门可能面临被淘汰的命运。这些部门的破产、倒闭会带来接踵而至的结构性失业和一部分产值的损失。如何在鼓励技术创新的同时,避免经济转型升级和经济结构调整过程中带来的总体经济创伤是国家经济有效"干预"的课题。为此,国家有必要建立各种相关的保障体系和疏导体系来发挥稳定经济、促进经济平衡的作用。

第三,国家对创新投入的支持可以提高创新绩效,但政府财政资助的方式不同,产生的效果会有很大的差别。我国近些年来,财政对技术创新的支持明显加大了,对技术创新鼓励很大,但也因此出现了创新"浮躁"现象。西方发达国家也有类似的问题。这是因为,创新成果研发商业性风险与政府财政资助之间会产生一种利益权衡,以致很多情况下政府资助不但不能促进技术创新,反而会产生种种负效应,如发生"寻租"现象、研发成本上升,以及阻断外来资源的引入等等。产生这些现象的最重要的原因就在于,政府对企业创新的财政支持往往抑制了企业的竞争精神,而市场竞争是激励企业技术创新的基本动力机制。有学者认为,政府对创新的财政支持最好投在基础科学研究上,因为基础科学研究是私人企业不愿投资的领域。基础科学的研究对于一个国家创新体系的重要作用,前面已经讨论过了。它是一种基础的、长远的、商业回报不确定的领域,最需要各级政府的财政支持。

企业的技术创新基金的来源除了自身的资本积累以外,如果不能通过政府资助得到的话,可不可以通过在资本市场上的融资得到?从美国信息产业的发展来看,经验证明似乎是可以的。微软的迅速发展与纳斯达克的市场的融资不无关系。但是,从长远规划来看,对创新企业的投资是高风险的投资,因此企业也面临着更多的风险。美国经济学家乔希·勒纳研究了创新企业与风险投资之间的关系,结果证明:长期看,风险资本融资对创新并不存在一个很强的正向影响。其原因很简单:创新企业一般只能靠"无形资产"来融资,而无形资产一般都预期在近期内只有负收益,并且发展前景不明朗,因此不可能得到银行贷款或其他债券融资。在现实中一般为这些企业提供融资的人都是风险资本家(如巴菲特)。但是风险资本家之所以为这些企业提供资金,只是因为这些高风险的创新企业具有潜在的高收入。他们的方式是购买企业的股权,因此对企业的经营绩效具有监督和约束的权利,并且随着资本投入的增大,风险资本家甚至有控制企业的创新团队的能力。他们甚至频繁更换企业"代理",这显然不适于科技研发的性质。①而且当企业的预期收益,或者投资者个人的资产组合需要时,这些企业很可能面临被转卖而夭折的命运。所以,创新企业如何有效利用外部融资仍然是一个值得探讨的问题。

经济学启示录

记得在一次电视辩论中,一位美国嘉宾讲道,美国的经济实力不是靠钱多,而是靠技术。这话听起来有点傲慢,深深地触动了我。中国难道没有技术创新能力吗?想起有些学者曾经用成本与收益的理论说明,作为发展中国家自主创新不如向发达国家买技术,因为技术创新的投入对于经济落后的发展中国家来说成本太高。今天,我们有钱了,而这位嘉宾却告诉我们,他们靠的是技术而不是钱!理性地想想,他的话的确不无道理。因为美国虽然是一个超级大国,但长期以来靠债务支撑经济,还真不算有钱。中国人经过30多年的经济发展,也算有钱了,在技术创新上增加投入并不是没有能力。然而,值得研究的是,如何建立"国家创新体系"才能使得中国不断产生和运用技术创新能力,并且产学研相结合,尽快赶上发达国家的先进水平。近年来,我国在技术创新方面的投入加大了,但是要形成有效的国家创新体系仍然需要很多方面的共同努力。

---

① Paul Gompers Josh Lerner, The Venture Capital Cycle, Cambridge, MA: MIT Press, 1999, and The Venture Capital Revolutions, Boston, MA: Harvard Business School Press. 2001.

第四章 发达国家技术创新的变化及其影响

发达国家走过的技术创新之路,给我们未来经济发展的启示有很多,其中最值得重视和探讨的至少有以下几个方面:

首先,经过近几十年的经济快速发展,我国人均收入水平有了很大的提高,在技术创新方向上,我国企业应注意我国人民生活质量上的追求。这就是说,除了注重生产过程创新,以提高生产率效应,我们应把更多的投入放在产品创新上。这样,一方面把国内对"高档产品"的消费市场从国外转到国内;另一方面,也有利于培养中国企业的国际竞争力。

其次,重视教育和基础科学的研究以培养和吸引创新人才是技术创新的最重要条件,也是国家创新体系的基础。我国在基础教育方面的努力已经有了很大的改善,而且水平也不低,但是对于创新人才的培养来说,我们还应该学习国外的好经验,以期提高学生的综合知识的吸收能力和独立观察与思考能力。特别值得探讨的是如何发挥每个学生的天赋,注重学生的个性教育与创造力的培养。在基础科学研究上,应该建立合理的鼓励政策,因为在这方面的发展与实用主义的就业观常常有很大冲突,需要政府干预。

第三,在创新企业的发展过程中,如何解决融资问题需要认真研究。发达国家的经验和教训表明:中国需要积极闯出一条新路。因为这是一个很大的矛盾:一方面创新企业,特别是起步阶段需要大量的资本,为了加快创新产业的发展,最好是能得到外部资金的帮助;另一方面外部资金的使用又具有种种不利问题的存在。为了不"因噎废食",我们大可在两弊之间取其利,也就是说权衡政府支持和市场融资的特点,在创新企业的起步阶段政府给予支持还是更好些。尽管存在"寻租"现象,但是如果政府建立有效的监督机制加上道德约束,还是可以避免的。在创新企业发展到一定水平时,只要企业管理者有足够的控制能力,到金融市场上市,积极争取公平、合理、高效、有序的经营环境,避免风险资本家的"玩弄"也不是没有可能。

第四，市场竞争是企业技术创新的基本动力，培养企业的创新精神还是要坚持让企业更自由地参与市场竞争，少一些政府指令，多一些企业自主创新的空间是我国未来能否顺利提升我国企业竞争力的重要条件。市场竞争一个最重要的好处就在于，企业创新必须迎合市场的需要，否则创新产业无法占领或打开市场。企业在竞争中自主创新，也有利于避免重复建设、重复生产的资源浪费和长期结构失调的发生。

第五，对外开放的政策和稳定的社会环境有利于大量吸引外资，从而大大加快了我国经济发展的速度。现在，当我们面临产业结构升级和经济发展新的转折到来之时，我国为了吸引全世界的技术人才和引进新技术，也需要进一步创造良好的制度环境和人文环境。技术创新的特点与投资活动不同，吸引力不仅仅限于有利可图和稳定的盈利条件，更在于能够激发科学家和设计师们的创造才能和专心工作的条件。而后者的建设不仅涉及物质条件，还包括"精神条件"，即满足和适于思维、交流和创造等活动的文明空间和氛围。

总之，西方发达国家在技术创新方面给我们留下了利和弊两个方面的经验。处在经济发展的一个新的历史转折时期，技术创新问题即将成为我国未来经济活动的主题。如何趋弊取利，智慧地利用一切有利条件，促进我国技术创新的发展是我国经济进一步发展的关键。

参考文献

陈英.技术创新的二重经济效应与企业的技术选择.载：南开经济研究，2003(3)

陈英.资本主义经济制度下的技术进步与生产力的发展.载：张彤玉，丁为民，陈英.资本主义生产方式发展论.2003

陈英.技术创新与经济增长.载:南开经济研究,2004(5)

孟捷.产品创新与马克思主义资本积累理论.载:张宇,孟捷,卢荻.高级政治经济学.北京:经济科学出版社,2002

[美]本·斯泰尔,戴维·维克托,里查德·内尔森.技术创新与经济绩效(中译本).上海:上海人民出版社,2005

J.A. Schumpeter, The Theory of Economic Development, Leipzig: Duncker & humblot.

Trans. Opie, Harvard Univ. Press,1934.

W.J. Baumol, S.A.B. Blackman and E. N. Wolff, Productivity and American Leadership, The MIT Press, 1989.

William J. Baumol, The Free Market Innovation Machine, Princeton University Press, 2002.

第五章 发达国家的产业结构的演变及其影响

○ 发达国家的产业结构及其演变
○ 发达国家产业结构变迁的原因
○ 经济全球化对产业结构的影响
○ 发达国家的 FDI 对中国经济的
　影响及启示

发达资本主义国家 20 世纪 60 年代至 70 年代以来普遍出现的产业结构的重大变迁——从工业为主体的经济转变为以服务业占国民经济 2/3 比重的经济。这一变迁标志着发达国家经济进入了一个新的历史阶段,也是最能反映发达国家经济发展程度的重要变化之一。发达国家产业结构为什么在上个世纪后半叶普遍发生了差不多同样的变化? 这种变化是由什么原因引起的? 由于工业,特别是制造业一直被认为是经济增长的引擎,发达国家产业结构的这种变化会不会改变市场经济的运行规律或轨迹? 对于世界经济和发展中国家,发达国家的产业结构变化对于世界经济,特别是像中国这样的发展中大国产生了怎样的影响? 都是这一章力图回答的问题。

第一节　发达国家的产业结构及其演变

产业结构这个概念，近年来在我国可以说是一个耳熟能详的词语。但是如果看一看或听一听人们的讨论关于产业结构的话题，我们发现，关于产业结构这个词的界定，还是很模糊。换句话说，大家所说的产业结构的含义并不一致。为了便于理解，在讨论发达国家产业结构的变迁之前有必要对产业结构清楚地界定和划分。

一、产业结构的概念及其划分

从理论上来说，所谓产业结构就是国民经济的构成。在经济活动社会分工的基础上形成的不同产业部门以不同的比重有机地结合在一起，就形成了国民经济的产业结构。

但是近年来，无论媒体还是政界、理论界，人们在谈论"产业结构调整"、"产业结构转换"、"产业结构升级"等问题时，所说的"产业"一词的含义往往是不一样的。有些人指的是经济的三大产业部门，即工业、农业和服务业；有的人说的是工业内部的不同部门或不同行业，如纺织业、汽车业、石油业等；有的人仅仅谈论工业本身；也有的人指的是生产过程的组织形式，如所谓某种产品生产的"产业化"；更有些人甚至可能指产品类型，如企业内部的产品换代也被称为产业结构调整，等等。为什么关于产业的概念会出现如此混乱的解释或含义呢？原因至少有两个：一是"产业"这个名词原本是外来语，翻译为中文难免出现歧义，比如英文中的 industry 可以表示生产同类产品的生产部门，也可以表示工业，也可以表示产业；二是因为随着经济发展，经济结构变得越来越细化和越来越复杂了，不同层面上的结构问题往往都用产业结构这个概念来解释,难免出现"一词多用"的混乱。

从国民经济的构成来看,产业结构至少涉及三个层次:三大产业的构成、不同产品生产部门的构成和不同生产单位的构成(生产单位内部存在产品类别和品种的不同)。这三个不同层次上的所谓"产业",严格说来是三个不同的概念:产业(sectors)、行业(industries)和企业(enterprises)。通常人们讨论"产业结构"问题时,一般涉及产业结构、行业结构和产品结构。这里要考察的是国民经济产业结构变动,即三大产业的结构变动——农业、工业和服务业之间构成的变动。

关于三大产业的划分,可以追溯到古典经济学家威廉·配第(W. Petty)。他在17世纪写的《政治算术》中,在分析不同产业部门的收入差别时,就曾提出制造业比农业收入多、而商业比制造业收入多的看法。尽管当时还没有明确划分三个产业,但显然配第已经认识到国民经济的三个构成部分。20世纪初,澳大利亚和新西兰的统计学家开始使用"第一产业"和"第二产业"两个名词,20世纪30年代,一位新西兰经济学家艾伦·费歇尔(Allen G. B. Fisher)在《安全与进步的冲突》一书中又把第一产业和第二产业以外的其他经济部门统称为"第三产业"。直到1940年英国经济统计学家科林·克拉克(Colin G. Clark)才在他的《经济发展的条件》一书中把国民经济明确地划分为三次产业:第一产业主要是农业;第二产业主要是制造业;第三产业就是第一、二产业以外的其他部门,被称之为服务业。从此以后,三次产业分类法得到了普遍接受,并为国民经济的统计和分析提供了极大的方便。

尽管三次产业分类方法被普遍采用,但是在统计不同产业的各种数据时,人们对经济部门的归类往往不一致。目前主要有两种归类法:一种方法是把直接与自然资源相联系的生产活动,包括广义的农业(即农、林、牧、渔等)和采矿业,归为第一产业;把加工第一产业的产品的生产活动,即制造业和建筑业,归入第二产业;其他经济活动被归入第三产业。另一种方法的不同之处在于,把采矿业归入第二产业,即第一产业只包括广义的农业;第二产业包括采矿业、制造业和建筑业;第三产业是其他部门。我国采用第二种划分方法。联合国的标准产业分类法,把全部经济活动划分为四大类,但可以很容易地组合为同三大产业一致的三个部分。这表明联合国对各国经济活动的统计方法与克拉克的三次产业划分方法是一致的。世界银行每年发表的《世界银行发展报告》中的产业结构指标也是划分为农业、工业和服务业三大产业部门,其中还特别把制造业指标单独列出,以方便对比分析。

对国民经济进行三次产业的划分,不完全是经济学家为了理论分析的方便而创造出来的,更是对国民经济中三个基本活动领域的客观认识的结果。人类经济活动在很早就包括这三个部分了,只是由于社会分工的演进它们才区分为不同的产业部门。随着生产力的发展和经济的进步,一方面社会分工越来越细化,有些人开始感到传统的三次产业划分已不适合当今的经济结构状况,加之第三产业包括的经济领域过于庞杂和信息业的迅速兴起,因而提出所谓"第四产业"之说;另一方面在日益激烈的竞争中,企业经营趋于多元化,又使得不同产业的经济活动有交叉与融合的倾向。这表明随着经济的发展三次产业的划分也有改变的趋向。

尽管如此,就目前的统计指标和数据资料来看,三次产业结构仍然反映了人类经济活动的三个基本大类或基本内容。三次产业经济活动的变动仍然能够反映经济发展程度,反映经济运作和经济增长的特征。因此,本章以三次产业的划分作为分析的基础构架。这里采用的分类方法基本上接近于第二种:第一产业包括广义的农业,即种植业、林业、渔业和畜牧业等;第二产业有矿业、制造业、建筑业、运输业和公用产品的生产如水、电、气、通讯事业等;第三产业涉及公共服务、私人服务、生产服务、生活服务行业,其中包括：商业、贸易、保险、金融、医疗、教育、国防、仆佣，以及其他私人服务等等。

二、发达国家产业结构的历史演变

自从资本主义经济制度确立以来，发达国家发生过两次产业结构的重大变迁。第一次从以农业为最大产业部门的经济转变为以工业为最大产业部门的经济；第二次从以工业为主要产业部门的经济转变为以服务业作为最大产业部门的经济。前者被称之为工业化过程；后者可称之为"后工业化过程"，也有人称之为经济服务化、信息化过程。这两次历史性的产业结构转变使发达国家经历了两种经济时代："工业经济时代"和"后工业经济时代"。根据目前可以得到的统计资料来看，"工业经济时代"存在于工业革命到20世纪60年代至70年代以前的将近150年的历史时期里；"后工业经济时代"则是20世纪60年代至70年代开始以来的当今时代，这个时代到来仅仅30多年，还有很长的发展历程。这两个时期的产业结构呈现出不同的特征和变动趋势，并对经济增长的方式具有深刻的影响。

（一）工业经济时期产业结构的变动

工业经济时期始于19世纪中叶的工业革命到20世纪60年代至70年代。在这个相当长的历史过程中，产业结构的重大变动表现在：以工业为主导的经济代替了以往的以农业为主导的经济；实现了工业革命，建立了完整的工业经济体系；工业经济体系经历了从形成、完善到成熟的成长过程。工业经济时代是工业在国民经济和经济增长中占有主体地位的时代。这个时期产业结构的基本特征是：第一，工业，特别是制造业，在国民经济中创造了最大份额的国民收入；第二，工业部门的就业人数占就业总人口的比重最大；第三，工业特别是制造业的劳动生产率和全要素生产率高于其他产业部门。

20世纪60年代,西方学者对工业经济时期的产业结构变动进行了详细的统计分析,其中,美国经济学家、统计学家西蒙·库兹涅茨(Simon Kuznets)和霍利斯·B.钱纳里(H.B. Chenery)的贡献最为突出。根据库兹涅茨的统计资料,在这段时期,"在13个国家中,12个国家的农业部门在总产值中所占比重下降";"在12个国家中,工业部门在全国产值所占比重上升了";"而服务业部门比例不变。"①为了便于对比,我们这里把统计范围缩减到几个最具有代表性的国家——英国、美国、法国、意大利和日本。

产业结构一方面反映了社会资源的产业分布,另一方面反映了不同产业对国民经济的贡献的分布。因此,人们通常用劳动力资源的分布和国内总产值分布的统计数据,作为反映产业结构的两种主要指标。

根据库兹涅茨的统计资料,这一时期主要发达国家劳动力资源在三次产业之间分布的变动情况参见表5-1。

从这一组数据可以看出:主要发达国家自工业化以来,劳动力在三次产业之间的分布的变动特点是:第一,劳动力从农业向工业和服务业的转移一直没有停止,特别是向工业的转移比重比较大。从19世纪中叶到20世纪60年代,从五国的平均情况来看,农业就业比重从53.2%下降到15.7%;工业就业比重从21.7%提高到45.8%;服务业从20.3%上升到38.1%。农业比重下降了37.5个百分点;工业比重上升了24.1个百分点;服务业比重上升了17.8个百分点。可见工业劳动力比重上升幅度大于服务业。劳动力更多向工业转移还意味着其他经济资源也同时更多地流向了工业部门。工业部门由于自身的性质,劳动力平均使用的生产资料量(厂房、设备和原材料)都大大超过农业和服务业。

---

①西蒙·库兹涅茨:《现代经济增长》(中译本),北京经济学院出版社,第87~88页。

表 5-1 劳动力在三次产业部门之间的分布（%）

国家	年份	农业	工业	服务业
英国	1801/11	34.4	30.0	35.6
	1851/61	20.2	43.2	36.5
	1851/61	21.6	56.9	21.5
	1921	9.1	58.8	32.1
	1921	7.2	56.9	35.9
	1961	3.7	55.0	41.3
法国	1856	51.7	28.5	19.8
	1866	43.0	38.0	19.0
	1911	30.0	39.0	31.0
	1951	20.0	47.0	33.0
	1962	20.0	43.6	33.4
意大利	1861/71	57.5	25.8	16.7
	1881/1901	56.4	28.1	15.5
	1881/1901	58.4	28.7	12.9
	1964	25.2	46.4	28.4
美国	1810	83.7		16.3
	1840	63.4	16.2	36.6
	1839	64.3	29.0	19.5
	1869/79	50.0	29.0	21.0
	1869/79	48.6	38.0	22.4
	1929	21.2	38.8	40.8
	1929	19.9	38.0	41.3
	1965	5.7		56.3
日本	1872	85.5	5.6	8.6
	1900	71.1	15.7	13.2
	1920	54.6	25.4	20.0
	1964	27.6	37.4	35.0

资料来源：西蒙·库兹涅茨，《各国经济增长》（中译本），商务印书馆，第 264~269 页；《现代经济增长》，北京经济学院出版社，第 95~97 页。

第二,到20世纪60年代,发达国家工业部门就业人数最多,平均占总就业人口的45.8%,其中英国和德国都超过了一半以上。换句话说,这些国家大约一半劳动者的经济活动集中在工业。第三,在工业就业人口达到最高水平时,服务业就业人口平均达到33.8%的水平,这表明随着工业就业人口的增加,服务业也有了相应的发展。第四,在这段时间里农业就业人口下降普遍比较迅速。随着工业经济的发展,大批劳动力迅速脱离农业部门而走向工业的同时,服务业部门也吸收了大量的劳动力。

在资源流动的过程中,各个产业部门对经济增长的贡献也发生了相应的变化。同期产值分布的变动情况反映了工业经济的特点:

三大产业为国民经济提供的国内生产总值的相对份额的变化与劳动力资源转移方向相同。农业在国民经济中的地位随着劳动力资源的流出而下降;与此同时工业逐渐成为对国内总产值贡献最大的产业(美国除外)。英国从19世纪初开始,其他国家自19世纪中后期以来,农业对国内总产值的贡献明显相对下降,与此同时工业的产值贡献则明显上升,到20世纪50年代中期至60年代,已在国民经济中占据主导地位:农业从平均提供产值45.2%下降到8.1%,其中英国甚至下降到3.4%;与此同时工业提供的产值从平均22.7%提高到平均52.1%。

从这些发达国家三次产业的总体来看,到20世纪60年代,农业对国内总产值的贡献一般均下降到了10%以下(个别国家像意大利和日本分别为13%和11%);工业对国内总产值的贡献一般都达到了50%左右;而服务业的产值比重差别较大,除了美国、法国和日本有所上升,其他老牌资本主义国家并没有明显的变化(尽管就业人口的比重有所上升),平均约占总产值的40%。或许这是工业经济的最合适的产业结构。与劳动力变动相比,农业产值下降幅度和工业与服务业产值上升的幅度都更大。

表 5-2 国内生产总值在三次产业部门之间的分布(%)

国家	年份	农业	工业	服务业	备注
英国	1801/1	34.1	22.1	43.8	国内生产净值,1865及1885年价格国内生产总值
	1851/6	19.5	36.3	44.2	
	1907	6.4	48.9	44.7	
	1924	4.4	55.0	40.6	
	1955	4.7	56.8	38.5	
	1963~1967	3.4	54.6	42.0	
法国	1825/35	50	25	25	国内生产总值,1954年不变价格计算
	1872/82	42	30	28	
	1896	25.0	46.2	28.8	
	1954	12	52	36	
	1962	9	52	39	
	1963	8.4	51.0	40.6	
意大利	1861~1870	46.1	19.6	34.3	国内生产总值,1938年不变价格计算
	1891~1900	41.1	23.4	34.9	
	1950~1952	22.4	43.6	34.9	
	1951~1952	20.2	36.0	34.0	
	1963~1967	13.7	47.9	38.4	
美国	1839	44.6	24.2	31.2	国民收入,1859年不变价格国内生产总值,1929年不变价格国内生产总值,1963年价格
	1889/79	17.0	52.6	30.4	
	1889/99	25.8	37.7	36.5	
	1919/99	11.2	41.3	47.5	
	1953	5.9	48.4	45.7	
	1963~1967	3.3	44.3	52.4	
日本	1879~1883	62.5	37.5		国内生产净值,市场价格,1934~1936年价格
	1904~1913	40.6	59.4	38.2	
	1924~1933	22.4	77.6	45.3	
	1951~1954	20.2	79.8	42.8	
	1952~1953	22.4	39.4		
	1963~1967	11.9			

资料来源:西蒙·库兹涅茨,《现代经济增长》(中译本),北京经济学院出版社,第78~83页;《各国经济增长》(中译本),商务印书馆,第151~154页。

可见，在这个历史时期，资源分布变化和经济活动的内容的变动都趋向于使经济成为以工业部门为主体的经济。

(二)后工业经济时期产业结构的变动

自库兹涅茨的统计分析以后，发达国家的产业结构发生了新的变动趋势。20世纪60年代~70年代以来，特别是20世纪70年代以后，无论是劳动力的分布还是国内总产值的分布资料都显示：发达国家的农业在国民经济中的比重进一步下降；工业比重从上升转为下降；而服务业的比重大大上升。

1970年以来主要发达国家的劳动力在三次产业间的流动形成新的结构特征。1970年这些国家的农业劳动力占总就业人口的3.2%到17.4%之间，平均为9.5%；1980年下降到平均7.4%(日本最高为10.4%,英国最低为2.1%)；1990年继续下降，平均为4.3%(其中比重最高的日本进一步下降到7.5%)；而到了1998年已经下降到平均3.2%(其中,比重最高的日本下降到了5.3%,比重最低的英国仅仅只有1.7%)。这就意味着，进入20世纪70年代以来不到30年的时间里，农业劳动力比重就从平均9.5%下降到3.2%,减少了6.3个百分点。

与此同时,工业的劳动力比重的下降速度更快,在发达国家中英国最为突出,从44.8%下降到26.6%,竟下降了18.2个百分点。到1990年,美、英、法三国的工业劳动力比重下降到26%~30%之间；而德国和日本可能因战后工业增长势头较强,工业就业比重下降程度较小,分别达到39.7%和34.1%。平均来看,1970年各国工业就业比重是40.6%, 到1998年为29.3%(不包括法国,因没有法国数据),下降了11.3个百分点。

表 5-3 主要发达国家劳动力 1970 年以后在三次产业间分布变动 (%)

	1970 年	1980 年	1990 年	1997 年	1998 年
美 国					
第一产业	4.5	3.6	2.8	2.7	2.7
第二产业	34.4	30.8	26.2	24.1	23.9
第三产业	61.1	65.7	70.9	73.1	73.5
英 国					
第一产业	3.2	2.1	2.1	1.7	1.7
第二产业	44.8	28.8	27.3	26.8	26.6
第三产业	52.0	69.1	70.7	71.5	71.7
法 国					
第一产业	13.9	8.6	6.1	—	—
第二产业	39.7	35.4	30.0	—	—
第三产业	46.4	56.0	63.9	—	—
德 国					
第一产业	8.6	3.4	3.2	2.9	2.9
第二产业	48.5	39.7	35.9	34.3	33.8
第三产业	42.9	56.9	60.9	62.7	63.3
日 本					
第一产业	17.4	10.4	7.5	5.3	5.3
第二产业	35.7	35.3	34.1	32.3	32.0
第三产业	46.9	54.0	58.7	61.6	62.1
平 均					
第一产业	9.5	7.4	4.3	3.2	3.2
第二产业	40.6	33.8	31.8	29.4	29.0
第三产业	49.9	58.6	63.9	67.3	67.7

资料来源：OECD, Labour Force Statistics, (1991) Paris；朱之鑫主编：《国际统计年鉴 2000》，中国统计出版社，2000 年。

与农业和工业就业比重的变动趋势相反,服务业就业比重明显上升。1970年主要发达国家的服务业就业人口已经达到一半左右,其中比重最高的美国达到61.1%,最低的德国也有42.9%,各国的平均比重是49.9%。1990年这些国家服务业劳动力比重平均上升到63.9%,其中美国达到70%。到1998年这个比重继续上升到67.7%(不包括法国),其中美国达到73.5%,英国达到71.7%,各国平均上升了17.8个百分点。这就表明,1970年以来主要发达国家的就业结构又发生了巨大变化,目前有2/3的就业人口在从事服务业的经济活动。

从产值分布来看,三次产业对国民经济的贡献也出现了同样的变动趋势。根据近年来世界银行发表的《世界发展报告》的统计数据,发达国家GDP在三次产业间的分布如表5-4所显示:

进入20世纪70年代以后,五个主要发达国家国内总产值在三次产业间分布的变动与劳动力资源分布的变动具有相同的趋势。首先,农业部门进一步收缩。与20世纪60年代以前相比,70年代以后农业总产值贡献的比重下降更快,到1997年已经下降到1%~2.6%,平均为1.9%。值得注意的是,与劳动力比重相比,产值比重更小。表1-3的数据则显示:农业劳动力比重从1970年到1998年下降了6.3个百分点,而农业产值从1970年到1997年只下降了2.7个百分点。可见虽然农业相对生产率比较低,但是有所提高(从0.48提高到0.59)。其次,20世纪70年代以后工业的产值比重同样也出现了继续下降趋势。1970年工业产值比重平均为42.2%,到了1997年下降到30.2%。其中美国和法国到1997年甚至下降到26%;日本的产值比重比较高些,在38%左右。其实我们从表1-2就能看出,美、英、法三国工业产值比重的下降从20世纪50年代至60年代就开始了。20世纪70年代以来发达国家工业产值比重的下降速度比工业就业比重下降得还快:产值比重从42.2%下降到30.2%,下降了12个百分点;就业比重从40.6%下降到29.4%,下降了11.2个百分点。工业相对生产率略有下降,这反映了工业相对生产率从整体看并没有因产业结构调整而有所提高。

表 5-4 发达国家 70 年代以来 GDP 在三次产业之间的分布变动(%)

	1970 年	1980 年	1990 年	1997 年
美 国				
第一产业	3.0	2.5	2.0	1.7
第二产业	34.0	33.4	28.1	26.2
第三产业	63.0	64.1	69.9	72.0
英 国				
第一产业	3.0	2.2	1.9	1.8
第二产业	45.0	42.6	35.0	31.5
第三产业	53.0	55.2	63.1	66.7
法 国				
第一产业	-	4.2	3.4	2.3
第二产业	-	33.7	29.2	26.2
第三产业	-	62.0	67.4	71.5
意大利				
第一产业	8.0	5.0	3.0	2.6
第二产业	41.0	39.3	33.4	30.5
第三产业	51.0	54.9	63.4	66.9
日 本				
第一产业	6.0	3.7	2.7	1.7
第二产业	47.0	41.9	41.2	37.2
第三产业	47.0	54.4	56.3	61.1
平 均				
第一产业	4.6	3.7	2.5	1.9
第二产业	42.2	37.3	34.3	30.2
第三产业	52.2	58.1	63.4	67.6

资料来源:世界银行,《世界发展报告》1994,1998/1999 年,参见朱之鑫主编:《国际统计年鉴(2000)》,中国统计出版社,2000 年。

第三,服务业的产值比重随着劳动力的流入出现了差不多同样速度的增长。到 1997 年服务业占国内总产值比重达到60%~70%,已经超过了第一产业和第二产业对国民经济贡献的总和。这表明 20 世纪 70 年代以后这些发达国家的收入绝大多数来自服务业,而且有上升趋势;而被传统理论一直认为是物质资料产业部门的农业和工业却只提供总产值的 30%~40%。平均来看,这几个发达国家到 1997 年服务业提供产值平均占 GDP 的 67.6%;劳动力在服务业的就业比重平均在 67.3%左右。相比之下,1970年以来发达国家服务业劳动力比重增长速度更快:1970 年~1998年劳动力比重从平均 49.9%提高到 67.7%,上升了 17.8 个百分点;而服务业占 GDP 比重从 1970 年的平均 52.2%提高到 1997 年的67.6%,仅仅 27 年时间就上升了 15.4 个百分点。

(三)主要发达国家产业结构长期变动的轨迹

把两个不同的变动时期连接起来,我们可以看出主要发达国家产业结构变动的轨迹。主要发达国家三次产业占 GDP 比重的长期变动曲线图是这样的:

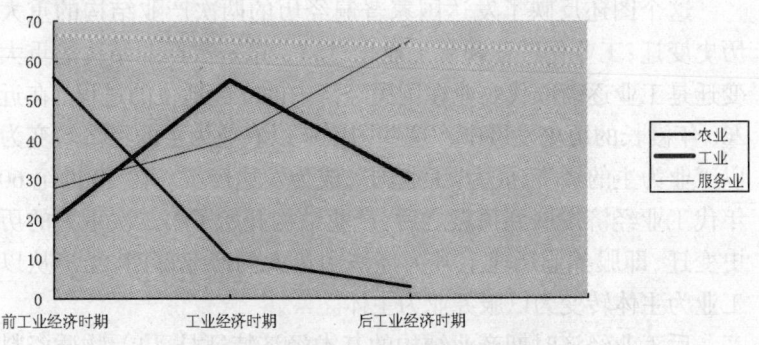

图 5-1 主要发达国家产业结构长期变动趋势

从这个图显示的三次产业长期变动的轨迹可以看出:(1)从平均发展水平来看,发达国家的农业在经济进入工业时期以前占国民经济的最大部分,超过了一半;随着工业化和工业经济的发展,农业在国民经济中的比重不断下降,在工业经济的鼎盛时期达到10%左右;到了后工业经济时期农业比重继续下降,不到20年的时间里就下降到了仅占国民经济的2%左右。可以说工业化以来农业在国民经济中的比重一直在下降,现在在国民经济中的比重已经非常小了。(2)工业占国民经济的比重在工业化以前已经达到20%左右;随着向工业经济时期过渡得到迅速增长,到20世纪60年代达到50%以上,成为国民经济中最大的产业部门;随着向后工业经济时期过渡工业比重开始下降,到1997年工业占国民经济的比重已经下降到30%左右。工业在国民经济中的比重经历了一起一落:工业化到20世纪60年代是它的上升时期,之后是它的下降时期。(3)服务业似乎是一个比较特别的产业部门,从前工业经济时期直到工业经济时期的顶峰,它在国民经济中的份额并没有太大的变动,只是略有上升;而进入20世纪70年代以后服务业迅速发展,到1997年在国民经济中的比重达到了60%~70%,成为国民经济中最大的产业部门。

这个图还反映了发达国家普遍经历的两次产业结构的重大历史变迁:工业化过程和后工业化过程。第一次产业结构的重大变迁是工业逐渐取代农业在国民经济中的支配地位的过程。在近200年漫长的历史发展中,这些国家从以农业为主的经济转变为以工业为主的经济,成为"工业国",成为发达经济。在20世纪60年代工业经济发展到顶点之后,产业结构开始了第二次重大的历史变迁,即服务业迅速上升为经济中最大的产业部门,经济从以工业为主体转变为以服务业为主体。

后工业经济时期产业结构的基本经济特征是:(1)物质资料的生产已经在国民经济中占30%~40%的比重,其中农业比重已经下降到2%~3%,工业比重也远远低于大工业时代的水平;第三产业在国民经济中的比重已高达60%~70%。(2)绝大多数就业人口已不直接从事物质资料生产活动,即使在物质资料生产部门也有相当比重的"白领"阶层。

第二节 发达国家产业结构变迁的原因

从历史上看,产业结构是相对稳定的,特别是三次产业结构的重大变迁,自资本主义经济确立以来的200多年里,仅发生了两次:第一次是工业革命引起的工业化过程;第二次是20世纪60年代至70年代开始的后工业化过程。因此,在经济学里很难找到对产业结构变迁的专门、系统的研究,大多数经济分析里也很少考虑经济结构和产业结构因素。

产业结构的变迁是长期经济因素作用的结果,在注重短期经济分析的正统西方经济学里无法涉及;倒是一些历史统计经济学家关注这样的问题,如美国的库兹涅茨和钱纳里等人。长期经济因素与经济发展程度相联系,不是一朝一夕,甚至几年、十几年就能改变的。所以,追究产业结构变迁的原因必须从考察影响发达国家经济的长期因素入手。发达国家经历的两次重大产业结构变迁都是在资本主义经济制度下发生的,所以考察发达国家产业结构的变迁,还应当关注资本运动规律在产业结构变迁中究竟起着什么作用。发达国家的产业结构变迁具有普遍性,即到20世纪70年代差不多所有西方主要发达国家都发生了同样的改变,因此我们的分析力图探寻资本主义市场经济发展过程中产业结构变迁的历史必然性。也就是说,要从西方国家市场经济发展规律中寻找产业结构变迁的原因。

一、经济学界前人的看法

从经济思想史中,尽管几乎没有关于产业结构专门的研究,但是经济学家的其他论题的研究中也可以找到对产业结构的一

些看法。关于产业结构变化的原因,经济学界前人的解释可以概括为以下几种:

(一)社会分工论

把不同经济部门的构成看成是经济活动的社会分工,这种认识可以追溯到古希腊的思想家和古典经济学家。比如古典经济学家亚当·斯密。他在《国富论》中研究了劳动分工,但也认为产业结构的划分是分工的结果。他说:"……在每一种工艺中,只要采用劳动分工,劳动生产力就能成比例地增长。各种不同行业和职业的彼此划分,似乎也是有这种好处造成的。在享有最发达的产业和效率增进的那些国家,分工也进行得最彻底;在未开化的社会中一个人从事的工作,在进步社会中一般由几个人担任。在进步的社会,农民一般就只是一个农民,制造业者一般就只是一个制造业者。"①

古典经济学家虽然不仅感受到了产业结构与分工的联系,而且认识到分工是一种社会的进步,是发达社会的特征。但是如果分工是社会进步的表现,那么它是由什么引起的?关于分工的原因的解释,古典经济学家的看法似乎还说不清楚。例如,古希腊思想家柏拉图在他的《理想国》里把劳动分工和专业化归因于人类的不平等。他认为,因为人类的不平等和缺乏自给自足,劳动分工、专业化和交换便成为自然有益之举。柏拉图认为"人类的不平等"就是人类天然的差别,有这种差别决定的分工也是天然的。显然,这种能够"天然差别"的解释不能与社会进步联系起来。

斯密认为分工的主要原因是有交换,不过交换也是"人性中某种倾向的必然结果"。②随着社会的发展,这种倾向非常缓慢和逐渐地演化为分工,这样分工就成为社会进步的结果了。社会进步还意味着生产能力的增长已经从自给自足发展到产生"剩余"

---

① 亚当·斯密:《国富论》(中译本),陕西人民出版社,2001年,第9页。
② 亚当·斯密:《国富论》(中译本),陕西人民出版社,2001年,第17页。

的程度。"由于肯定能把自己的产品的所有剩余部分(这是他自己消费不了的),去交换自己所需要的他人劳动产品的剩余部分,这就鼓励了每一个人去从事一种专门的职业,并培养和完善它所具有的从事这一职业的才能或天资。"① 但是,马克思却说:"交换没有造成生产领域之间的差别,而是使不同的生产领域发生关系,并把它们变成社会总生产的多少互相依赖的部门。"② 换句话说,分工不是有交换造成的。

马克思指出:"单就劳动本身来说,可以把社会生产分为农业、工业等大类,叫做一般的分工;把这些大类分为种和亚种,叫做特殊的分工;那工厂内部的分工,叫做个别的分工。"③ "这种分工是商品生产的条件,虽然不能反过来说商品生产是社会分工的存在的条件。在古代印度公社中就有社会分工,但产品并不成为商品。"④

马克思在这里澄清的是,产业结构可以被叫做一种分工,但是交换不是分工的条件。如果说社会分工是经济进步的标志,按照马克思的观点,分工还不是产业结构形成的最根本原因,因为"在古代印度公社中就有社会分工"。这就是说,不能用分工来解释市场经济中产业结构的形成和演变。

(二)经济发展阶段论

这种理论认为,不同的产业结构反映了经济发展的不同历史阶段,而经济的发展最终取决于生产力的发展。早在19世纪德国历史主义经济学的先驱弗里德里希·李斯特就提出经济发展阶段论。他把人类经济发展的历史划分为五个阶段:原始未开化时期、畜牧时期、农业时期、农业-制造业时期和农业-制造业-商业时期。他认为第五个阶段,即包括农业、制造业和商业三次产业的

---

① 亚当·斯密:《国富论》(中译本),陕西人民出版社,2001年,第19页。
② 马克思:《资本论》(中译本)第一卷,人民出版社,1972年,第390页。
③ 马克思:《资本论》第一卷,人民出版社,1972年,第389页。
④ 马克思:《资本论》第一卷,人民出版社,1972年,第55页。

经济是经济发展的最高阶段。李斯特用生产力的发展来解释经济发展。他认为,一个国家经济发展程度的决定因素不是它积累的财富的多少,而是它的生产力。李斯特所谓的生产力实际上是指一个国家生产或创造财富的能力,包括物质产品生产能力和精神产品生产能力。生产力的发展能促进工业和农业的发展。

用发展阶段论来解释产业结构变迁的现代经济学家,还有美国经济学家罗斯托(Rostow,Walt Whitman)。他在1960年出版的《经济增长的阶段》里把人类社会发展划分为六个"经济成长阶段"。在经济发展的早期阶段,由于科学技术所提供的方法尚未在生产中得到应用,生产力水平非常有限,因此社会的很大部分生产力被用于农业。随着科学技术在农业和工业中的应用,经济进入工业化发展阶段,工业在经济中的比重上升。当经济发展到成熟阶段,现代技术已经可以推广到经济活动的各个领域,并且由于采用了比较高精的技术和生产方法,基本上可以生产任何它想要生产的东西。之后经济进入高额群众消费阶段,经济的主导部门从生活必需品转到耐用消费品和服务业。追求生活质量阶段将是一个"真正突变"阶段,但是那个时代还没有到来,尚无法预测。根据罗斯托的解释,这种变动过程是通过经济中主导部门不断更新实现的:新的主导部门不断代替旧的主导部门,从而不断吸收新技术,并且新技术在有效的基础上不断扩散。这就是说,随着经济发展程度的提高,产业结构会从以农业为主向以工业为主,再向以服务业为主体的经济发展。

从历史上看,发达国家从农业经济向工业经济的转变似乎能够说明这种推理。但是第二次转变,即从工业经济向后工业经济的转变似乎并不完全是这样。20世纪70年代以来发达国家普遍发生的工业比重下降,似乎并不能完全用生产力发展来解释。如果农业和工业已经发达到了基本上可以提供任何它想要的东西的程度,那么为什么发达国家还要大量进口农产品和工业品?

(三)恩格尔的居民收入的相关性

还有一些研究表明消费者收入水平对产业结构的变化有重要影响。例如,19世纪中期,德国统计学家恩格尔在调查家庭收入和消费结构中发现,收入水平与家庭在食品和其他商品的支出分配之间存在一种关系。经过研究他总结出一条规律:食品在家庭总支出中的比重与家庭收入的变动负相关。这就是后来我们知道的恩格尔定律。从这个经验规律出发,恩格尔进而推断:在经济发展过程中,农业相对于其他经济部门会下降。这就是说,农业在经济中的比重下降实际上与居民收入水平的提高有关。

恩格尔的这个推论不仅在发达国家,而且在很多发展中国家也得到了经验验证。经济数据中观察到的所有经验规律性当中,恩格尔规律是成立的。据说不仅从观察到的截面数据上看是成立的,而且从时间序列分析中也能得到证实。

恩格尔本人强调,食品是农业的主要产品,因此总消费中食品比重的下降意味着农业在总生产中比重的下降。所有部门以相同速度"平衡增长"是不可能的。农民和农业工人的数量不仅会相对地减少,而且绝对地减少。人口会从农村流动到城市地区。如果这种调整发生的不够快,农业部门的人均收入就会下降到非农业人口以下。

不同产品占家庭收入的支出中比重,在很大程度上反映了需求结构与产业结构的联系。特别需要注意的是食品是居民消费的必需品,在家庭消费支出中占多大的份额,的确标志着生活质量的高低。随着生活水准的提高,食品比重必然下降。对于整体经济而言,社会的富裕程度普遍提高,农业比重的下降也是必然的。从理论上说,农业劳动力的绝对减少还取决于农业生产率的提高。事实证明,情况确实如此。

但是,解释农业比重下降的规律,能不能说明后工业时期工业比重的下降?农业与其他部门相比的确有其特殊性。西方有数据考察证明,恩格尔定律特别适于粮食,而对于其他商品不那么成功。因此它对于解释农业是成立的,而对于解释工业和服务业可能就不成立。这是因为,农产品的需求弹性小于1(即为负),而且随着经济的发展趋于下降。但是,其他产品的需求弹性往往更大,更多的可能大于1。工业比重下降的原因看来比农业比重的下降要复杂得多。工业品不仅涉及数量变化,而且涉及质量的变化,恩格尔定律是无法解释的。

(四)多因素的解释

英国经济学家克拉克(C. G. Clark)1940年在他的《经济进步的条件》一书中提出产业结构变化的规律:一国经济随着人均收入和劳动生产率的提高,劳动力的大部分经济活动的领域先是从农业转移到制造业,然后转移到服务业。克拉克认为产业结构的变化取决于两个因素:人均收入水平和劳动生产率。这种解释似乎综合了生产理论和恩格尔的收入论。

20世纪60年代中期库兹涅茨对产业结构的变动进行了系统的数据考证。库兹涅茨根据大量的统计数据的对比,总结出与产业结构变动相关的三个最值得探讨的因素:技术进步、消费结构的变化、对外贸易。根据他对发达国家长期的统计数据的检验,以上三个因素都与产业结构的变化具有相关性。

首先,经验资料证明,"工业技术高度的和加速的变动率是现代时期按人口平均的产值和生产率的高增长的主要源泉,并且也是引起生产结构惊人改变的主要因素"。[①] 其次,"技术上的创造发明,伴随而来的常常是生活条件的改变,无论它们是创造出了新产品抑或是为老产品提供了新的制造方法都是这样。新知识和技术革新的这些影响是在增长进程中一层一层地添加在先已存在的需要结构上,它无论是为了适应改变了的生活条件还是为了对

---

① [美]西蒙·库兹涅茨:《各国的经济增长》,商务印书馆,1986年,第336页。

新产品做出反应,都会造成新的需求压力。"①需求结构的这种新的变化会导致生产结构的改变。它的变化速度越快,产业结构变化就越迅速。第三,"国际贸易和其他的国际流动,由于反映各国间产品生产相对优势变动的各国进出口结构的不断变动,从而也促使了一国产出结构的改变。"②

库兹涅茨对产业结构变动原因的认识是经验资料的总结,因而具有比较高的可信性。上述三个方面正好反映了宏观经济活动运行最基本的条件:总供给和总需求两个方面最重要的变化——技术进步和人均收入的提高,以及一国经济在国际竞争中的活动能力和范围。库兹涅茨提出的三个方面无疑是影响产业结构变化的最重要和最基本的因素。

用库兹涅茨的经验数据证明,这三大长期因素的确可以改变一个国家的产业结构。但遗憾的是,库兹涅茨考察的所谓"现代经济增长"只涵盖了发达国家工业化和工业经济发展时期的第一次产业结构变迁过程。关于 20 世纪 70 年代以后产业结构的变化似乎并不能完全用这三个因素解释。后工业经济时期第三产业比重迅速增大的原因比工业化时期工业比重增大的情况更复杂。例如,第三产业的生产率增长速度并不比工业、农业快;第三产业的庞杂性也无法用居民收入的增长来说明;技术进步也没有在第三产业突出地表现。

二、马克思的资本流动理论的启发

马克思的利润率平均化理论阐明了资本在不同部门之间流动(即转移)的规律。这个规律告诉我们产业结构的变化并不一定是经济发展的长期因素决定的,因为它的动因存在于资本的本性

---

① [美]西蒙·库兹涅茨:《各国的经济增长》,商务印书馆,1986 年,第 345 页。
② [美]西蒙·库兹涅茨:《各国的经济增长》,商务印书馆,1986 年,第 345 页~346 页。

之中。为了追求更高的利润率，或者至少不低于其他部门的利润率，资本在不同部门之间流动，从而带动了生产资源在不同部门之间的配置，推动着产业结构的形成和变化。

在马克思那个时代，他发现在给定剩余价值率和其他因素一定的情况下，由于资本有机构成和周转速度等差别，资本一般会从利润率低的部门向利润率高的部门流动，直到各部门利润率平均化时为止。这就意味着，在技术不变的前提下，经济中各个部门由于不同产品生产的具体方法不同而造成不同部门的年利润率的差别，资本在追求短期利润率的驱动下会从利润率较低的部门向利润率较高的部门转移。具体而言，在其他因素一定的前提下，资本有机构成较高的部门，由于资本周转时间长、预付资本多，生产价值的次数相对少，所以利润率比资本有机构成较低的部门要低。反之，资本有机构成较低的部门由于相反的情况，则利润率较高。为了争夺有利可图的投资领域，资本倾向于从利润率较低的部门流向利润率较高的部门，当各部门获得的利润率相等时，这种流动才会停止。

这个规律首先说明经济中各部门的比重大小与资本流入量的多少有关，因为资本的流入量决定了生产资源流入量；而资本的流入量又取决于不同部门的利润率差别。其次，它反映了资本流动规律与市场供求调节机制的矛盾性。

以分工为基础的社会化大生产条件下的产业结构要求各个部门之间的比例必须平衡，即供给与需求的一致。如果发生不平衡，市场的价值规律会起作用来调节供求，这就是西方经济学里最推崇的亚当·斯密著名的"看不见的手"的作用。他们认为，如果没有政府干预，在自由竞争下这只"看不见的手"会通过价格的变化使供求自动达到平衡。然而马克思的平均利润率理论却揭示出资本在各部门之间的流动不是按照市场的需求，而是按照"等量资本获得等量利润的原则"被利润率所驱动。由于各种部门的技术条件不可能一样,这种流动是无法完全依靠市场机制来调节的。因为,在这样的规律下资本流动的结果肯定不能达到供求的一致,即部门间的平衡。这是因为,"全部困难是由这样一个事实产生的:商品不只是当做商品交换,而是当做资本的产品来交换。这些资本要求从剩余价值的总量中,分到和它们各自的量成比例的一份,或者在他们的量相等时,要求分到相等的一份"。[①]两个规律的矛盾体现为私人资本的利益与社会需要之间的冲突。这个冲突无法在技术不变条件下得到解决,结构的不平衡也无法在自由竞争下自动地解决。

当然,在技术条件发生变化情况下的产业结构变迁,现在被称为产业结构的"升级"。这个过程资本之间的竞争不是为了"平均利润率",而是为了追求超额利润。超额利润的获得依靠的是提高生产率或产品的新奇和独特性。这后二者是通过生产过程创新和产品创新而带动产业结构变动。用熊彼特的理论来解释,这种改变技术条件下的产业结构变迁,同样要打破结构的平衡,但是另一种冲突下的不平衡,熊彼特称之为"创造性毁灭"的过程。从发达国家在20世纪70年代以来发生的产业结构变化,这后一种变化(即产业结构的升级)的成分比起工业化时期要少,而前一种变化的成分仍然存在。

马克思以资本在部门间流动的规律揭示的产业结构变动的内在规律与结构变迁是长期经济发展的结果的判断不完全一样。当经济发展的解释把结构的变化归因于生产力和经济富裕的变量时,忽视了产业结构变化的动态机制是资本的运动规律。资本是在运动中增殖的,这不仅意味着利润是在资本的自身运动中产生的,而且意味着利润率的高低还取决于资本之间在竞争中不断地在不同部门之间的流动,甚至在不同地区和不同国家之间流

[①] 马克思:《资本论》第3卷,人民出版社,2004年,第196页。

动。资本的流动对于资本来说,简单来说就意味着哪里有利可图就到哪里投资。产业结构在市场经济条件下归根结底是资本和经济资源在不同部门之间进行配置的结果。因此,了解资本流动的规律是理解产业结构的钥匙。

第三节 经济全球化对产业结构的影响

发达国家的产业结构如果完全是生产力发展和经济富裕的结果,大量的必需品进口,特别是从发展中国家进口就显得缺乏解释力。因为发展中国家的生产力水平相对要低很多,发达国家完全有能力以更高的生产率水平自己生产这些商品。特别是在20世纪80年代以来的"经济全球化"过程中,很多发达国家的资本来到发展中国家投资生产,生产的产品再出口到本国,以至于在发达国家的产业结构中,生产性部门(即工农业)的比重进一步下降,经济中服务业的比重上升。

一、经济学原理与经济全球化

从资本流动理论来理解,"经济全球化"不过是资本跨越国界向更有利可图的国家或地区转移而已。这就是说,资本发展中国家的资本的流动不限于一国范围内的部门之间的流动,一旦有可能还会向更大范围流动。

在经济全球化过程中,产业结构的变化不像人们习惯理解的历史演变过程,而更像是一种"裂变"。更确切地说,发达国家资本的向外转移对于国内产业结构的影响不是简单的平衡打破,也不是"创造性毁灭",而是一种"经济解构"。这种"解构"不仅改变了发达国家的产业结构,也改变了发展中国家的产业结构。

"解构"是法国后现代主义者雅克·德里达(Jacques Derrida,1930-)提倡的一种思维方法,即以某种颠覆性的、超常规的思路看待某种现象或变化。解构的方法与结构主义相对立,具有"后结构主义"特征。它反对机械地将万物简化为特定的模式和公式;不是把理性、逻辑看成是至高无上的,而是主张超越理性的定式。①

用这种方法观察后工业经济的产业结构,我们也可以超越"进化论"惯常思维逻辑,不是用"高级"和"低级"的区别来看待发达国家在20世纪70年代以后发生的产业结构变化,而是从它转变过程的"非常规性"观察它的历史独特性。例如,战后的国际政治、经济格局的变化,环境和资源条件的限制,金融体系的巨变,等等。

判断一国经济是否出现了"经济解构"最重要的标志是要看产业部门之间的关联是否被破坏了。产业关联它是产业结构存在的基础,它是由经济活动的"社会分工"决定的:每一个部门的生存和发展都离不开其他部门的经济活动;各个部门之间由一定的技术决定保持一定的比例关系。部门之间的依存越紧密,产业关联度越高。反之,当一些部门不再依赖于另一些部门而能够生存和发展时,各个部门之间的比重不再构成彼此依存的整体,就出现了经济"解构"。

二、全球化过程中经济是如何"解构"的

经济全球化并不是近几十年的新现象,历史上曾出现过几次资本国际流动的"高潮"。每一次都在经济解构中引起更大范围的国际分工;每一次都在卷入的国家引起产业结构的"裂变",而不是演变。

在资本主义早期,经济的全球化表现为殖民主义。欧美一些较发达的资本主义国家以掠夺的方式在世界范围内配置资源和进行不平等的贸易。在强行的"国际分工"下,发达国家生产工业

---

① [英]凯文·奥顿奈尔:《黄昏后的契机:后现代主义》(中译本),北京大学出版社,2004年,第60页。

品,而殖民地提供原材料和初级产品和广阔的市场,以满足发达国家工业发展的需要。由于低廉的资源和劳动力成本、强制占领的市场,工业资本在发达国家迅速积累,而且围绕制造业产品的生产逐渐形成了农、轻、重、服务业全套完整的工业体系,以至成为世界上比较强大的"工业国"。

第二次世界大战以后,"共产主义阵营"的出现和发展中国家的民族独立,使得"国际分工"主要限于发达资本主义国家之间,因此具有"地方全球化"的特点。这个时期虽然发达国家与发展中国家之间也有贸易和投资,但发展中国家对发达国家来说只是通过贸易和政治力量,提供原料、能源和初级产品。作为原料产地和工业品市场,资本在发展中国家赢利受到很多限制。相反,发达国家之间,由于战后的经济建设和政治上的相互支持,为资本的"国际化"提供了有利可图的机会,所以更大量的工业商品贸易和FDI实际上发生在发达国家之间。发达国家范围内"你中有我,我中有你"意味着"经济解构"已经开始。在跨国公司之间的竞争中,资本的国际流动促使发达国家的工业体系进入了大约25年的"黄金增长期","跨国公司"在竞争,但由于战后经济实力差别,发达国家之间竞争的焦点是"追赶"。经过经济重建以后主要发达国家之间在经济实力上从"合作伙伴"变成了竞争对手。

三、当今发达国家的后工业产业结构的形成

1973年以来,世界政治和经济格局发生了重要变化,促使资本向更大范围流动,"经济解构"进一步深化。这时,在发达国家范围内,工业经济发展到了"顶点";而在发达世界范围外,资本流动的某些"政治障碍"消除。特别是20世纪80年代中国的经济改革和开放政策,吸引发达国家将工业资本转移,FDI向更广阔的发展中国家扩展。当时发达国家发生了以下几个重大变化,说明"经济解构"过程不可避免。

第一,发达国家的产业结构转变为"后工业经济":产品生产在经济中的比重已下降到 1/3 左右;传统产品市场在发达国家内部的拓展已临近边界。

第二,工业发展造成的全世界资源的耗竭和环境的污染已经非常严重,以致发达国家共同面临着"经济增长的极限"。接连的"石油危机"引发了难以克服的经济"滞胀"。

第三,经济的富裕和凯恩斯主义政策等因素的影响,发达国家的劳动成本普遍居高不下。

第四,"布雷顿森林体系"垮台以后,各国金融市场解除了管制并实现了互联。这意味着跨国公司更容易以更灵活、更多样性的融资方式,在世界各地拓展他们的阵地。

第五,亚洲新兴工业国的崛起、中国的经济改革和开放、"冷战"的结束,使资本向更大范围流动消除了政治障碍。

第六,一系列新技术的突破,美国率先进入以高新技术为基础的"知识经济"或"新经济"时代。

以上一系列新变化带来的压力与机会都为发达国家的工业资本向新的空间转移准备好了条件。这一次的经济全球化的主角是发达国家战后成长起来的跨国公司。他们制定新的战略,借助上述变化带来的一切便利条件,在全球范围内实现"跨国资本一体化"经营,从而使发达国家经济迅速"解构"。

首先,20 世纪 70 年代末开始,发达国家之间跨国公司的争夺演变为几次大的兼并浪潮。据联合国《世界投资报告》统计,1987年~1995 年,对外直接投资流动总额中平均 50%以上是通过跨国公司的并购实现的。[①]这表明,发达国家内部的经济已纳入更有势力的跨国公司的控制之下。

其次,发达国家工业资本向发展中国家转移,跨国公司对发展中国家的 FDI 有不断上升的趋势。

---

① 联合国贸易和发展委员会:《世界投资报告》,1996 年。

表 5-5　发展中国家的外国资本存量总值,1950~1998年[①]

（年末值、10亿美元、百分比）

	1950年	1973年	1998年
当年价格	11.9	172.0	3590.2
1990年价格	63.2	495.2	3030.7
外资存量占发展中国家GDP的百分比	4.4	10.9	21.7

表 5-5 的数据显示,在发展中国家的外国资本在战后的增长加速。1950年刚刚获得政治上独立的发展中国家,外国资本仅占国内生产总值的4.4%;到1998年已经达到21.7%。1973年以后,发达国家取消了对国际资本流动的控制,很多在国内发展遇到"瓶颈"的"传统产业"部门随之转移到发展中国家。他们利用发展中国家廉价的劳动力和物质资源的优势,生产大量的制造业产品,转销到本国和其他国家。

第三,FDI的增加和部分工业生产部门的转移使发达国家经济对进口产品的依赖程度不断提高。

表 5-6　主要发达国家进口与GDP的比率（1990年价格计算）%[②]

	1950年	1973年	1998年
法国	6.1	15.2	27.7
德国	4.1	17.6	36.1
意大利	4.9	16.3	24.9
英国	11.4	17.2	28.2
日本	2.5	9.7	12.4
美国	3.9	6.9	13.0

---

① [英]安格斯·麦迪森(Angus Maddison)著:《世界经济千年史》(中译本),北京大学出版社,2003年,第118页。

② [英]安格斯·麦迪森:《世界经济千年史》,北京大学出版社,2003年,第128页。

从表 5-6 的数据,我们看出,20 世纪 50 年代,即战后初期的经济建设,除了英国这个老牌资本主义国家以外,发达国家的进口产品仅占到 GDP 的 2.5%~6.1%之间;到了 20 世纪 70 年代初,进口产品的比重一般都上升了 2~3 倍左右;到 1998 年,大部分发达国家的进口比重又翻了一番,其中德国的进口产品的比重已经高达36%。如果考虑到进口到发达国家的价格低廉,他们对进口产品的依存度还会大大高于这种比率。

第四,"跨国工业一体化"的形成,使发展中国家经济成为更广泛国际分工体系的组成部分。跨国公司在发展中国家建厂或子公司,除了利用廉价工资降低生产成本,还利用这些国家已有的工业基础和能源供应、通讯和交通等基础设施提供的条件,从而形成"专业化"生产基地。除此之外,跨国公司把产品生产的不同环节在不同国家进行"劳动分工",例如 IBM 公司把电脑的不同系统的生产集中在不同的"生产基地",从中获得丰厚的利益。跨国一体化不仅大大降低了生产成本,提高了生产效率(利用各国的技术和资源等比较优势实现专业化生产);更重要的是最大限度地开拓了产品的市场。一方面跨国公司将异地生产的产品转销本国或其他发达国家市场;另一方面,在"就地生产,就地销售"的战略下,尽可能地占领生产基地所在国家的市场。这样,跨国一体化实际上是在全球范围内有效地利用最低成本、从事最高效率的专业化生产、最大范围地销售产品。

这几个方面综合起来,反映了 1973 年以后发达国家经济"解构"的过程。我们看出,大量 FDI 流到境外,使得发达国家经济更依存于体系以外的经济活动,内部结构变得不完整;跨国公司的全球竞争战略,使国际分工的范围扩大,一些发展中国家经济被卷入新的国际经济体系之中。这种"经济解构"是一种"断裂中的重建"的过程:作为单个国家的经济体系被进一步"解构"了,而一个更大范围(包括发达国家和部分发展中国家在内)的经济体系正在"建立"之中。

第四节 发达国家的 FDI 对中国经济的影响及启示

一、发达国家 FDI 外流对发展中国家产业结构的影响

随着大量发达国家 FDI 的流入，被纳入新的结构体系的发展中国家的经济也出现了某种"解构"现象，从而改变了这些国家的工业化道路。

这些发展中国家受到的影响是复杂的：一方面 FDI 的增加大大促进了经济建设和发展的速度；另一方面跨国公司的入侵"冲垮"了原有的工业基础，很多企业和部门受到很大冲击，出现结构性失业和破产。与第二次世界大战以后到 20 世纪 70 年代发达国家之间的"地方全球化"相比，这次更大范围的经济全球化中，发展中国家处于不利的地位。

战后初期，由于政治等原因，发达国家之间的 FDI 带有某种援助或支持的性质。较落后的战败国在经济恢复中重建了工业体系，并逐渐赶上美英等较发达的工业国。当这些国家从经济伙伴成为强大的竞争对手时，发达国家之间的 FDI 主要是跨国公司之间竞争的需要。为了保住自己的竞争地位，跨国公司往往越过国家"保护主义"的障碍，直接投资在"对手"企业享有特殊利益的市场。所以，发达国家范围内的 FDI 是双向的。发达国家的产业结构不会因此发生很大的改变；相反，竞争会促进工业经济的发展。

但 20 世纪 70 年代末以来，流入发展中国家的 FDI 却不同。在政治上，发展中国家与发达国家的关系不是政治伙伴；在经济上，两者之间的关系基本上是商业性的。对于发达国家来说，发展中国家只不过是资本、特别是工业资本新的生存空间而已。由于经济上贫困落后，发展中国家还不是竞争对手。所以，FDI 的流入

主要是单向的,发展中国家流入发达国家的 FDI 分厂少。这样,发展中国家的经济结构的主导权,在大量引入 FDI 的同时实际上至少部分地掌握在跨国公司的手里。

对于跨国公司有利的部分通过"收购"或"合资"等方式被纳入了发达国家"拓展"了的一体化体系;对于发达国家无用的部分被无情地排斥在这个体系之外。发展中国家长期积累建立起来的工业体系在"全球化"过程中实际上被"分解"了。

二、中国的"经济解构"与不同的工业化道路

例如,中国东北老工业基地的发展障碍、大量国有企业被迫转产或变相破产。从部门间的产业联系看,正常情况下加工制造业在中国的增加应当带动重工业部门的扩大。但是我国重工业产品,如机器设备的需求不但没有增加,反而大大减少了。原因不是加工制造业不需要机器设备,而是市场被无情地"侵占"了。新投资的加工企业往往通过 FDI 以"合资"或"独资"的方式建立,其生产线的装备主要是"引进"的,不需要国产设备。

作为发展中大国,我们面临着一个十分严峻的问题:如果"解构"不可避免,那么中国的"工业化道路"向何处去? 在强大的跨国公司竞争压力下,中国能否掌握经济发展的主动权? 从"后现代主义"的眼光来看,"断裂中重建"可以作为一种重要思路。根据资本流动的规律和这次全球化的特点,笔者提出以下两点初步的看法,仅供参考。

(一)发达国家结构转型对中国的影响

发达国家结构转型,为中国的加工制造业的发展提供了"千载难逢"的好时机。大量的"外资"的流入,大大促进了中国的经济发展和工业部门在经济中比重的上升。这并不是每个发展中国家都能得到的发展机遇。这次全球化与战后相比虽然在范围上大大超越了发达国家之间,但从 FDI 的流向来看,仍然具有"集中性",

即只有少数发展中国家从中受益。目前,中国是接受FDI最多的发展中国家。根据联合国贸易发展委员会的统计,2002年中国大陆在全球FDI存量排行榜的位置已达到第五位,共4480亿美元。

目前很多学者担心,中国过于依赖FDI,会引起"拉美化"。但考虑到德国和日本战后追赶美英的经验,对于13亿人口的发展中大国来说,目前的水平并不算多。

这一组数据显示,从总量上看,中国获得的FDI已经超过了法国、德国和日本,但从人均水平看还相差很多。

可怕的不是FDI的数量,而是如何利用FDI。中国是人口众多的发展中大国,如果没有更多FDI的流入,单纯地靠内部积累,过去20多年的高速增长是不可能的。我们的工业化,在当今的经济环境下,不一定按照以往的思路在境内建立完整的工业体系,也可以在更大范围的一体化体系中,扬长避短加快现代化建设步伐,走出有中国特色的新路。

表5-7 中国和主要发达国家外国直接资本存量和人均水平,1998年[①]

国家	总量(百万美元)	人均水平(美元)
中国	261117	183
美国	875026	3234
英国	326809	5517
法国	179186	3047
德国	228794	2789
日本	47856	209

目前,更多地吸引外资已经变得越来越困难了。据统计数字表明,1995~2000年,FDI投资流入由2034亿美元增加到10052亿美元,分别增加了336.3%。其中,流入发达国家的FDI

---

① [英]安格斯·麦迪森:《世界经济千年史》(中译本),北京大学出版社,2003年,第138页。

所占比重由 61.4% 提高到了 79.1%；而同期流入发展中国家的 FDI 由 34.2% 下降到了 18.9%（1996 年曾回升为 38.4%）。[①]与发达国家相比，FDI 流入发展中国家的趋势是不稳定的。其原因是多方面的，相比之下，值得重视的是，FDI 之所以更多地流入发达国家，投资环境的优势似乎远胜于资源优势，中国的廉价劳动力资源的优势对 FDI 的吸引力会随着人均收入水平的提高而逐渐下降。

如何利用 FDI 进一步推进中国现代化进程，是我国面临的一个重要课题。我们不妨学习德国和日本战后的经验，一方面培养自己强大的跨国企业，另一方面改善社会福利机制，凭借竞争实力和更宽广的市场吸引外资为中国建设继续"输血"。

（二）中国接受 FDI 的代价

从另一方面看，与发达国家相比中国接受 FDI 的代价要高得多。首先，过去 20 多年跨国公司在中国长驱直入，几乎没有任何竞争对手，赚中国人的钱很容易。中国人除了工资水平大大低于发达国家之外，更大损失在于我国很多国有企业失去了市场和发展空间，更不用说外资企业在中国得到的很多优惠待遇。跨国企业凭借资本和技术的垄断势力占据着中国市场和资源的控制力，从中国获取了大量的超额利润。中国企业处于某种不平等的竞争地位，严重地限制了中国企业的生存空间。其次，资本流入的同时也把发达国家 20 世纪 70 年代以后面临的"增长极限"的能源负担和环境污染压力转移到了中国。目前，作为"世界加工厂"，中国消耗的能源和排放污染物质的数量都增长很快。如果不能利用科学技术和法律等手段尽早控制和改善，我们的经济增长极限可能会很快逼近。第三，跨国企业在中国的经营战略和中国外向型发展趋向，使得中国在对外贸易中不可避免地出现汇兑问题和贸易摩擦。在发达国家，特别是美国主导的国际金融环境中，我们往往

---

① http://finance.sina.com.cn 2005 年 11 月 2 日 中国产经新闻。

处于不利的地位。

伴随着中国经济的崛起,发达国家跨国企业正在寻求新的发展空间,中国人必然经历"断裂中重生"的惨烈与辉煌。尽管代价高昂,但是经过30多年的发展,中国的经济实力已经大大增强,一批较好的企业也在新的市场条件下成长起来。在当今的经济全球化中,中国是最有活力的发展中国家,也已在新的国际分工中取得了"一席之地"。例如,美国制造业消费品近1/3来自中国,表明中国与美国已经"你中有我,我中有你"。既然已经"卷入"更大的体系,我们似乎没有退路了,只能继续前进,努力成为经济实力和政治威望强大的国家。

经济学启示录:中国产业结构政策的思考

当今发达国家的产业结构的形成更大成分是一种"解构"过程。它对发展中国家的影响也是"颠覆性"的。这种"非常规"变化提醒我们超越"演化论"的思维,在更大范围重新审视我们所处的新环境和新的发展空间。按照演化论,发达国家的产业结构是高级的,我们是低级的,于是我们就会模仿发达国家的现状,在调整部门比例上做文章。按照演化论,发达国家的产品是"高端的",而我们的产品是"低端的",于是,我们总是想放弃现有的产业部门,追求"高科技"和"非生产性服务业"的发展。用"解构"的思维来看世界,我们会看到,被纳入"更大范围的经济全球化"中的任何一个国家的产业结构都不完整,没有"高级"和"低级"可言。

目前中国经济在"解构过程中",如何制定我们的产业结构调整政策,就看我们如何利用发达国家资本流动的趋向及其经济解构的"商机"来变被动为主动,促进中国工业化的健康发展。

具体而言,产业结构的变化从上述理论中我们总结有三种:技术不变、封闭体系条件下的经济内部的资本流动引起的结构不平衡;技术进步条件下的产业结构的"升级",也就是熊彼特的

"创造性毁灭"过程;资本国际间流动引起的"经济解构"过程。当今我国经济处于这三种结构变动相互交织的状态,因此产业结构的调整实际上非常复杂。一方面我们不能任由资本"自由竞争",因为它们造成的经济不平衡可以带来很严重的结构体系的破坏。另一方面我们也不能不尊重经济规律随主观意愿来制定各地的"经济发展战略",因为这会破坏中国经济体系中各部门之间的"关联"。

这里我们提出以下几点思考,希望能对各地及中央政府制定产业政策有参考意义。

1. 各地的产业结构调整不应比照发达国家的模式进行,因为各国发展程度决定的结构体系是社会再生产顺利进行的基础。发展"主导产业"或"支柱产业"要注意各部门之间的产业关联程度,否则重复建设和脱离经济资源配置约束条件最终会导致资源的浪费和长期发展的不可持续性。

2. 对于体系内的资本流动的不平衡,政府的干预是必要的,但干预的目标要明确。一般在技术不变的情况下,资本在资本有机构成较高、资本周转速度较慢的部门投入的数量有可能相对于市场需要不足。解决的办法可以增加国企投资,而更重要的途径在于鼓励这类部门的技术创新,以提高生产率所产生的经济效率来抵消短期利润率的损失。

3. 发达国家 FDI 的进入对中国经济有促进作用,也有"解构"的作用。长期看我们为了防止在国际分工中处于永久性被动地位,根本的途径在于提高我国跨国公司的国际竞争力,即 FDI 向发达国家流动,形成双向的资本流动,真正实现"你中有我,我中有你"的国际分工下的平等竞争关系。因此,为了掌握中国经济健康发展的主动权,我们应尽可能地促进更多资产的所有权和尽可能让我国企业登上世界最强排行榜。

4. 当然,当今发达国家产业结构的形成还受到金融体系"证券化"的影响,以至于经济服务业的构成中有相当多的部分是金融部门的发展和围绕这些行业而兴起的服务业部门。这种与"经济虚拟化"相联系的"经济解构"在第六章里有比较详细的介绍和分析,在这里就不重复讨论了。但是涉及产业结构调整政策,我们应特别注意经济虚拟化对中国经济发展的负面影响,防止过度投机行为在中国的滋生。

总之,产业结构是一国经济发展程度的体现,也是长期国力的体现。在开放的市场经济体制下,作为一个发展中的大国,面对复杂的资本流动特点,应顺应结构变化的规律来制定发展战略,为争取中国在国际分工中的主动权而努力。

参考文献

1.[美]丹尼尔·贝尔.后工业社会的来临(中译本).北京:商务印书馆,1986

2.[俄]В.п.伊诺泽采夫.后工业社会与可持续发展问题研究(中译本).北京:中国人民大学出版社,2004

3.[法]弗朗索瓦·沙奈.资本全球化(中译本).北京:中央编译出版社,2001

4.[美]D.梅多斯,等.经济增长的极限(中译本).北京:商务印书馆,1984

5.[英]凯文·奥顿奈尔.黄昏后的契机:后现代主义(中译本).北京:北京大学出版社,2004

6.[法]让·弗朗索瓦·利奥塔尔.后现代状态:关于知识的报告(中译本).上海:三联书店,1997

7.陈英.后工业经济:产业结构变迁与经济运行特征.天津:南开大学出版社,2005

8.Mark Cook and Nigel M. Healey, Growth and Structural

Change, Macmillan, 1995

9.Ron Martin and Bob Rowthorn, The Geography of De-industrialisation, Macmillan,1986

10.Richard Peet, international Capitalism and Industrial RestructuringAllen & Unwin,1987

第六章 发达国家金融体系及其发展

○ 发达国家的金融体系
○ 发达国家金融体系的演变及最新特征
○ 当代发达国家金融体系成因
○ 金融"证券化"下的实体经济体系
○ 货币"非黄金化"对国际金融及世界经济的影响
○ 未来世界货币体系的展望及其对中国经济的启示

20世纪70年代以来,发达国家,包括发展中国家在金融领域里发生的变化可以说是迄今为止影响最深刻的变化之一。有西方学者用"金融革命"这样的字眼来形容这种变化;而我国学者则看到"经济虚拟化"的深度。这种变化,或者说这场"革命"是从20世纪70年代"布雷顿森林体系"的崩溃开始或引发的一系列金融变革。本章详细地阐述了西方发达国家的金融体系及其演变过程。

第六章 发达国家金融体系及其发展

第一节 发达国家的金融体系

发达国家金融体系的新变化一方面反映了资本主义经济的发展的新阶段；另一方面也折射出资本主义腐朽性。如何认识发达国家金融体系的演变对于我们来说一方面关系到如何把握当今中国经济改革和发展的新机遇；另一方面关系到怎样防范我国的改革成果被侵吞甚至付之东流。更重要的是对于我国健全金融体系有很大的启发意义。

一、什么是金融体系

在市场经济形成的初期，一个经济体系里，金融活动虽然非常重要（比如商业活动需要足够的资金周转，产生了当时备受争议的高利贷者），但是还没有形成完整的体系或制度。现在发达国家基本上都形成了比较完整的金融体系，并有效地发挥着其重要作用。那么到底什么是金融体系？宏观地看，金融体系是经济体系的一个组成部分。按照马克思主义经济学的解释，经济体系可划分为生产领域和流通领域，而在流通领域可划分为商品流通和货币流通。金融体系就是从后者演变而成的。货币流通，如果仅限于商品流通所需要的货币流通数量和作用，也许不一定需要那么完备的金融体系。但是，货币的流动不限于此，当经济中一部分暂时不用的货币被储存起来时，另一部分经济活动可能会无法继续进行，因此将储蓄引导为债务的需要就构成了金融体系发生和发展的基础。所以，金融体系简单地讲，可以理解为债务关系的中介。微观地看，金融体系就是使得一个人的储蓄变成另一个人的债务的功能及其机构。宏观地看，金融体系起着配置货币资本从而带动物质资本配置的作用。

金融体系其实是一个健康、发达的市场经济体不可缺少的组成部分。这是因为在市场经济条件下，生产和流通过程不能中断。社会的分工要求各个部门、生产和流通的各个环节靠商品的交换连接起来，它们之间构成供给和需求的关系。当一部分商品的出售完成以后不继续购买而是把钱存起来时，就意味着经济中有一部分商品不能卖出去，即商品的价值不能及时实现。而生产的继续要求不断投资，而且新型产品的诞生需要新的投资，这些都需要经济中的储蓄被使用。在资本主义早期，经济中的这种需要催生了高利贷者，后来出现了合法的钱庄和银行，现在发达国家的金融体系包括比较完善的中介机构和金融市场。

二、金融体系的五大功能

单纯从这些概念我们就能看出，金融体系的基本功能是疏通储蓄和投资之间的渠道或桥梁。随着经济的发展，金融体系的功能也变得越来越复杂。在具体操作过程中，金融体系至少涉及五大功能：支付功能、提供流动性、汇集和分配新储蓄、监控外部资金使用者的信誉、估价和风险再分配等。前两个功能是金融体系的基本功能；后三个功能是当今金融体系的重要特征，它们反映了金融体系的发展和复杂性。

三、当今发达国家的金融机构

当今发达国家的金融体系包括金融中介机构和金融市场。金融中介机构主要从事资金的借贷；金融市场涉及各种金融工具的交易。从经济关系看，前者涉及债权和债务关系（在法律上要负清偿的义务）；后者涉及财产权的转让（即买卖关系）。前者的交易由利息率调节；而后者则由金融产品的价格和债息调节。

（一）金融中介机构

传统意义上的金融中介机构主要是商业银行，但随着金融体系的发展，很多其他中介机构逐渐兴起，如信托银行、专门行业的商会(如建筑商会)、租借金融公司、保险公司、养老金基金等。其中,信托银行也叫做储蓄银行。如一笔钱或其他财产交给一个代表货币或财产所有者的银行或其他机构持有或保管,这种银行或机构或个人也叫做受托人或受托机构。专门行业商会接受存款,然后以抵押的方式把基金借给要贷款人。由于商会按照协定支付所得税,所以存款利息不用缴纳所得税。此外,商会还提供一次性付清股份,其利率比银行存款利率要高,因此对投资者很有吸引力。租借金融公司是为购买价格昂贵的商品建立的存款机构。通常储蓄一定的存款,就可购买这种商品,而其余的数额可分期付款。在全部价格被付清之前,此商品被视为卖者的财产。

(二)金融市场

金融市场包括货币市场、贴现市场、资本市场、证券市场和外汇市场。货币市场实际上是短期资金借贷市场。因为货币市场上交易的金融工具期限短、变现力强,近似于货币,故称货币市场。货币市场经营的范围包括:银行同业拆放(即银行之间为应付资金不足而相互之间的短期借贷活动)、银行短期借贷(银行与企业及政府之间的资金存贷活动)、短期有价证券交易(各种期限一年以内的、可转让的信用工具的交易)、票据贴现等。货币市场的参与者主要是短期资金的提供者和需求者。(既方便生产资源的流动,也影响经济中流动性的数量。)

贴现市场是专门从事票据变现业务的市场,一般主要参与者是商业银行、贴现银行等。贴现活动包括四种:现金贴现(信用单位向债务人提供一定费用以吸引他立即还清)、贸易贴现(一般批发商允许零售商从商品的价格中扣除)、票据贴现(低于票面价值购买未到期的商业票据,贴现数额取决于票据期限的长短和票据的风险程度)、股票贴现(低于发行价格发行也是某种贴现)。(影响经济中的流动性数量)

(三)资本市场

资本市场与货币市场不同,它是中长期资金借贷市场。货币市场满足贴现市场的需要;而资本市场则是满足工商业和地方政府的需要。通常企业从商业银行借款以补其流动资本之需,而通过发行股票或利用自己储备以补固定资本之需。有些企业也到资本市场以债券或借据的方式借款;政府机构通过发行债券或股票的方式融资。既方便生产资源的流动,也增加货币供给量。

(四)证券市场

证券市场是股票、债券和其他有价证券直接交易(即买卖)的场所,它是由各种证券交易机构构成。证券市场是高度有组织的市场,参与者必须遵守一定的规则或法规。在信息非常难以获得的情况下,通常证券交易需要经纪人的帮助,因而交易还要支付一定的佣金给经纪人。(方便融资和增加投机性活动,有风险。)

(五)外汇市场

外汇市场即外汇交易活动的市场。外汇市场的参与者一般是外汇银行、外汇经纪人、进出口商、投机者、中央银行及其他外汇的供求者们。其中,外汇银行是外汇市场最活跃的参与者,他们既代表客户交易外汇,自己也从事外汇交易。中央银行通常充当外汇市场的管理者和干预者的角色,有时也进行外汇交易,其目的是为了稳定汇率。(可稳定正常的外贸等经济活动,也增加投机性。)

第二节 发达国家金融体系的演变及最新特征

一、发达国家金融体系的演变历史

自资本主义经济体系形成以来,发达国家较完整的金融体系的演变过程中呈现出的态势,大体可以划分为几个阶段:银行主导阶段,金融市场主导阶段,证券化阶段。

(一)银行主导阶段

在资本主义早期,随着工商业的发展货币的借贷和货币兑换经营日益增多,早期的高利贷者逐渐被银行取代,成为货币存贷的主要机构。早在14世纪和15世纪,欧洲创立了以银行为主导的金融系统。14世纪最早的银行在意大利的佛罗伦萨(Florence)、锡耶纳(Siena)和卢卡(Lucca)建立,到16世纪意大利银行已成长到相当大的规模,在威尼斯城形成金融中心。接着,荷兰的阿姆斯特丹银行、英国的英格兰银行、瑞典的瑞典银行等相继成立,其中很多国家的银行由于政府的支持,都带有中央银行或公共银行的性质。18世纪和19世纪英国和美国的银行迅猛发展。到20世纪初英国已有5家大的全国性银行,它们在各处设立分支机构。美国在19世纪银行系统高度分散,各州都有自己的银行系统,不存在全国性银行系统。联邦政府1863年和1864年颁布《国家银行法》,设立了一个国家银行系统。1913年较完备的联邦储备系统建立起来。

银行主导阶段的特点是,存款银行是金融体系的主要组织形式,它们在金融体系中发挥三种基本功能:商业支付系统、提供流动性、闲置资金(存款)汇集和分配。银行是企业和个人融资的主要渠道,也就是说,银行是非金融公司和其他单位外部资金的主要供应者。

这个时期金融市场和其他存款吸纳机构,如保险公司也开始出现了并逐渐获得重要地位。货币和信贷的绝对规模和相对规模都开始增大。资本市场也开始出现,但主要使用者是各种政府机构。这个时期没有其他金融市场。

银行作为工商企业外部基金的主要供应者还起到了监管作用。因为企业的经营效益直接关系到融资和还贷能力,银行不仅监督企业的运营,甚至在成绩不好时惩罚或控制它们,而且在必要时还主动重组单个企业(和产业)。在这个阶段,银行占据主导地位,因为它们接触存贷的信息,估计未来基金用户的风险,估价相关风险并使之多样化。

这个时期基本上是所有权资本主义阶段,单个企业由所有者拥有和管理,银行是外部基金使用者的主要提供者、监察和控制机构。

到了19世纪末20世纪初,银行金融资本开始渗透到工商业企业中,逐渐形成金融寡头垄断。①(希法亭著名的《金融资本》对此做过专门的研究)。其中一个重要的原因在于银行体系掌握着企业金融风险的监察权。

(二)市场导向阶段

随着股份公司的发展,较为正式的证券交易所得到了发展,并逐渐成为大公司融资的重要渠道。除了工商企业,一些非银行金融机构也把一些汇集的储蓄资金投资在证券上了。如果允许,银行也会这样做。传统银行在汇集和分配资金来源上的相对重要地位下降了,而其他金融机构和资本市场却增强了。资本市场的作用逐渐超过银行,金融体系发展为市场导向型。

市场导向早期阶段,货币和信用市场实质上是在银行之间。在其成熟阶段,市场的参与者一般包括其他储蓄汇集机构和非金融企业。在这个阶段,资本市场相对重要性大大提高。财富的分散、金融财富与实际财富的比重的提高、证券在金融财富中的比重的增加在成熟阶段导致了资本市场作为非金融和金融企业资金来源的重要地位提高了。

市场导向型金融体系的特点很突出:

1.各种非银行储蓄汇集机构越来越活跃,(如投资信托公司和保险公司等)。这些机构通过金融创新,以创造新的金融工具在汇

---

① [德]鲁道夫·希法亭:《金融资本——资本主义最新发展的研究》(中译本),商务印书馆,1994年。

集和分配新存款上与银行竞争,并成为发挥监控基金使用功能的机构。

2.发挥监控功能作用的机构除了银行,还有其他储蓄汇集机构通过参考和利用资本市场来执行。广义而言,外部基金使用者的控制通过参考股票交易所进行,这种控制是对相关股票出售的控制而不是直接的行动。这种控制是银行、企业和个人通过购买股票等办法致使管理者采取治理措施。

3.资本市场在规模上扩大了,货币和信贷市场在规模和参加者的数量上扩大了,现在参加者包括所有类型的金融机构和非金融企业,甚至政府部门和个体散户。市场的专业化增强了,表现为不同形式的金融产品的增加和市场交易的增加。

4.资本市场的发展和活跃还意味着,证券交易和资产投机活动的日益增多,金融体系的风险性增大。一旦投机过度,金融混乱和金融危机就不可避免。

这个时期与股份制的垄断资本主义相联系。股份垄断企业的所有权与经营权分离。财产所有者逐渐减少了控制程度,而管理者承担了决定使用资产的权利,现金的分配在他们的报酬(无论是以实物还是以现金)、即期和延期流程和股息之间流动。因此,一些学者也把这种股份制下的市场经济称为管理资本主义。

(三)证券化阶段

金融体系演变的第三阶段,可称为证券化阶段。在这个阶段,投资银行和金融市场成为执行金融主要功能的主导。金融体系的基本功能,(除了支付系统和供给流动性的功能,还有汇集和分配新储蓄以及检查和控制功能,)主要靠投资银行业部门和金融市场来执行。这个阶段金融体系的突出特点在于:

1.投资银行的活动异常活跃,逐渐发展成为金融活动的主力军。所谓投资银行,又称长期信贷银行。它们专门为工商业代办发行和包销债券和股票、安排中期和长期放款、经营外币买卖和存放、提供投资及合并的财务咨询等服务。有的投资银行还兼营黄金的买卖和资本设备或耐用商品的租购业务。投资银行的组织形式包括证券公司、投资公司、金融公司、实业银行、持股公司、财务公司等等。

2.一般商业银行存款的业务比重下降,同时由于存款和贷款的客户的减少,银行发挥汇集新储蓄和分配贷款资金的功能以及监控信贷风险的作用也削弱了。

3.金融市场,由于投资银行的活动而交易量大大增多,在资金流通上发挥的作用大大增强。一方面工商企业和其他组织通过投资银行很方便地在金融市场上发行股票和债券,并迅速通过市场交易将资产证券化、进一步投资和放贷(次级贷款),大大方便和加速了融资的能力;另一方面,金融市场在各种金融机构当中再分配流动性和基金,起到了中心的作用。

4.由于投资公司在金融市场上的证券化活动收益丰厚,吸纳资金的需求量也越来越大。一些贷款经纪商和贷款公司应运而生,大量涌入市场成为各种借款人和投资公司之间的"桥梁"。当借款人需要贷款时,他们可以通过经纪商或(抵押)贷款公司发起贷款,经纪商或抵押贷款公司转给大型投资公司,由他们将贷款在市场上"证券化"。同时,投资公司以自己的名义或自有资金来贷款给需要资金的人或机构。

5.为了规避风险,或更确切地说为了吸引投资,投资公司需要对借款人的还款信誉进行评估,随着交易量的增大专门的信誉"评级机构"独立出来。他们根据某种"专业"手段,对贷款的潜在损失、违约预期、证券所含贷款的特征等各个方面进行检查,然后对贷款评估出不同的级别。投资公司根据这些级别判定贷款级别并发放贷款。

投资银行、经纪商、评级机构和各种类型的金融机构再加上保险公司的储蓄保险业务等共同形成了与金融市场相配套的组织体系。在金融市场上,工商企业和其他组织能够通过市场化证券形式和其他金融工具交易的形式获得增加权益的外部基金。金融市场的组织机构帮助监察各种经济单位的成绩并控制这些单位的资金。

随着货币、信用的增加和资本市场的扩大,还出现了所谓"衍生金融工具"的市场。在这样的市场上通过所谓专门机构的评估,使用和交易各种容易带来严重金融风险的金融工具,包括期货、期权、互换信贷等等。

这个时期资本主义经济有了新的特点:不仅企业的所有者与管理者分离,而且投资银行和储蓄汇集机构成为金融财富的主要持有者。金融财富的基本形式就是普通股和债券,并随着外部基金使用量的比重越来越大,投资银行和金融市场成为企业的控制者。因此,在这个阶段企业重组现象尤为突出。

金融体系的"证券化"过程在美国与欧洲及其他国家也有所不同。美国体系的突出特点是投资银行而不是储蓄银行驱动并领导了证券化进程;而欧洲大陆国家主要通过储蓄银行内部的"改革",扩大活动范围,逐渐进入投资银行业。同时,技术因素加上制度变迁使得美国金融体系转入证券化。

二、"证券化"金融体系的新特征

金融体系在"证券化"过程中,出现了很多全新的变化。概括来看,这些变化主要体现在以下几个方面:

(一)个人从储蓄者到投资者的转变

过去只有富有阶层才投资于证券市场,或进行财富管理,现在普通的百姓也从事"投资"活动。过去工人们只满足于领到养老金,现在他们用自己的养老金进行投资。随着共同基金和其他投资工具的发展,财富管理已经走进了中产阶级和工人家庭。

(二)金融机构角色的转变

过去银行只是吸纳存款和贷款,现在,银行提供一系列投资产品,并积极推广咨询服务和共同基金。

过去保险公司只是转移死亡风险,现在它们也提供投资产品。除此之外保险公司还扩展了业务范围,如为客户提供可变年金和变额寿险,客户可以根据自己的选择获得不同的回报。过去保险公司一般只能为客户提供固定的投资回报,现在保险公司通过建立咨询和经纪分支机构或成立共同基金的方式进行货币管理业务。

过去共同基金只是集合投资,并且只在经纪公司或基金市场中直接进行销售,但近年来新增销售通过银行、养老金计划和独立的财务策划师来完成。从20世纪80年代开始,共同基金作为一种有效的投资方式,将中产阶级家庭吸引到了飙升的股票市场之中。近年来,成千上万的有各种各样的策略和目标的共同基金时刻准备着为公众提供投资管理。现在共同基金被认为是一种能增进社会福利的金融工具。

(三)金融工具的巨大变化

过去金融产品被简单地分为股票和债券两大类,并且根据风险的特征进行明确的分类。现在各种各样新的金融产品被创造出来,其中最引人注目的是衍生金融工具。

一种衍生工具是风险较小的、用来为购买者防范风险的投资品,如利率和外汇等的反方向变动风险。

另一种新的金融工具是资产支持证券,即银行和其他金融机构将住房抵押贷款、汽车贷款和信用卡预收款等流动性差的金融资产证券化。共同基金作为资产支持证券的稳定的购买者,在很大程度上活跃了这些金融衍生产品的市场。

这类衍生工具还可能被创造出很多(甚至是无限的)。如一家公司从重病在身并愿意将保单再出售给投资者的人们手中购买寿险保险单。

(四)监管制度的变化

随着"金融革命"带来的一系列新的风险,在客户的要求下,金融市场的组织机构加强了对金融服务部门的监管。此外,还增加了政府对证券市场的监管、对中介机构的监管、对投资顾问的监管等等。显然,与以前的银行监管相比,渠道更多了。

第三节 当代发达国家金融体系形成的原因

一、影响发达国家金融体系"证券化"的主要因素

一般情况下,经济学界普遍认为造成金融体系上述变化的主要原因涉及:收入和财富增加、信息技术在金融界的使用、文化和政治变化等。

(一)经济富裕导致的金融财富增加和财富分散

经过第二次世界大战以后25年的黄金增长期,发达国家人均收入大大提高。必需品支出在个人和家庭收入中的比重趋于下降,特别是中产阶级占总人口的比重的绝大部分。收入中可用于长期储蓄的比重增长。把这些钱交给投资银行,比储蓄银行的利息收益更高。很多家庭和个人以投资公司发行的集体储蓄工具的形式持有并积累他们的储蓄。这些投资公司提供风险/收益/流动性多样化和多变化的好处。

第二次世界大战以后,福利政策和企业年金基金、医疗保险基金、复员军人福利基金、互助基金,以及各种类别和形式的基金,构成经常需要保值和升值的长期闲置基金。这些基金管理机构以股票和债券作为他们的储蓄,增加了金融市场的交易量。这不仅反映了收入的普遍提高,也反映了金融财富与实际财富相比的比重提高,金融资产中股票和债券比重的提高。

财富普遍分散,特别是金融资产普遍分散。随着中产阶级占

人口比重的增大和年金基金的增长,金融投资不再是少数人参与的事。各种金融工具与流动性的不同组合,使得财富的持有者寻求创造资产组合(portfolio)来避免风险和尽可能地保值和升值。

(二)生产性投资的回报率大大下降

20世纪70年代通过债务进行金融投资变得极其严重。这在很大程度上是由于生产性投资的回报率受到国际竞争和国内高工资压力的挤压。很多公司采取借巨额款项来资助兼并的战略,承诺比投资于工厂和设备得到更好的短期薪水。降低的股票价格使得许多并购议价场所成为专门机构;并购另一个公司及其全部股票常常比投资于新工厂和设备更便宜。这种做法与早期使用的传统兼并方法形成鲜明的对照:早期股票直接在兼并者的伙伴之间交换,现在更具市场化特征。

(三)放松管制

20世纪70年代晚期以来,金融部门"去干预化"趋势普遍出现。这个过程首先从北美和英国开始;其他发达国家,如日本和德国,最终在20世纪80年代后期跟随。

有学者认为发达国家金融"去干预化"与20世纪80年代美国的里根总统和英国的撒切尔夫人上台后实行自由主义政策有关,但事实上这个过程应该从20世纪70年代就开始了,而且是自下而上发生的。"去干预化"涉及金融机构、资本市场和政府货币政策等各个方面。

1.银行及其他金融机构的放松管制

金融机构的放松管制体现在很多内容上,例如,

- 银行和其他存款机构(存款银行和其他节俭银行)允许进入彼此一些业务。

- 银行之间更普遍的相互限制也放松了(尤其是在抵押贷款和消费信贷、资本市场的活动、投资银行以及保险业等方面),而其他金融机构(甚至是非银行机构,如零售商)被准许进入银行业

的活动。

– 对银行存款的最高利息率限度(如美国干预等)在许多国家都取消了,这样存款人可得到接近市场的收益。

– 规定准备金比率被降低了,有的甚至还撤销了。

– 信贷封顶政策(如英国和法国)很快被放弃。

– 放弃外汇控制。

2.资本市场的放松管制

1975年5月华尔街开始放松各种限制;1986年10月英国也戏剧化地开始了这个过程,并很快蔓延到整个欧洲大陆;但日本仍然除外。资本市场放松管制的主要内容涉及自由协定经纪人费用、身兼多职(如既能作为委托人,也可作为代理人)、银行和其他中介机构持股等。

3.政府的放松管制

例如,1933年美国的银行法《格拉斯—斯蒂格尔法案》禁止商业银行与从事证券认购和交易的投资公司联合,即把投资银行与商业银行的业务严格分开,以保证商业银行不卷入证券投机活动。1948年,日本金融业也形成了分业经营模式。

但是,20世纪80年代在金融证券化浪潮中,这个法案遭到银行业的反对。1987年,美国和联邦储备管理局同意在优先基础上认购和交易特定级别的证券的建议,如商业票据、某种市政债券、传统的与抵押相联系的证券,以及消费贷款等。1988年提出废除《格拉斯—斯蒂格尔法案》,但未成功。1991年布什总统推出了所谓监管改革的绿皮书。1998年美国花旗银行与旅行者集团合并,标志着《格拉斯—斯蒂格尔法案》名存实亡。1999年克林顿政府再次提交并在国会通过了绿皮书,形成了《金融服务现代化法案》。这个新法案准许新的金融服务持股公司的创立,使其可以提供全套金融产品,于是银行和证券投资公司、保险公司及其他金融服务公司之间联合的立法障碍被消除了。《格拉斯—斯蒂格尔法案》

从此被废除。在新的法案下,一些大的商业银行,如花旗,通过一次性购买金融服务的持股公司在银行业、保险公司和证券服务上构成新的联合。而且在这法案下,美国银行组成"商人银行霸主"在非银行企业投资,使得股权投资成为银行利润的重要部分。越来越多的商业银行卷入证券、甚至衍生品的投机活动,最终酿成不可避免的金融危机。

再例如,意大利在1994年1月也实施了新的银行法,取消了银行活动的功能专业化。银行可为储户提供一系列集资工具(从活期储蓄到定期储蓄债券),为顾客提供一系列贷款(从短期到长期,包括租借和特殊目的贷款),而且还可以在有限范围内,以背书公司股票的形式提供资本基金。1996年意大利政府又提出关于投资服务的第93/22号EC指示。一是允许银行可直接参加次级市场上的股票交易,这样就拓宽了证券中介活动的范围;二是在意大利证券市场向外国中介开放交易,特别是向大型的英国和德国经纪人和投资公司开放。

(四)信息技术的便利

在银行导向阶段,执行金融体系基本职能的成本比较高,这是因为获得和处理信息的成本、计算成本和通讯成本都很高。这个阶段所有这些基本职能都由银行来执行,因为银行掌握着真实信息并且专业化程度比较高。这个阶段的金融资产相对于实际资产的规模有限,反映了财产所有权的集中。

市场导向阶段和证券化阶段的到来与信息技术的发展有着重要联系:

其一,先进技术减少了获得和加工信息的成本、估价高风险和获得基金的成本。

其二,技术先进和信息成本下降使得风险储蓄汇集机构变得更重要并通过以不同特点的新的金融工具提供信贷服务。新的金融工具提供风险/收益/流动性的新组合,并增加了检查和控制过去储蓄用户的方法。

其三,汇集储蓄和获得信息、评估风险的成本的下降又导致了新的储蓄汇集组织的出现,它们的加入促进了新的金融市场的出现和成长。

(五)经济全球化

经济全球化为实现一个世界范围的资本市场开辟了道路。交易成本的减少,加上工业国之间外汇控制的取消,促进了世界大的资本市场之间的一体化达到了前所未有的程度。

全球化资本市场的形成,扩大了证券交易和资本投机的范围,也使得金融投机的"大玩家"们大大提高了获得巨额收益的机会。这一方面促进了资本的国际流动,另一方面也是地区性乃至全球性金融危机发生的土壤。

我们可用几个指标来证明这种趋势:BIS 统计的银行和资本市场上的国际交易量;外汇市场每日吞吐量;国内商场外国交易百分比;银行和机构投资者(特别是年金和人寿保险公司)的资产组合中外国资产的比重,等等。

但经济计量学检验结果也表明金融一体化增长的趋势往往显示出混合的结果。今天只有少数市场,如欧洲债券市场和主要工业国的公共债务可以说是全球化的。

二、货币非黄金化与金融体系的"证券化"

发达国家,特别是美国 20 世纪 80 年代以来发生的金融体系"证券化"趋势以及 2008 年席卷全球的美国次贷危机的最本质、最根本的原因之一在于"货币非黄金化"。

当全世界的货币演变为单纯的货币符号的时候,美元作为一般贮藏职能和世界货币职能没有了黄金作为保障,它必须与它所真正代表的、具有实际价值的商品联系起来,或者更确切地说,它所代表的价值必须体现在可以交换成一般等价物才行。这就意味着，当货币不能从单纯的货币符号还原成具有实际价值的一般等价物时，它不能执行贮藏职能(或世界货币的职能)；找到黄金以外的商品来充当一般等价物是个关键。在发达的当今经济世界里，资本市场是最好的、现成的途径。另一方面，资本市场的资金大量流入，给资本投机带来了机会。于是，一切闲置资本和闲置货币纷纷以证券的形式保值和增值。银行作为金融中介和其他金融机构一样逐渐卷入证券交易活动，金融体系的"证券化"不可避免。

(一)黄金非货币化与美元的风险

根据马克思的货币理论，货币的五大基本职能当中，贮藏职能和世界货币这两个职能是无法用纸币代替的。这是因为货币作为一种价值被储蓄起来的时候，它必须是实在的价值代表或随时可以兑换成有价值的贵金属货币。当货币在世界各国之间作为交换媒介时，它必须脱去任何一个国家民族的外衣，还原为价值本身，除非这种货币随时能够兑换为足值的一般等价物。在20世纪70年代"布雷顿森林国际货币体系"崩溃之前都是如此。然而，当1971年8月15日美国总统尼克松宣布美元停止兑换黄金以后，这就意味着美元的黄金基础没有了。美元的储蓄和国际结算的职能都具有风险性。

首先，美元不再具有长期储蓄的安全性，因为美元不再能随时、足值兑换为有价值的黄金。作为单纯的纸币或价值符号，它所代表的价值如果不与实际生产或实际资产联系起来，就无法维持或保存。因此，20世纪70年代至80年代以后，较为长期的储蓄纷纷被证券化或进入房地产或流入较为有利可图的生产性投资(如对外直接投资FDI)。

其次，美元作为外汇储备和国际结算的货币风险加大。这种风险性表现在两个方面：一是失去黄金基础的美元必然变得"热"起来，由于不能兑换黄金，美元持有者或储蓄者为了维持其价值必须及时把它让渡出去并转化为有价值的商品或能够生利的资产,与美国发生贸易的国家由于从美国买不到足够的商品,只好购买美国的金融资产。于是,"美元回流"成为美国大量的外国净投资的主要原因。二是没有了实际价值的支撑,美元在国际贸易中充当计价单位和支付手段的地位也必然下降。欧元和其他较硬的货币逐渐取得竞争地位,使得美元继续充当国际结算的货币受到威胁。然而目前仍然有很多国家继续以美元作为外汇储备,因而往往不可避免地随着美元汇率的波动遭受很大的损失。特别是美国长期的预算赤字和贸易赤字,使得美元的汇率不断下降,国际上国际结算中使用美元和持有大量美元的国家处于更大的风险中。

(二)美元符号化的风险与金融体系的"证券化"

美元的风险反映了一个简单的事实,没有黄金作为价值的支撑,单纯的货币符号无法来执行世界货币和贮藏货币的职能。要想在没有黄金作为价值支撑的情况下,保存价值和进行国际结算,货币必须与实体经济联系起来。它必须寻找到有价值的、而且价值不变或者能升值的东西代表它的价值,才能够充当长期的一般等价物。换句话说寻找到能够代替黄金的东西。这个东西是什么?这就是实体经济中生产出来的商品。我们知道,黄金之所以从众多的商品当中脱颖而出,成为一般等价物的代表,只是因为它能够长期、方便地代表商品总和。当没有了这个代表时,一般等价物还原为商品本身。然而,在众多商品中谁也不具备黄金的特性情况下,众多商品的总和来执行货币职能。这就意味着,闲置的货币和闲置的资本要能长期保值需要货币执行贮藏职能时,办法只有一个:就是"证券化"。"证券化"意味着暂时不用的价值转化为各种"资产组合"而保存下来。"资产组合"代表的是经济中各种最能保值、升值、而又不像纸币那样容易贬职的价值代表。

但是"证券"与黄金相比,其价值非常不稳定,它的易变性取决于各种证券所代表的企业经营状况及其与之相联系的经济发展总体状况,往往一有风吹草动,其价值就上下波动。所以,证券投机活动成为维持和提高"资产组合"价值的基本手段。自从20世纪70年代美元与黄金脱钩以来,金融证券市场的投机活动愈演愈烈,直至发展到所谓"经济的虚拟化"和金融危机的不断爆发。

布雷顿森林货币体系垮台以后,为了防止美元的贬值而带来的损失,美国的长期存款、各种基金、年金为了保值、增值和分散风险,各种基金和长期存款出现了证券化的趋势。

美国政府和欧洲一些国家在这种压力下放松金融管制,很多中介机构和投资公司也应运而生,成为帮助货币所有者理财的帮手。在各种资产组合当中,债券是一种收入比较稳定的证券,因此发行量越来越大。此外,各种按揭贷款和消费信贷也层出不穷。

与此同时,各种金融机构、投资公司以及中介机构,也成为从事投机活动的专门行业。各种证券经过经纪人或贷款机构打包作为抵押支持证券,用来支持贷款,大大增加了国民举债的能力。由于没有了黄金的基础,各种抵押品的可靠性仅仅凭借"评级机构"的打分,而评级机构在混乱的"金融创新"和与投资公司等机构的复杂的金钱关系下,评级依据也变得越来越不客观,因而引发金融危机的风险也增大了。贷款者不惜铤而走险,用各种手段贷放"不值钱的资金",借贷人在成本极低的情况下借债越来越多,甚至往往脱离了自身的还贷能力。经济中的债务链条因此会出现越来越多的薄弱环节,一旦某个环节支撑不住,债务危机就会爆发,并有可能酿成经济危机。

第四节 金融"证券化"下的实体经济体系

一、从"过剩经济"转变为"债务经济"

自资本主义市场经济在西方确立以来,"过剩"亦即凯恩斯所谓"有效需求不足"问题一直是难以克服的问题。经济中总有一些剩余价值不能实现,这种过剩可表现为生产过剩、生产能力过剩、资本过剩,甚至以各种浪费形式表现的过剩,如广告和促销等等。过剩问题发展到一个地步,就会发生周期性经济危机。

然而,20世纪80年代左右以来,情况似乎发生了某种"逆转":金融体系的"证券化"促使生产者和消费者全面举债,特别是在美国,"债务经济"体现在政府的财政赤字、企业债务、消费信贷和国际贸易赤字等方面。

首先,美国政府的债务占国内生产总值的比重反映了美国政府支出依靠筹集资金来支撑的情况。根据美国2008年《总统经济报告》[1]提供的数据,从20世纪70年代末80年代初开始美国政府债务占GDP的比重不断攀升,从1980年的26%上升到2008年的67.5%。目前这个数据看来还有继续上升的趋势。

其次,美国的企业债务融资和消费信贷也不断增加。例如,从1999年到2006年仅7年时间,美国信贷市场借款就从10 288亿美元增加到23 299亿美元,翻了一番还要多。其中,1999年非金融企业借款占55.2%,家庭借款占48%,到2006年非金融企业借款占34%,而家庭借款占到51%,这表明家庭借款增长速度大大快于企业的借款。具体而言,家庭消费信贷和住房抵押贷款十分活跃。1958年约翰·加尔布雷斯在他的《丰裕社会》一书中写道:"人们已经改变了对于债务的看法,清教主义的精神要求个人先节约,后享受;迄今为止,已经出现了脱离这一要求的无法说明但却非常真实的现象。"自从这本书出版以来,美国的家庭数量翻了一番,而消费债务却增加了26倍![2]

再次,在国际贸易中,美国与所有与它有贸易关系的国家的贸易都是逆差,也就是说,美国欠所有这些国家的钱,而且欠的钱

---

[1] Economic Report of the President, United States Government Printing Office, Washington: 2008, p.256 and p.319.

[2] [美]伦德尔·卡尔德:《融资美国梦——消费现代文化史》(中译本),世纪出版集团,上海人民出版社,2007年,第21页。

越来越多。1999年美国的贸易逆差为3.5亿美元,到2006年达到8.4亿美元。其中一多半是欠亚洲国家的,中国则占到31.4%。也就是说,美国与中国的贸易逆差占其全部逆差的1/3。

更值得注意的是,美国在靠债务维持的同时,储蓄率却很低,而且呈下降的趋势。根据美国2008年《总统经济报告》提供的数据,美国的总储蓄占总国民收入的比重,从1959年的20.9%至2006年下降到14.1%。

美国一方面储蓄减少,另一方面内债和外债都不断增加,这表明经济的运转发生了某种值得研究的变化,其特征已从"过剩经济"转变为"债务经济"。

二、从资本积累转变为资本操控

按照马克思对资本主义经济的分析,"竞争是资本主义生产方式的内在规律作为外在的强制规律支配着每一个资本家。竞争迫使着每一个资本家不断扩大自己的资本来维持自己的资本,而他扩大资本只能靠累进的积累"。[①]进入垄断阶段以后,资本的集中和积聚逐渐成为扩大单个资本和扩大再生产的主要方式。单个资本从靠自己资本的不断扩大来增大规模,转变为靠大资本吞并小资本或小资本和成大资本的途径来增大自己。但是这种垄断的基本特点之一是企业竞争力的基础仍然是企业内部的资本积累。

然而当金融体系证券化以后,企业兼并变成了金融投机"大玩家"的一种"游戏"。各种类型的企业在他们手中不过是巨额"资产组合"的不同的构成部分而已。他们根据企业的盈利状况随时买进和卖出。

以投资银行为主力军的金融巨头操控能力大大超出了生产性活动聚集资本的能力和速度。生产性活动的资本积累转向金融投机性"赌博"。例如20世纪80年代中期,在纽约股票交易所每

---

① 马克思:《资本论》第一卷,第649~650页,人民出版社,1975年。

天有 10.8 千万股票转手,而五年前每天只有 4.9 千万。同期,政府证券在市场上的吞吐量增加了 4 倍。1984 年,仅一个华尔街投资银行,第一波士顿公司,掌控的交易达 4 万亿美元,比当时美国的国民生产总值(GNP)总量还多。[1]这种从生产性投资到金融投资的大转变的根源在于金融投机的利润大大高于生产性经营。

20 世纪 70 年代以来,由于发达国家之间的赶超和新兴工业国的竞争等压力,发达国家"成熟"工业部门,如钢产品、汽车、机械工具、服饰和纺织品等非金融资产回报率下降到很低水平。很多公司采取筹借巨额款项来资助兼并的战略。并购另一个公司及其全部股票常常比投资于新工厂和设备更便宜。因为,一些小企业的股票作为"垃圾股"仍然可以通过金融运作打包出售,于是企业深深地卷入债务之中。

另一方面,投资银行和层出不穷的五花八门的金融机构为这种"赌博"提供资金。银行和券商创造了这种新的金融(衍生)工具来方便这种交易。大银行、保险公司和证券商为争取顾客,制造了令人眼花缭乱的投资"基金"系列,并且将经纪活动扩大到一个产业。表面上看,这些基金似乎代表一种新的生产投资的资本来源,但是基金的大多数钱也用于兼并和并购了,而不是用于生产性新的投资。

这是因为他们的目的不是企业的发展,而是通过企业兼并获得巨额的收益。他们的信条是:任何新投资都应当"流动化"!他们或者通过向公众提供公司的股票,或者在三年到五年内找到一个购并,这就能使投资流动化。

当然,金融操控下企业并购和企业融资也给一些"朝阳"产业注入了大发展的能量,使得一些高科技产业和信息产业迅速扩张和发展,同时也给一些传统产业迅速转移到海外提供了资金支持。需要警惕的是,在金融操控的时代,这些部门也曾被金融"玩

---

[1] Bennett Harrison and Barry Bluestone, The Great U-Turn: Corporate Restructuring and the Polarizing of America, Bisc Books, 1988.

家"炒得泡沫很大,成为金融危机的隐患。另一方面,他们采用巧妙的方式把资产从一个所有者手里转移到另一个所有者手里,就像棋子在棋盘上移动一样。有时他们甚至等不及创新产品的新兴公司生存发展稳定下来,就又把它们转卖出手了。所以,很多高科技产业的萌芽也会因发展初期的盈利困难而夭折。

三、从生产性经济到非生产性经济的转变

在金融"玩家"操控下企业重组大大推动了产业结构向后工业经济的转变——这就是生产产品的工业和农业的收缩和服务业的大发展。特别值得注意的是,大量的制造业和传统工业迅速向低工资的第三世界转移;与此同时发达国家出现了很多兴盛的服务业,很多是与投机和金融机构相关的行业。一些新的工作机会与重组活动直接相关,如有关协调、营销和中心管理,包括信息经纪人、秘书、计算机编程、律师和金融分析师等,跨国公司和国际银行的总部的会计师、法律顾问和咨询服务部门。另一些新的工作机会是为这些集中在大城市的写字楼周围的旅馆、饭店、酒吧和健康休闲场所。各种各样的服务员、酒吧侍者和门卫为这些白领提供各种服务性工作。他们很多是来自制造业结构性转移出来的劳动力。

美国经济社会学家斯蒂芬·海默(Stephen Hymmer)把这种现象称为资本主义新的自相矛盾:生产的非中心化(全球化)趋势与控制和协调的再中心化相结合。他在 20 世纪 80 年代就预计,生产的国际化会鼓励跨国公司将其各种功能分开并使之分布在不同的地区。装配越来越多地在第三世界的低工资国家进行,而生产的控制和协调中心在巨型跨国公司的母国办公处。跨国公司的办公大楼被广告、外国关系、会计、计算机程序密集地包围着。

投资从农业、工业和公用事业转移到服务于办公大楼和旅馆、汽车旅馆的新的生意上去。1984 年繁荣时期,建设的新的生产性产业建筑的价值比 1979 年还少 3/4。而服务业则大兴土木,新

的投资大大增加。

从表 6-1 中显示的数据,我们看出这种明显的变化。这种变

表 6-1 非住宅建筑投资的增长率:1979~1984

建筑类型	1979 年	1984 年
旅馆、汽车旅馆	100	160.6
商业建筑	100	153.0
石油和前燃气传送工厂	100	138.3
医疗、教育和非营利建筑	100	135.5
公共公用设施	100	96.3
工业建筑	100	73.8
农业建筑	100	43.3
总私人非住宅建筑	100	115.7

资料来源:"本月评论",原载《每月评论》,1985 年 10 月,第 7 期。

化表明,发达国家从生产产品的工业国家转向了非生产性的后工业国家。而这种转变的最终驱动力主要是金融"大玩家"为了获取巨额金融资产而对实体经济的直接操控。

发达国家投资的非生产性倾向,很大程度上是金融操控下企业不断重组的结果。不仅如此,在制造业等转向发展中国家的同时,发达国家内的服务化阶级也存在两极分化:一极是劳动市场上收入较高阶层(包括管理者、律师、会计、银行家、企业顾问和其他技术上训练有素的人),他们日常的任务就是在全球公司和公司服务的控制和协调中心工作。此外,健康和教育专家也是这个新上层的一部分。另一极是劳动市场上收入较低的下层,即为上层高薪收入者提供服务的人(包括出纳员、注册护士、门卫、卡车司机、服务员、批发和零售人员、护士助理和杂役、零售经销商、会计和审计,以及幼儿园和小学老师等等)。

这说明，发达国家从事服务业的工作人员中较高阶层一般不是具有较高程度的教育就是具有高超金融"赌博"手段的人；而较低阶层一般受教育程度不太高，他们的收入有的比起以前的产业工人还要低。

第五节 货币"非黄金化"对国际金融及世界经济的影响

美元的"符号化"不仅使得美国国内金融体系"证券化"和经济体系"金融化"，也使得国际货币体系和经济格局发生演变。在美元不能再充当"世界货币的代表"之后，首先引起世界金融体系两个突出的变化：一是浮动汇率制的盛行；二是欧元的诞生。之后，欧洲和其他发达国家的金融体系也向"证券化"转变。这些变化带动了发达国家的兼并浪潮和对发展中国家的FDI的投资的增加，发展中国家由此深深地卷入发达国家的经济体系的形成和债务关系里。经济全球化一方面带动了发展中国家的经济发展，另一方面也把发展中国家的经济发展带入了发达国家的金融"陷阱"之中。

一、布雷顿森林体系垮台后的世界货币体系

当美元与黄金脱钩以后，它已经不能再充当"世界货币的代表"了。可悲的是，不仅美元再也不能很好地执行这个职能，其他货币也一样做不到，因为没有一个国家的货币可以与黄金挂钩。这时，世界货币体系开始向浮动汇率，或可调整的固定汇率转变。1976年牙买加会议认可了这种做法；1978年国际货币基金组织的章程作了修改，允许会员国自行安排汇率。各国货币的汇率可以单独浮动，也可以联合浮动，也可以钉住美元或其他货币，也可

以钉住特别提款权和其他一篮子货币。目前,大多数发达国家都实行货币独立的浮动制和联合浮动(如欧元国家);大多数发展中国家,特别是与美国有固定贸易关系的国家比较多地实行钉住美元的汇率制度;也有一些国家采取钉住自选的一篮子货币。总之,布雷顿森林体系垮台以后,世界货币体系处于一种相对"无序"的状态,但大体来看还是以浮动汇率为主,无论是单独浮动还是联合浮动。到20世纪90年代初,世界贸易额的6/7是通过浮动汇率进行交易的,但是大多数发展中国家仍然选择钉住美元或一篮子货币的办法。

事实上,无论是浮动汇率还是可调整的固定汇率都会给国际间的货币使用带来很多麻烦和动荡。例如,很多西方学者认为,浮动汇率制可以根据市场波动自发调节国际收支。按照这种理论,因为汇率是一种货币(通货)的价格,所以汇率可以在外汇市场上,通过这种货币的供求达到一种均衡汇率。然而经过几十年的实践我们发现,货币的价格在脱离了黄金以后,其价格的确定与商品价格的决定有很大的不同。这是因为,它只是作为价值代表的货币价格,没有了实实在在的黄金作为干预手段以后,它的确定非常复杂,远没有均衡汇率理论那样简单。

首先,在国际贸易交换当中,它会随着发行货币的国家的经济实力的变化而波动。例如20世纪70年代到80年代末,美国的经济实力相对于日本和德国大大下降,这不仅反映在年均GDP增长率的下降上,也反映在劳动生产率的下降上,因此德国马克和日元相对于美元都有升值的趋势。而在20世纪90年代美国经济在信息技术的带动下,增长率又有了超出其他发达国家的趋势,美元又变得坚挺起来。最近美国在金融危机的冲击下,实体经济一挫不振,美元又有贬值的迹象。

其次,主要货币国家的经济政策也会引起货币市场价格(汇率)的波动。美国在20世纪70年代为了摆脱滞胀的困扰,采取了扩张性货币政策,结果利率的降低导致美元汇率的下降。为了防止美元贬值引起国际贸易中竞争力的差别,欧洲国家同样采取扩张性货币政策。但是,货币扩张性政策又导致通胀压力的加大。20世纪80年代,美国为了抵制通货膨胀,又采取了紧缩性货币政策,结果利率的上升又导致美元汇率的上升。当然,近年来美国的货币政策又导致美元汇率下降了。

第三,贸易国之间的国际收支很难平衡,从而造成贸易国之间的不平等关系。例如,当美国的汇率因国内政策而低于其他国家的货币时,其他国家的商品出口就会因汇率相对升值而受到限制,这样虽然能够缓解美国国际收支逆差问题,但是当其他国家感受到汇率的原因之后,他们也会采取同样的政策使得汇率的调整在解决贸易收支不平衡问题上不起作用。可见,由于汇率的变动不仅受市场供求变动的影响,还受到各国货币政策的影响,依靠浮动汇率制,无法达到国际收支自动平衡的效果。(例如,在金本位或金汇兑本位制下,当国际收支发生逆差时,会造成大量黄金外流,国内通货贬值,从而自动导致汇率降低,进口减少和出口增加,国际收支可以因此恢复平衡。但是在没有黄金作为基础的货币体系中,汇率的变动很难不受政策干预的影响。)

我们不能忘记,20世纪30年代曾经在浮动汇率制下出现主要国家货币竞相贬值所造成的国际贸易和国际金融的混乱。1973年以后人们寄希望于有管制的浮动汇率可以避免混乱,但是像美国这样的超级大国利用美元的"主导"地位为自己国家利益服务,国际货币体系很难不受美国政策的影响。一旦美国不顾其他国家的利益铤而走险,各国货币之间的汇率很难"自动调整"到"均衡"状态。

那么可调整的固定汇率是不是会更安全一些呢?有些专家学者建议像中国这样的发展中国家最好采取这种办法。如中国的人民币过去一直钉住美元,允许汇率在一定范围内上下波动。这种办法对于用美元结算的交易活动具有相对稳定的好处,但是美国作为一个强国,常常利用美元汇率的波动来实现自己的最大利益。也就是说,美国经常以牺牲贸易国的利益为代价获取利益。例如,美国在20世纪80年代里根政府根据供给学派的学说,为了刺激生产、鼓励投资,一方面降低税率,另一方面降低利率。降低税率可以减轻投资者负担,可以调动企业投资热情;降低利率起到控制货币发行量的增长、抑制通货膨胀和刺激贷款的作用。实际上,美国这样的经济政策对于债务国是一个很大的利益侵蚀,例如20世纪80年代国际债务危机的爆发与美元的升值有很大关系。近年来,美国由于欠下大量的外债,美国又企图以美元贬值的办法把债务损失转嫁给债权国。

美元的汇率下降会伤害贸易国的利益。例如,20世纪80年代初美元升值政策在一定程度上抑制了美国国内的通胀,但美国对外贸易逆差也同时扩大。为了平衡贸易赤字,美国在1985年以后实行高利率、低汇率政策,美元汇率下降使得贸易逆差减少。但是美元汇率会使得向美国出口的国家产品价格相对于本国提高,因而造成出口困难,并且导致这些国家经济增长速度放慢。例如,1985年到1988年美元汇率持续下跌,日元和德国马克升值,使得这两个国家对美国的出口大大下降。像日本这样采取出口导向贸易政策的国家,很多中小企业因此破产,以致出现经济衰退。目前,美国正在逼迫中国人民币汇率升值,显然是在重演当年与日本发生贸易逆差时的做法,对此我们不能不提高警惕。

二、美元"非黄金化"与国际经济秩序的破坏

为什么无论是浮动汇率还是固定汇率都不理想?其根本原因还是和美元与黄金脱钩有关。根据马克思的货币职能理论,作为世界货币它必须是贵金属(金银)。这是因为"在世界贸易中,商品普遍地展开自己的价值。因此,在这里,商品独立的价值形态,也

是作为世界货币与商品相对立。"①这就是说,在世界范围内的贸易中,货币在执行世界货币职能时体现的是"一般财富的绝对化身",而不能是由任何国家规定的任何价值标准或价值代表。世界货币执行三个基本职能:(1)作为支付手段平衡国际贸易。(2)作为国际购买手段,在各国通常的物质变换的平衡遭到破坏的时候,以维持相对稳定。(3)作为财富的绝对社会化身,在不同国家之间转移。这三个职能表明,世界货币是社会财富的实体,它与货币的贮藏职能是同源的。马克思甚至明确地指出:"……货币贮藏的职能,一部分来源于货币作为国内流通手段和国内支付手段的职能,一部分来源于货币作为世界货币的职能。在后一种职能上,始终需要实在的货币商品,真实的金和银。"②

所以美元脱离黄金以后,作为世界上的主导货币,世界经济经常受到美国国内经济政策的影响,实际上破坏了国际贸易和世界财富在各国之间的正常转移的规律。例如美国发生贸易逆差,就想方设法降低汇率,还逼迫贸易国(比如目前的中国)货币升值,并强调贸易不平衡是对方货币汇率偏低造成的。这实际上是通过汇率的变动降低本国商品在世界市场上的交换价格,并同时提高贸易国的商品的交换价格,以扩大美国出口能力。显然,这是损人利己的方法。

在马克思看来,汇率的下降是贸易逆差的结果,而不是逆差的原因。贸易逆差的形成主要原因在于交换国双方的贸易不平衡。一个国家购买对方国家的商品多于出售给这个国家的商品就会形成贸易逆差。在贵金属作为世界货币的情况下,这会造成黄金的外流,从而自动调整和维持各国货币之间的汇率。贸易顺差国家得到的黄金可以向任何国家购买同等价值的商品,也可以储存起来,以备以后需要之用,因为黄金的价值是稳定的。但是在美

---

① 马克思:《资本论》第一卷,第163页,人民出版社,1975年。
② 马克思:《资本论》第一卷,第165页,人民出版社,1975年。

元作为世界货币的代表情况下,美国的贸易逆差可以用更多美元的外流来代替。然而美元在脱离了黄金、又没有足够的美国生产的商品作为后盾的情况下,美元的价值实际上是处于贬值的趋势,因为美元的发行量超过了它所代表的商品价值量。这种贬值是纸币情况下所特有的。很明显,在这种情况下,与美国进行贸易的国家的损失是:用实实在在的商品换得了不断贬值的美元。这种美元如果当下买不到足量的美国商品而储存起来,就意味着随着时间的推移,商品的价值会越来越少。

另一方面,对于用美元借贷的债权人和债务人之间,美元的贬值也会产生重要影响。当美元贬值时,用美元无论支付利息还是还贷,都变得便宜了,因为过去一美元的价值,现在不到一美元,可是按照协定还是原来的数值。于是,借钱的人债务负担减轻了。但是对于债权人来说,情况却相反,借出去的钱,还回来的随着美元贬值变少了。

根据这个原理,美国采取提高债息的办法吸引国外持有美元的国家大量购买美国的国债;同时放松对证券市场的管制,允许国债持有人到证券市场上投机。结果,一方面利用美元的贬值吸纳债权人的利益;另一方面在证券市场上的交易,可以使得债务风险分散。自20世纪80年代以来美国对外贸易赤字持续增长,并且呈上升的趋势。

三、美国利用美元债务与发达的金融市场剥削贸易国

根据稀缺原理,一笔钱不能花两次,所以使用者必须决定怎样花它。然而,当美元变成没有黄金支撑的"世界货币"以后,美国人竟可以做到不但把自己的钱花两次,而且还能从中赢利:第一次花钱购买贸易国的商品和服务;第二次将这笔钱用国债的方式吸纳回来,再用在国内的财政支出上。不仅如此,当债券进入金融市场的投机后,还可以通过风险分散,使债券持有人在投机失利

时承担损失。这就等于,美国人用自己的钱购买了别国的产品以后,再让钱回到本国第二次使用。贸易国用自己的商品既没换来商品,也没换来有价值的货币(如黄金),而是充满贬值风险和投机风险的债权。当然债权国在正常情况下可以赚得一定数量的债息。这也是美国人为此付出的唯一负担。

美国人是怎么做到的呢?原因很简单:一是美国人不出口别国需要的产品;二是别国把美元当成"世界货币"使用。

首先,美国的贸易逆差到底是出口品生产的问题还是货币问题?如果是货币问题,按照所谓"均衡汇率"原理,通过浮动汇率可以自动调节到"合理"的水平上,从而对货币引起的贸易逆差形成平衡的作用。但是,当美元与黄金脱钩以后,它的发行早已不受黄金价值的限制,唯一能够使它与价值挂钩的就是美国生产的物质产品。如果外国的进口换得了美元而买不到美国生产的物质产品,作为交换媒介的纸币就没有起到作用,外国人拿着纸制美元不能换回有价值的商品。这实际上等于外国人为美国生产了商品,而美国人却没有为外国人生产商品。商品交换变成了外国商品的单方面输入。这样形成的贸易逆差,与货币之间的汇价本来无关,但在外汇市场上却逼迫外国货币升值,因为纸制的美元在国际市场上买不到东西,它的贬值是不可避免的。我们从美国20世纪70年代的国际收支状况可以看出:在过去近40年的大部分时间里,美国与其他国家的贸易几乎都是逆差。

在国际贸易中,美国与所有与它有贸易关系的国家的贸易都是逆差,也就是说,美国欠所有这些国家的钱,而且欠的钱越来越多。1999年美国的贸易逆差为3.5亿美元,到2006年达到8.4亿美元。其中一多半是欠亚洲国家的,中国则占到31.4%。也就是说,美国与中国的贸易逆差占全部逆差的1/3。

在逆差的情况下,美国人用纸币美元购买了别国的产品;这笔钱不能从美国购回相应价值的美国产品,唯一能换回有价值的东西只能是美国的债权,于是这笔钱又借给了美国;美国用借来的钱支撑国内的消费和投资,从而维持国内的经济增长。进口给它的贸易国所能得到的是暂时的债息和有风险的债券。

所以,美国用一笔钱花了两次,而且最后回到本国:先在国外买了别国的产品,然后又以债券的形式收回来,用它在国内用于投资和消费。这在贵金属货币情况下是做不到的。在贵金属货币通行的情况下,用一笔钱买了别国的产品,就等于黄金流到其他国家;其他国家收到黄金如果买不到美国的产品,可以先把这笔钱储存起来,因为黄金作为有价值的货币可以作为财富储存,以备未来购买所需要的商品或服务,不一定非要用买债券的方式把它花掉,因为黄金有保值和升值的作用。

其次,美国人解决逆差的方法就是逼迫贸易国的货币升值,即单纯地以货币关系(脱离了货币背后的价值实体)的办法"恢复平衡"。这是一种玩弄市场经济理论的说辞,也是第三次无偿地剥削贸易国的劳动价值的又一个招数。当人为地通过所谓货币间的汇率变化恢复贸易收支时,美国人一方面使得别国的出口品竞争力下降;另一方面使得它欠贸易国的债务缩水。前者打击贸易国的生产,使得贸易国可能出现失业和经济增长速度放慢;后者使得美国堂而皇之地"赖账",以致使得贸易国生产出口产品的辛勤劳动的大部分价值"化成乌有"。这种游戏美国玩了几次。最大的一次是20世纪70年代与日本的贸易逆差的解决,害得日本经济一蹶不振。今天美国还想用同样的方法来对付中国。特别是在美国发生金融危机之后,中国人为了帮助美国,借给美国大量的债务,美国人不但不感恩,还妄想用"赖账"的办法把损失转嫁给中国。我们中国人不能不提高警惕!

第六节 未来世界货币体系的展望
及其对中国经济的启示

一、未来的世界货币体系

布雷顿世界货币体系崩溃以来，美元虽然早已不能充当世界货币了，但是它还一直作为世界主导货币在国际贸易结算和外汇储备上被使用。正因为如此，美国利用美元的这种"优势"大搞"债务经济"，不但在国内导致严重的债务危机和金融危机，也给世界各国的贸易和汇率稳定带来了很大的麻烦和损失。在国际金融市场上和国际贸易市场上，美国很容易利用汇率操控市场，逼迫其他国家的汇率变动服从它自己的利益，从而导致不公平交易和国际投机对其他国家经济的颠覆性破坏。

当席卷全球的金融危机发生以后，人们又在思考和讨论所谓"后金融危机时代"的国际货币体系问题。国际货币基金组织也在探讨这个问题。未来世界货币体系会有怎样的变化呢？各种设想和各种猜测都尚未有定论。

有两个亟待解决的大问题等待回答：一是美元在不能充当世界货币以后，究竟采用哪一种货币，或怎样的方法才能避免美元信用风险和美国债务危机的影响？二是在发生危机以后，美国会不会改变以往的做法，出现所谓"后危机时代"？

对于第一个问题，自布雷顿森林体系瓦解以来在经济学界就有讨论，而且各国也为此进行过不懈的努力，如欧元的建立；1976年1月牙买加会议达成协议，使得浮动汇率合法化；近年来各国外汇储备和国际结算当中欧元、日元和人民币的使用也逐渐增多等等。美元作为主导货币的地位随着美国债务经济的风险增大和美元不断贬值正在进一步削弱。那么，美元的世界主导货币的地位会不会被欧元、日元或人民币取代呢？这也是我国经济学界和媒体近年来讨论的话题。根据货币的本质,我们应当清醒地看到,当货币与黄金脱钩以后,主导货币的地位应当与其国内经济实力和货币在世界经济使用中的信用联系在一起。所以,美元的主导货币地位能否被取代取决于两个方面的因素:一是美元的信用能否维持;有没有能取代美元的其他货币。目前美元的信用越来越难以维持,面对巨额的债务和金融危机导致的经济不景气,美国人拿不出更好的解决办法,还是靠发行货币和借更多的债来维持。因此,美元的信用危机将会导致美元失去主导货币的地位。另一方面,为了阻抑美国利用美元的地位损人利己的风险,通过各国的努力,上述三大强势货币都有发展为主导货币的可能,特别是欧元目前已经发展到了较为成熟的阶段,并开始发挥主导货币的作用,而日元和人民币还有很长的路要走。在短期内美元地位虽然在降低,但仍在发挥着主导货币的作用。为了分散风险,很可能在国际结算和外汇储备当中各国使用以上或者更多的货币,这就打破了"美元霸权"的局面。

对于第二个问题,美国在危机之后会不会改变"债务经济"的做法是金融体系能否健康发展的关键。但是,要发生这样的改变,就目前来看难度很大,甚至看来希望渺茫。这是因为债务经济是资本主义经济发展到一定阶段所产生的"发达的毒瘤"。这个毒瘤已经扩散到整个系统的健康,所以改变现状很不容易,可能会是颠覆性的、艰难而痛苦的过程。

从债务经济的原理来看,靠债务投资的经济活动(生产和消费)必须能在经济活动中创造足够大的产值来满足至少三个方面的需要:补偿生产的耗费(或生产成本)、还清债务、满足增加的需求所需的产值。这三个方面的产值,根据马克思经济学原理统统都需要在生产过程中创造出新的价值来。否则再生产就有可能中断,因为新一轮的生产要求至少重新一轮的投入生产要素和新一轮的消费。而从整个社会来看,一个地方用借到的钱的支出,如果不在另一个地方或另一段时期生产出来，债务链条就会断裂，债务经济也无法维持。美国经济系统的"毒瘤"就在于，它不能再生产出补偿债务和消耗的足够的产值，只能通过新债补旧债的方法不断地借钱。这种借债方式纯粹是"无中生有"的方式。

为什么美国只能不断借新债？很重要的一个原因就在于美国经济中生产性经济活动的比重太少，工农业生产在国民经济中仅占国内总产值的1/3。在它的经济结构中2/3的经济活动是服务业，而在服务业当中金融、保险和房地产（不包括建筑业）的活动的比重占到全部国内生产总值的20.67%，也就是说在服务业中占到1/3左右。而国内的服务业经营所需的基本品的生产大部分来自国外的进口，再加上不生产产品的金融业的雇员一般以高薪和高回报率来支撑，但高回报率很大程度上是靠从生产部门转移而来的。这样，生产和支出的差额不能靠自身的生产全部补偿，大量的企业需要参与金融活动的投机收入来维持。事实上，美国和其他发达国家的企业的运营已经离不开证券化的金融活动了：当企业经济证券化成为投机的越来越"健全"的场所，当美元控制货币的能力达到不断吸引投机冒险的地步，企业生产性投资的利润往往不及金融投机的收益时，用新债还旧债成为一种支撑经济的"方便而又刺激的"渠道。只要金融体系还能运营，只要债务危机不伤到系统本身，这样的"赌博游戏"还会愈演愈烈。就算目前很多经济学家、社会学家对这样一种"用鸡屎做沙拉"①的方式提出激烈的批评，就目前来看美联储除此之外还很难启动别的办法让美国经济走出危机的阴影。于是，最近美联储主席又重操旧业，制定了新的大量出售债券的政策，之后美国金融业又像打了强心剂一样再次活跃起来。可见，借债已成为美国等西方国家不能摆脱的"刺激经济投资和就业"的"毒瘾"。

---

① [美]理查德·比纳特：《贪婪、欺诈和无知：美国次贷危机真相》（中译本），中信出版社，2008年。

一方面美元信用不断下降,另一方面,随着世界各国经济实力的变化,世界经济格局正在酝酿新的主导货币的产生——欧元已逐渐成熟,人民币也很有希望。因为中国是一个正在成熟和强大中的生产大国,再加上中国在国际事务中负责任的态度和在国际贸易中的信用,如果未来的发展不出意外,人民币很可能会发展为欧元之后的另一种主导货币。

二、当今发达国家金融体系变迁对中国经济的影响及启示

当今国际货币体系的非黄金化和发达国家金融体系的证券化都对中国经济产生了重要影响。这些影响有些是正面的,因而有利于中国经济的发展;有些是负面的,对中国经济发展的进程和走向都是巨大的挑战。我国如何抓住机遇,掌握规律,积极应对是未来经济改革和经济发展的关键。

首先,国际货币体系的变化意味着国际结算和外汇储备上,不能再采取以人民币单纯与美元挂钩的做法。有些学者认为,美国是世界上最强大的国家,它的经济实力是最强的,尽管出现美国债务危机引起的世界性金融危机,但是美元的主导货币地位不可能动摇。这种看法值得怀疑。但就美国应对危机的能力来看,美国除了再次发行债券和出口武器以外,似乎没有别的更好的办法。这除了加剧美元的信誉下降之外,也显示出美国经济的畸形:它的生产结构除了刺激打仗,很难刺激民生的提高。如果进口能力再下降,美国人民的实际收入将进一步下降,消费能力因此难以提高,生产的增长受到很大的限制,因此经济的复苏还是困难重重。与美元挂钩的国家,除了承担美元贬值的损失以外,还面临出口困难的增加。因为美元背后既没有黄金的支持,又没有生产产值的支持,以美元维持固定汇率是非常不明智的。实行浮动汇率在目前来看是比较好的选择。另外,中国的美元外汇储备和美元债券都比较多,这无疑具有很大的风险性。为了避免风险,应当

及早调整外汇币种,采取目标市场多元化之类的方式比较好。

其次,发达国家金融体系证券化过程虽然大大方便了融资,但债务危机的发生提醒我们证券化发展有它的边界。我国在金融体系改革过程中,要吸取发达国家的教训,避免证券化过度发展。这里很重要的教训就是特别注意不能完全放松管制。因为当货币脱离黄金以后,货币流通量自行调节的机制和贮藏功能已经不灵,国家和中央银行控制货币发行量和监管等是非常必要的,也是非常复杂的。特别是,目前发达国家陷入金融危机和经济萧条,中国经济已成为世界上唯一具有活力的国家。放松管制,很可能吸引大量的"热钱"涌入,从而导致证券市场泡沫增大。未来在中国金融体系尚未健全的情况下,如果出现外来冲击过大,很可能殃及中国实体经济。这就要求有关部门无论在操守还是在专业水平上都具备很高的水准。

第三,发达国家经济金融化促进了经济结构中生产性活动比重下降,这为中国相关产业的出口开辟了海外市场。虽然有附加值较低的劣势,但对于发展中的大国来说,这些部门的发展不仅有利于生产规模的扩大和就业的增加,还有利于带动中国产业部门的转型和升级。因为发达国家市场对消费品的需求,由于相对较高的收入水平和偏好,都对中国这些部门产品的要求以及生产过程提出高于中国本土的标准。换句话说,面向发达国家市场生产,可以促进中国产品质量和生产率水平的提高。因此,当金融危机波及中国出口行业时,不要错把周期性原因看成结构性原因,任由这些行业濒临破产的边缘。如果我们看到长期发展的前景,我们在适当调整中给予适当的保护可能是更好的选择。另一方面,此时的扩大内需政策是明智的,但是由于人民币汇率升值,分配制度如果不大量向贫困人口和低收入阶层倾斜,不能有效建立健全完善的多层级的社会保障制度,那么,很可能造成富人的消费转向国外,其结果会导致扩大了"外需"。

参考文献

马克思.资本论.第一卷.北京:人民出版社,1975

鲁道夫·希法亭.金融资本——资本主义最新发展研究.(中译本).北京:商务印书馆,1994

[美]弗兰克林·艾伦,道格拉斯·盖尔.比较金融系统.(中译本).北京:中国人民大学出版社,2002

[美]伦德尔·卡尔德.融资美国梦——消费现代文化史.(中译本).上海:世纪出版集团,上海人民出版社,2007

刘俊民.从虚拟资本到虚拟经济.济南:山东人民出版社,1998

[美]理查德·比纳特.贪婪、欺诈和无知:美国次贷危机真相.(中译本).北京:中信出版社,2008

Bennett Hamson and Barry Bluestone, The great U-Turn: Corporate Restructuring and the Polarizing of America, Basic Books, 1988

第七章 当代资本主义的宏观调控与管制

○宏观经济波动与政府的作用

○宏观调控与管制的主要手段

○政府宏观调控与管制的历史考察

○宏观调控的局限性

资本主义周期性的经济波动为政府的宏观经济调控提出了要求,也要求政府采取一些规制措施。例如,美国次贷危机引发的全球经济危机爆发以来,各国政府纷纷采取宏观调控措施,极力降低危机对本国经济的危害。本专题分析资本主义宏观调控与管制的主要方法,并针对资本主义经济不同历史时期的经济状况(几次大的经济危机及通货膨胀),分析西方各国政府采取的经济政策手段、干预程度、干预效果的不同,并探究政府政策背后的经济学流派。最后,对西方国家政府宏观调控和管制的局限性进行评价。

第一节 宏观经济波动与政府的作用

一、资本主义经济波动的原因及其争议

任何经济活动的发展都不是完全平稳的,都存在着一定程度的波动,当波动非常剧烈时,就会给经济造成很大的损害。经济波动有两个极端发展方向:过冷和过热。经济过冷的表现为商品滞销、信用遭到破坏、物价下降、失业率上升等,这通常被称为经济危机。经济过热的表现为商品供不应求、利率上升、物价高涨、失业率下降,这被称为通货膨胀。自从1825年资本主义世界爆发第一次大规模的经济危机以来,经济危机就经常拜访资本主义经济。通货膨胀也时常与经济危机交替出现。

危机的经常爆发促使人们去研究其内在运行规律,以便未雨绸缪,并适时采取政策进行反危机。有学者认为经济波动是有规律的,经济危机和通货膨胀会周期性出现。每3~4年会出现一次小的经济危机(基钦周期),每10年会出现一次相对较大的危机(朱格拉周期)。从历史上看,自1825年以来,的确大致每10年发生一次危机,例如1836年、1847年、1857年、1866年、1873年、1882年、1890年、1900年、1907年都爆发了经济危机。比10年危机更大规模的危机每20年会爆发一次,这一观点由美国经济学家库兹涅茨提出,被称为库兹涅茨周期。此外,还存在着大致50年的更长的周期性经济危机(康德拉捷夫周期),也被称为长波。自1825年以后,资本主义世界的严重危机分别是1873年危机、1929~1933年危机、1973年危机,它们之间相距大致是50年时间,与康德拉捷夫周期基本相符。

还有的人认为经济波动受很多因素影响,其运行是随机的,只要有外部的冲击,经济危机随时都可能发生。因而,经济危机的

爆发没有特定的规律性,用 10 年、20 年和 50 年来界定危机期间都有些牵强。但是我们认为经济活动本身必须遵循一定的规律,它也存在着路径的依赖。教条地运用经济周期理论进行经济分析和预测是不恰当甚至是有害的,但是完全抛弃其理论,认为经济波动是没有规律、不可控制的同样对经济的稳健发展是不利的。政府的宏观调控正是要在充分认识经济波动规律的基础上进行。

表 7-1 主要发达国家战后失业率的变动　　　　　单位:%

国家	1956~1966	1967~1974	1975~1979	1980~1983	1984~1990	1991~1995	1996~2000	2001~2005
澳大利亚	2.2	2.1	5.5	7.2	7.6	9.8	7.5	6.1
加拿大	4.9	5.2	7.5	9.4	9.1	10.5	8.3	7.3
法国	1.5	2.5	4.9	7.5	9.9	11.0	11.1	9.4
德国	1.4	1.1	3.5	5.4	7.4	7.2	8.3	8.6
意大利	6.5	5.6	6.8	8.6	9.5	10.1	11.5	8.6
日本	1.7	1.3	2.0	2.3	2.5	2.5	4.1	5
西班牙	2.1	2.7	5.8	14.6	18.9	20.4	14.6	11
英国	2.5	3.4	5.8	10.9	9.2	11.6	6.6	4.9
美国	5.0	4.6	6.9	8.4	6.3	6.6	4.6	5.5

资料来源:1956~1983 年数据引自 OECD Economic Outlook 1984,1984~1990 年、1991~1995 年数据根据 OECD Economic Outlook December 1999 计算得出,1996~2000 年、2001~2005 年数据根据 OECD Economic Outlook December 2004 计算得出。

从失业这个宏观经济指标的周期性变动来看,如表 7-1 所示,主要发达国家的失业率水平在 20 世纪 50~60 年代最低,而后在 70 年代逐渐上升,到 20 世纪 80 年代初期达到一个高峰,80 年代后期除了美国等少数国家在治理失业上稍有作为外,大部分国家的失业问题继续恶化。在 20 世纪 90 年代初期的经济危机中,各国的失业率又上升到一个新的台阶,西班牙 1991~1995 年的失业率更是高达 20.4%。从 20 世纪 90 年代中期开始各国失业率有所下降,但绝对水平仍然较高。欧盟 15 国 1997 年的失业率平均为 10.7%,2000 年为 8.4%。2000 年以后,原来失业率很高的法国、意大利、西班牙等国的失业率进一步下降,但美国、日本、德国三个最大资本主义国家的失业率却上升了。

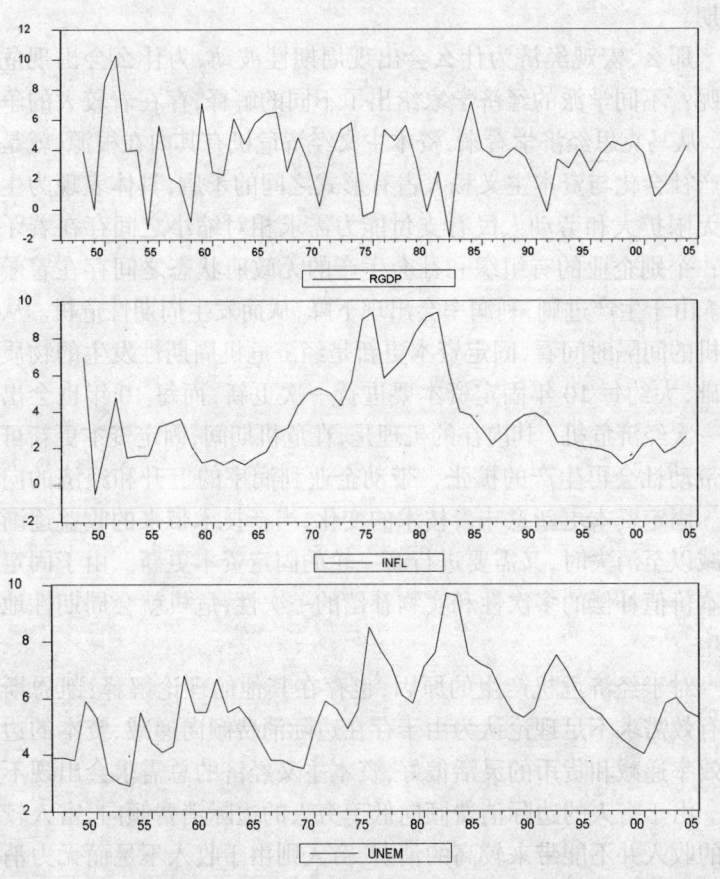

图 7-1 美国战后主要经济指标图(实际 GDP 增长率、通货膨胀率、失业率)

再以美国为例,在图7-1中,战后美国实际国内生产总值经常出现波动,从而在图形上可以明显看出波峰和谷底,这意味着经济周期的变化。从周期的持续时间看,战后至20世纪70年代经济周期持续的时间较短,80年代、90年代的两次周期持续的时间较长。从通货膨胀水平来看,20世纪70年代中期至80年代中期是较高通货膨胀的时期,而失业率的高峰期也发生在这一时期。

那么,宏观经济为什么会出现周期性波动,为什么会出现危机呢?不同学派的经济学家给出了不同的解释,存在着较大的争议。从马克思经济学看来,资本主义经济危机有其内在根源,就是生产社会化与资本主义私人占有形式之间的矛盾,具体表现为生产无限扩大和劳动人民有支付能力需求相对缩小之间存在着矛盾;个别企业的有组织和社会生产的无政府状态之间存在着矛盾。由于生产过剩,利润率会出现下降,从而发生周期性危机。从危机的间隔时间看,固定资本更新是经济危机周期性发生的物质基础,大约每10年固定资本要进行一次更新,而每10年也会出现一次经济危机。其内在的机理是,在危机期间,固定资本更新可以带动社会再生产的扩张,带动企业利润率的上升和经济的向好。固定资本更新意味着技术的变化,当新技术带来的收益逐渐递减以至消失时,又需要进行新一轮的固定资本更新。由于固定资本价值补偿的多次性和实物补偿的一次性,危机就会周期性地发生。

对于经济危机产生的原因,也存在其他的理论解释:凯恩斯的有效需求不足理论认为由于存在边际消费倾向递减、资本的边际效率递减和货币的灵活偏好,资本主义经济的总需求会出现不足。由于富人的边际消费倾向低于穷人的边际消费倾向,富人较高的收入并不能带来较高的消费,穷人则由于收入不足而无力消费,从而社会整体出现消费不足。而资本边际效率递减会导致社会投资不足,由于投资者对未来预期不乐观,即使利率降到很低,投资也不能有效地增加,从而形成所谓"投资陷阱"。而居民对货币的灵活偏好使得其选择手持货币,导致货币流通速度放慢,不利于利息率的下降。凯恩斯特别强调了私人投资需求不足对资本主义经济波动的影响作用,它来源于未来的不乐观预期。熊彼特从企业家创新的角度说明创新的周期决定了经济的周期。三次大的科技革命的运动周期的确与50年的康德拉捷夫周期基本相符。此外,还有人从太阳黑子的周期变化来解释经济危机,从政治选举活动的周期来解释经济周期性危机(政治经济周期理论),从货币政策来解释经济危机(以弗里德曼为代表)。

由于上述原因,危机对于资本主义经济来说是不可避免的。危机是资本主义经济的强制平衡,资本主义再生产所需要的比例关系、社会总产品实现所需要的各种条件,实际上是通过经济波动、通过不断的经济震荡和经济危机自发地实现的。但这种危机式的强制平衡对生产力造成极大的破坏。

即使人们在经济活动是周期波动的问题上达成共识,对于经济在周期的不同阶段的发展状态,也存在不同的看法。一般认为一个标准的经济周期分为危机、萧条、复苏、高涨4个阶段,但对于不同的周期,每个阶段的起止时间长度会不同;对于有的经济周期,4个阶段的界限并不是非常明显。

而且第二次世界大战后经济危机有不同于战前的新特点。例如,社会资本再生产的周期缩短;第二次世界大战后经济危机发生得更加频繁,有缓慢缩短的趋势;各阶段的界限和特点不明显;危机的破坏程度不像战前那样严重;经济危机和通货膨胀结合在一起;各国的经济危机相互影响,存在着同步性和非同步性问题。例如,20世纪70年代的石油危机影响了几乎所有的资本主义国家,但有的国家先受到影响,有的国家后受到影响,并不同步。在经济全球化的今天,由于各国之间的经济联系日益紧密,经济危

西方国家市场经济八大问题

机更容易在世界范围内扩散,使许多国家在很短的时间内受到影响。美国次贷危机波及很多发达国家与发展中国家就是明证。以上这些新特点说明人们需要对当前的经济周期有更深入的认识,也说明经济周期在政府宏观调控的作用下发生了新的变化,即经济危机需要政府干预,而政府干预反过来又影响了经济危机的规律性。

不仅经济危机时期需要宏观政策干预,经济高涨时期同样需要宏观政策干预。治理失业和通货膨胀始终是宏观经济政策的重要目标。

二、政府的作用

(一)干预还是自由放任

政府不是从来就有的,政府在出现后的很长一段时间主要行使其政治职能,很少对经济进行干预。关于政府是否应该干预经济,长期以来存在着很大的争议。即使经济出现了大的危机,也有人不赞成政府进行干预。他们认为经济危机只是市场运动的自然结果,只要有充分的市场机制存在,市场可以自动消除危机而不需要借助政府的力量。甚至有时政府的干预反而适得其反,会加重危机。

在古典经济学派中大部分人相信自由的市场经济,主张政府干预的学者和流派并不多见,具有代表性的是重商主义和德国历史学派。他们主要从贸易保护、保护落后国家幼稚工业的角度强调政府的作用。

20世纪是关于政府干预争论最激烈的时期,新古典经济学派强调自由竞争理论,反对政府干预。而1929~1933年的资本主义世界大规模经济危机让人们看到市场的失灵,凯恩斯革命应运而生,它强调要依靠政府的力量解决危机,凯恩斯的思想影响了战后五六十年代西方国家的宏观经济政策。但是20世纪70年代的世界性经济危机又被人们视为政府过度干预的恶果,于是新古典经济学派出现复兴,关于政府失灵的讨论逐渐增多。20世纪八九十年代则是一个混合的年代,新凯恩斯学派开始重新强调政府干预的作用;所谓的"第三条道路"要求将政府与市场很好地结合。

从20世纪不同的经济学流派来看,主张政府干预的学派主要包括:凯恩斯学派、新古典综合学派、新剑桥学派、新凯恩斯学派等。而主张市场自发调节作用的新自由主义流派主要包括:货币学派、新古典宏观经济学、公共选择学派、供给学派、新制度经济学等。

强调政府干预的一条重要原因是市场失灵。但我们看到市场经济在不断演进、不断完善,为什么还要求政府干预,甚至干预的程度有所加深呢?崔之元在《"看不见的手"范式的悖论》一书中给出答案。市场永远是不完全的,仅仅依靠私人的力量不能解决一切问题,或者说是存在一种集体的无知。因而制度上要求在一定程度上降低私人的风险,于是出现了有限责任公司这样的企业组织形式,出现了中央银行,并允许企业破产。这样做固然会出现类似于"预算软约束"之类的问题,造成私人的道德风险问题严重,但社会的整体效益依然大于负面影响。政府对市场介入的同时,在某些情况下会抑制市场机制作用的发挥,而且从公共选择理论来看,政府干预本身就可能出现类似"寻租"等一系列问题,但它对社会风险的防范、对整体经济秩序的建立都起到重要的作用。哈耶克在论证要保证私人的自由、强调市场的作用时,同样意识到人类知识的不完备,只是他认为政府干预的负面作用大于正面作用。

第二次世界大战后资本主义经济发展过程中社会化程度不断提高,客观上需要对整个国民经济进行调控。而在科学技术推动下的生产力高度发展也使得市场相对狭小、竞争加剧的矛盾越来越严重,因此政府干预在战后得到了加强。20世纪80年代以来经济全球化的步伐加快,更需要政府的干预,不仅是单独一个国家政府的调控,还包括各国政府之间的联合行动以及一个世界性的政府(联合国的作用)。吉登斯(2000)的"第三条道路"理论强调政府的积极干预,包括经济民主、积极的福利政策、关注生态问题以及在世界经济全球化过程中强调世界性的民主。

(二)小政府还是大政府

政府干预范围的大小决定了政府的规模大小,是维持一个小政府,保持最低限度的干预,还是扩大政府的干预权限,拥有一个庞大的政府机构呢?政府的干预需要财力的支持。在经济危机时期,要帮助经济迅速走出危机,需要扩大政府财政支出,包括政府投资和对私人投资和消费的支持。因此衡量政府干预程度高低的一个指标是财政支出的规模占 GDP 的比例,这也是判别一国政府是小政府还是大政府的依据。

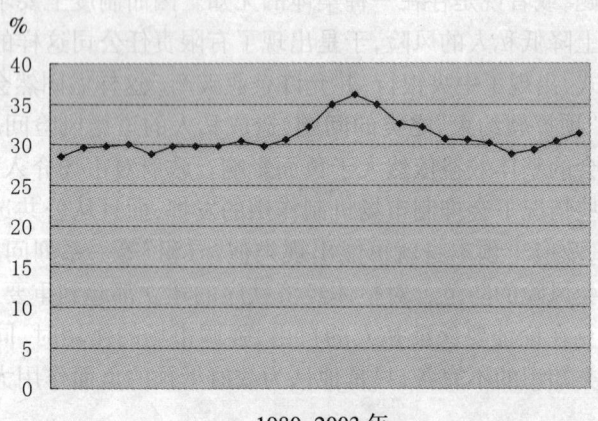

1980~2003 年

图 7-2 瑞典公共支出占 GDP 的比重

资料来源:根据 OECD Factbook 2007 绘制。

如果财政支出主要用于转移支付等最低限度的财政功能,则其占 GDP 的比重不会很高。我们看到主要发达国家财政支出占 GDP 的比重都很高:1998 年日本的数字为 35%,法国为 52.4%,德国为 47.3%,英国为 40.1%。而且许多国家的财政支出比重呈现出不断增长的趋势,这说明政府干预程度在不断加强。例如,日本 20 世纪 70 年代初的数字只有 20%,1998 年上升到 35%。从战后美国政府支出占 GDP 的比重来看,也表现出不断增长的趋势,20 世纪 50 年代的比重不到 30%,到了 20 世纪 90 年代就已接近 40%。法国 1990~1995 年政府支出占 GDP 的比重达 52.7%,意大利的数字为 54.3%[①]。

从图 7-2 中可以看出,20 世纪 80 年代瑞典的公共支出发生了变化,其占 GDP 的比重在 90 年代初有了较大提高,之后出现下降,2000 年以后又略微上升。这反映了瑞典这个国家福利制度改革的历程。

政府干预主要起到辅助市场机制完成资源配置的功能,同时也会对收入分配产生影响。收入分配不公、收入差距扩大会导致社会消费需求不足,从而出现周期性危机,政府在税收和转移支付上的干预,可以缩小收入差距,提高社会的消费需求。

马克思经济学用国家垄断资本主义理论来诠释政府干预。国家垄断资本主义干预的形式包括直接参与、直接干预和间接干预等几种。直接参与指建立新的国有企业或者将私人企业通过收购或补偿的方式收归国有。直接干预包括购买私人企业的股票、国有企业吸收私人资本、国家和私人资本联合兴建企业、国家通过政府采购购买私人企业的产品等。间接干预主要通过财政政策、货币政策、收入政策等宏观调控政策来促使资本主义经济有效地运行。

---

① OECD Historical Statistics 1997.

第二节 宏观调控与管制的主要手段

一、主要的宏观经济政策及其依据

宏观经济政策有多种,包括财政政策、货币政策、收入政策、产业政策、经济管制、经济规划、国有化政策等,而用于宏观调控的政策主要是财政政策、货币政策和收入政策。其他的经济政策相对比较稳定,是长期的调节,而不是针对短期经济波动的。当然面向长期经济稳定发展的有利政策也会减少经济的短期波动,各项政策之间是有联系的。我们本章主要分析宏观调控政策,但有时也要涉及产业政策、管制等其他方面的宏观经济政策。

(一)财政政策

为了维持政府的运转,需要有财政上的收入和支出。资本主义国家的政府主要是为资产阶级的利益服务的,从资本主义经济发展来看,很大一部分财政支出弥补了私人消费和投资的不足,也部分地承担了应由私人承担的成本,因而可以看成是私人资本成本的社会化(刘洁,2005)。在西方国家发展到国家垄断资本主义阶段尤其是如此。

从宏观调控的角度看,财政政策首先起到自动稳定器的作用。在经济繁荣期,随着经济的增长,人们的收入随之提高,相应地,缴纳的税收增加,而由于需要救济的穷人减少,政府的转移支付也减少。这会在一定程度上抑制需求的继续扩大。而在经济衰退时期,人们缴纳税收的减少和政府转移支付的扩大能刺激消费和投资,带动经济的复苏。自动稳定器的作用使得财政政策能够与经济景气状况保持同步,从而直接发挥调控作用。但是自动稳定器的作用效果不明显,依靠自动稳定器来进行宏观调控,需要较长的时间。

表 7-2 个人所得税、法人所得税的国际比较(2000 年)

	日本	美国	英国	德国	法国
个人所得税					
课税最低限(万日元)	368.4	245.0	113.4	384.9	294.3
最高税率(%)	37	39.6	40	51	54
最低税率	10	15	10	22.9	10.5
法人所得税					
法人税	27.37	31.97	30.0	32.94	36.67
事业税、住民税	13.5	8.84	–	15.61	–

资料来源:根据[日]金森久雄、香西泰、大守隆:《日本经济读本》,东洋经济新报社,2001年,第87~88页图表整理。

从表 7-2 中可以看出,各国的个人收入所得税起征点不同,税率不同,法人所得税税率也不同。这会对劳动者和企业产生不同的激励。体现在自动稳定器的效果上也会不一样,在增加的收入相同时,面临高税率会导致缴纳的税收更多,从而抑制消费需求扩大的效果会更好。不同的税率对不同收入阶层的影响也不同,它可以调整收入分配,而收入分配的调整也会影响宏观总需求,起到调控经济的作用。经常困扰资产阶级政府的问题是:向富人征收更多的税收还是向中产阶层征收更多的税收?从消费倾向上看,因为富人的消费倾向低,向富人征收更多的税,通过转移支付支持穷人增加消费,对于资本主义经济总需求的维持是有利的。但是资产阶级政府要维护大垄断资产阶级的利益,因而增加富人税收的政策并不经常采用。此外,为了维持一个大政府,维持较高的财政支出,也需要提高税收。因而财政支出占 GDP 较高的国家,其税率也较高。如果有的财政支出并不对社会整体有益(如国防军事开支),则高税率只会加重劳动者的负担。

从每个劳动者的税收负担看,2005年经合组织(OECD)劳动者税收负担占劳动成本的比重为37.3%,其中德国为51.8%,法国为50.1%,瑞典为47.9%(OECD,2007)。而经合组织30个成员国税收占GDP的比重2000年为历史最高水平,达36.2%,之后有所下降,但2005年又回到36.2%。劳动成本包括税前工资和劳动者与企业缴纳的福利费用。这说明这些国家高的社会福利最终要由劳动者自己来承担,只有缴纳更多的税,才有更好的福利。

采取相机抉择的财政政策要求在经济高涨时提高税率或者缩减政府支出,以抑制过热的需求。而在经济衰退时,需要降低税率或者增加政府支出,以刺激经济复苏。[1]那么,到底应该从财政收入的角度着手,还是从财政支出的角度着手进行财政政策的干预呢?

以凯恩斯学派为代表的"自由"派经济学家认为有很多未满足的社会和基础设施需要,因而他们主张在经济衰退时增加政府财政支出;在需求拉动型通货膨胀时,增加税收。这两种行动都使政府支出规模得以扩张或维持。而以新古典学派为代表的"保守"经济学家认为公共部门过大或者缺乏效率,因此主张在经济衰退时削减税收;在需求拉动型通货膨胀时期,削减政府开支。这两种行动都限制了政府支出规模的扩张。

在资本主义国家,增加的政府支出主要用途是政府消费和社会保障,政府的投资并不多。1980年,美国的实际政府消费为11150亿美元,到2000年上升为17220亿美元[2]。政府消费主要面向大垄断企业进行商品采购,以缓解私人垄断企业产品销售不畅的局面。从政府的公共社会支出看,2003年,OECD国家政府公共支出占GDP的平均比例是21%,其中用于养老的约占8%,医疗保险约占6%,转移支付约占5%。不同国家也存在差异,瑞典的政

---

[1] 但有的时候政府会采取顺周期的财政政策,在经济高涨时由于某种政治压力依然增加政府开支,以后为了削减财政赤字,不断减少政府开支,即使这时已经出现经济衰退。这样的宏观政策会给经济带来很大的损害。

[2] EIU Country Data.

府公共支出占GDP比例高达31%,而墨西哥和韩国只有5%~6%（OECD,2007）。从发展趋势看,在20世纪80年代初、90年代初和21世纪初都有较大的提高,这有利于增加劳动者的收入和生活水平,缓和阶级矛盾,同时也是宏观经济平稳发展的保证。

如果财政支出过大,超过财政收入就会导致财政赤字。当宏观调控需要进一步增加政府支出时,又需要从哪里筹集资金呢？发行公债是其中较常见的做法,发行公债是政府从民间借钱,以增加政府支出、扩大总需求。在经济不景气时,虽然民间有大量剩余资金,但私人投资欲望不足,这时政府想扩大投资却苦于没有资金,于是向民间举债就成为可行的选择。政府债券是有利息的,到期要还本付息。因而严格意义上要求政府投资的项目应该有合理的收益率,但是事实上并不一定如此。一方面,如果到了偿还时间,政府无力偿还,可以进一步发行新债来还旧债。只要公众对政府保持持久的信心、相信政府不垮台,政府就可以无限期地这样做下去。另一方面,如果发行公债是有条件限制的,政府就需要通过扩大财政收入来解决公债的偿还问题,因而有可能通过增加税收的方式来筹集资金。所以,有人认为发行公债与向公民征税是等价的。政府要在将来还本付息,就会提高未来的税率以扩大财政收入。表面上看公民似乎从政府债券投资中获益,实际上收益的来源是公民增加缴纳的税收,虽然每个公民的债券收益和税收并非一一对应。这就是所谓的"李嘉图等价"。

除了向本国居民借债外,政府还可以发行外债。但与内债增多相比,外债增多对政府产生更加不利的影响,它涉及汇率变动的风险和对国家主权的冲击。从各国政府的长期债务状况看,日本、德国和法国在20世纪90年代政府债务占GDP的比重都在上升,日本1990年政府金融债务的比重为68.6%,到2005年高达173.1%（OECD,2007）。而意大利、美国和英国都是缓慢上升而后下降。

从财政赤字来看,日本在20世纪70年代中期到80年代中期财政赤字占 GDP 的比重为 4%左右,80 年代后期和 90 年代初期出现了财政盈余,之后财政赤字又加重。到 1998 年财政赤字占 GDP 的比率为 10.9%。美国的联邦政府赤字占 GDP 的比重在 1929~1989 年大多数年份都在 4%左右,特殊年份如 20 世纪 40 年代初期赤字比例高达 25%,也有个别年份出现财政盈余。2003 年,日本财政赤字占 GDP 的比重为 8%,美国为 5%,欧盟为 3.1%,OECD 为 4%①。欧盟认为 3%是一个警戒线。如何对财政赤字进行补偿呢?还是要通过经济增长,用名义 GDP 成长率减去长期利率的部分(政府债务要支付利息)是可以弥补的部分。

此外,政府发行公债以弥补财政赤字,同任何类型的财政支出扩大一样,会导致挤出效应,即造成市场利率上升从而抑制私人投资。这时可以采取增加货币供给的方法(如通过公开市场业务购买已经发行的债券),将利率降低,这被称为赤字货币化。

对于公债发行的利弊问题,不同经济学者的观点存在分歧。有人认为发行公债可以有效地利用民间资金,有利于宏观经济的调控和稳定。有人认为外债发行会增加偿还负担,而内债发行又存在挤出效应,且会增加将来的税收负担,所以是不足取的。这里争论的核心是公债的用途问题,如果政府投资比私人投资更有效率,公债发行筹集的资金不是弥补政府过度浪费导致的财政赤字,而是用于公共投资、改善基础设施,则政府投资会增加未来经济的成长能力,公债的发行就是可取的。

(二)货币政策

货币政策工具包括法定存款准备金率、再贴现率和公开市场业务。其中最常用的是公开市场业务,而法定存款准备金率很少被用到。货币政策以控制货币供给、调节总需求和合理稳定价格为目的。与财政政策相比,货币政策在短期内会对消费和投资产

---

① OECD Economic Outlook Vol2006/1 No.79, June.

生影响,能够快速发挥作用。

20世纪40年代美国的银行准备金率不超过2%,50年代在2%~5%之间,20世纪60年代进一步上升,在4%~8%之间。在20世纪70年代危机时期有所下降,到70年代末80年代初为了治理通货膨胀,央行大幅度提高了银行准备金率,1981年达18.87%。此后又逐渐下降,在20世纪90年代初期,为了治理经济不景气,准备金率进一步下降,1993年仅为6%。联邦储备银行的贴现率也基本沿着同样的路径发展变化,最高水平为1981年的13.42%[①]。短期利率在1991年为5.9%,1996年为5.4%,2001年为3.7%,2005年为3.5%。日本相应年份的短期利率为7.4%、0.6%、0.1%、0%,[②]实行低利率政策的目的在于刺激90年代持续的经济衰退。

但究竟应该采用怎样的货币政策,是控制货币供给量还是利率呢?理论界也存在着争议。主张控制货币供给量者认为货币政策的传导机制是直接进行的,即货币供给数量的变化会直接影响生产和投资的变化。而利率控制论者认为货币供给的变化首先会影响利率的变化,进而才会对实际经济部门产生影响,所以通过利率来调整经济显得更合适。货币主义认为控制货币供给量是重要的,而莫迪利安尼(Modigliani)和索洛(Solow)都不赞成货币供给的单一规则,这起源于对政府的不信任。从历史上看,黄金作为美国货币供给的调节目标持续了很多年。1971年以货币供给总量M_1作为中期调节目标,1987年改以M_2作为调节目标。20世纪90年代初当M_2与实际经济表现不一致时,又以银行同业隔夜拆借利率作为货币政策的目标。2000年以后美国联邦储备系统(以下简称"美联储")不再设置货币供给增长的目标。

虽然作为凯恩斯主义者,莫迪利安尼(Modigliani)认为是货币

---

① 萧琛主译:《美国总统经济报告:2001年》,中国财政经济出版社,2003年,第302页。

② OECD Economic Outlook Vol2006/I No.79, June.

政策而不是财政政策应该承担稳定经济的主要角色。因为财政政策在未来会产生我们不需要的结果,财政政策主要应通过内在稳定器的影响起辅助作用。关于财政政策和货币政策有效性的争论,我们在下面还要详细论述。

因为货币政策的使用主要通过货币供给、利率的变化来影响实际产出,可是如果货币供给的增加只带来价格的上升、对实际产出没有影响,我们就说货币是中性的,货币政策是失效的。但是现在越来越多的人认为货币是非中性的。由于人们缺乏理性预期,价格的上升总会被部分理解为收益的扩大,企业因而愿意增加投资,从而货币政策会带动实际经济部门的增长。此外,货币学派还认为货币流通速度是不变的,不存在灵活性陷阱,因而货币政策会起作用。当然,货币政策的使用也要适度,由于货币政策的过度使用,美国 1970 年以后利率对投资和生产的影响减弱。

货币主义认为,要保持货币供给增长的稳定性,而不是相机抉择的货币政策,这样才能保证经济的长期稳定。而马克思经济学认为,货币需求归根到底要由实体经济部门的生产需求决定,货币政策的作用不能被过分夸大,它只是引导、顺应生产发展和商品流通的需要。

参考资料:美联储公布新一轮定量宽松货币政策

美联储决策机构联邦公开市场委员会 2010 年 11 月 3 日公布新一轮定量宽松政策,同时把基准利率维持在 0%~0.25%的区间不变,即继续施行零利率政策。

美联储发表声明说,将延续使用资产负债表中到期的债券本金再投资、购买国债的政策,另外,"在 2011 年第二季度前购买 6000 亿美元美国长期国债,大约每月购进 750 亿美元"。声明说,联邦公开市场委员会将根据实时信息,定期审视国债购买速度和总体购买规模,最大限度刺激就业,维持价格稳定。

2010年10月8日公布的统计数据显示,全美非农业岗位就业持续4个月下降,9月削减9.5万个职位,全国失业率维持在9.6%的高位。尽管年初以来私营部门新增86.3万个就业岗位,对于挣扎在"生死线"上的美国经济而言,这样的增长速度仍然太慢。美国目前有150万人失业,以现有速度需要至少9年时间才能恢复因经济衰退而削减的岗位,这还不包括因同期人口增长需要创造的500万~600万个就业岗位。受经济萧条影响,美国目前有1000万临时工不完全就业。如果经济不能尽早全面复苏,这些临时工也将加入失业大军。

资料来源:《新民晚报》,2010-11-5。

(三)收入政策

其他的宏观调控政策包括收入政策,例如物价的管制、转移支付等福利政策。福利政策可以弥补因收入差距过大而产生的总需求不足。凯恩斯主义者认为收入政策是辅助的宏观调节政策工具,可暂时使用。物价管制能够暂时抑制通货膨胀,也能够阻止实际工资水平的下降。欧洲在20世纪60年代至70年代较多地使用物价管制,美国在20世纪70年代石油危机时也采用了类似的政策。早期的收入政策主要用于限制工资和物价增长。收入的变化与要素市场紧密相关。劳动力市场和商品市场的不完全性会导致工资和物价的"刚性",推动了工资和物价的交替上升,从而导致成本推动型的通货膨胀。但限制工资增长的收入政策却很难取得预期的效果。限制收入增长或者采取硬性的冻结方法,或者采取自愿协议。前一种做法依靠的是法律,后一种做法依靠的是道义上的约束力或所谓的"社会责任感"。但对于微观个体来说,社会收益对他的物质激励作用并不大,他更多地关注自身的利益。因而出现了奇怪的现象:企业同意工会提出的工资增长要求,给工人增加工资,但它必须背着政府做,结果政府的物价管制往往失效。如果严格执行控制工资增长的政策,又会对工人消费需求

西方国家市场经济八大问题

带来不利的影响,并会遭到工会的反对。此外,收入政策只能在短期内抑制物价,如果不能从根本上解决供求矛盾,一旦放开管制,价格仍会迅速攀升。物价管制也会带来一系列不利的后果。如生产投资积极性受到挫伤、就业收缩、资本转移、黑市盛行等,这会使得资源配置进一步失调,经济效率下降。

收入政策后来发生了变化,不仅以限制物价增长作为政策目标,而且以"公平分配"作为政策目标,也就是所谓照顾"收入分配方面的平等",缓和低收入阶层的不满,使低收入阶层不至于在通货膨胀下受到损害的目标。发达国家收入差距的扩大影响了宏观经济的正常运行,政府不得不通过二次分配来解决这一问题。增加对富人征税,以提高对穷人的转移支付。如表7-3所示,战后各国社会保障转移占GDP的比重在不断增加,法国最高,20世纪80年代至90年代在20%以上。社会福利政策的推广提高了穷人的收入,扩大了他们的消费需求,对于解决资本主义生产过剩、消费需求不足问题有好处。但是福利政策也增加了政府的财政负担,导致更大的财政赤字,同时也使许多人对福利制度产生依赖。近年一些发达国家对已有的福利制度进行了改革,如用工作福利代替现金或实物福利。

表7-3 各国社会保障转移占GDP的比重　　　单位:%

	1960~1973	1974~1979	1980~1989	1990~1995
美国	6.4	10.2	11.0	12.5
日本	4.5	8.4	11.0	11.9
德国	12.8	16.7	16.5	17.7
法国	15.5	17.5	21.2	22.6
意大利	11.9	15.4	16.7	19.0
英国	7.8	10.2	12.7	
加拿大	7.3	9.9	11.6	14.9

资料来源:OECD Historical Statistics 1997.

(四)国有化政策

第二次世界大战以后,西方国家的企业出现了国有化的浪潮。国家创办国有企业,经营私营企业不愿意从事的行业,如风险大、投资大的项目。国家也将经营失败的私营企业收归国有。这是国家垄断资本主义的表现,反映了在资本主义经济出现危机时国家的有力干预。但在20世纪70年代末期西方国家的国有企业又开始纷纷被民营化。主要原因在于国有企业经营效率低下,许多企业亏损严重。民营化后虽然企业的利润上升,但许多公共服务的价格上升,消费者要支付更大的成本。

以英国为例,工党执政后,从1945年起,通过一系列国有化法令,把一批煤炭、电力、煤气、铁路、航空、电讯、航运企业收归国有。1951年起又实行了部分钢铁工业的国有化。此外,英格兰银行也实行了国有化。在当时,为了防止战后英国重演20世纪30年代大危机的悲剧,资产阶级统治集团感到进行社会改革的必要。而扩大国有制和使国有企业在社会中具有占支配地位的权力被当做"英国社会主义"的目标之一,因为它既与所谓维护"社会主义"、"个人幸福"有关,又与发展生产、保证充分就业和物价稳定有关[①]。收归国有的主要有三类部门:一是为私营经济部门提供动力、运输和通讯的部门,这些部门的国有化,被认为可以防止私营企业经营可能出现的垄断,从而降低私营企业的生产费用,有利于这些企业的发展。二是技术水平较低,长期亏损、而且缺乏资本在短期内进行技术改造的部门,例如煤炭工业和钢铁工业。三是关系到全国金融事业发展的中央银行的国有化。英格兰银行收归国有后,有利于政府执行货币政策来调节经济。

应该看到,政府实行国有化改革对大多数资产阶级企业是有利的。政府在对私人企业收归国有时实行"补偿制度",即以政府

[①] 罗志如、厉以宁:《二十世纪的英国经济:"英国病"研究》,人民出版社,1982年,第256页。

债券来换取原企业的股票。股票在作价时,一般高于市场价格,这使得原有企业主感到有利可图。此外,原企业的董事和经理中,有不少继续留在收归国有的企业中工作,或被任命为管理机构的官员,他们的才能和经验继续得到重用。

国有化的效果如何呢?它会对宏观经济和长期增长产生怎样的影响?一方面,它给政府带来很大的财政负担,政府购买私人企业要付出相当的费用,接手后还要进行大规模的投资,这导致战后英国财政赤字不断增加,并助长了通货膨胀。从对收入分配的影响来看,很多大垄断资产阶级从国有化中获得巨大的利益,因而收入朝有利于资产阶级的方向再分配。另一方面,国有化对经济增长有促进作用。一些长期亏损的私人企业收归国有后,因为注入大量资金,技术进步的速度加快,劳动生产率得到提高,国际竞争力也增强了。那么,有利的方面和不利的方面相比,究竟哪一面更重要呢?一般的看法是:国有化在战后早期,推动经济增长的作用表现得比较明显,主要因为战后英国经济还处于恢复和调整阶段,私营企业的自我生存力量还很薄弱,国有化能够帮助私营企业摆脱困境。但随着私营企业自我资本的逐渐充足和竞争能力的加强,国有化的作用越来越不明显。反而带来巨大的财政负担,国有企业经营效率低下的弊病也越来越显现出来。因而要求进行产权结构的调整,在20世纪70年代末期许多国有企业开始了私有化运动。

英国的经验告诉我们,国有化可以作为资本主义经济宏观调控措施的重要组成部分。同时,它也说明产权关系不是永恒不变的,在适当的时候可以进行调整。

参考资料:次贷危机中的国有化政策

在本次经济危机中,西方国家一些问题大企业又开始了国有化运动。如美国在2008年7月授权财政部可以"无限度"提高房利美和房地美的贷款信用额度,并承诺在必要时刻美国政府将出资购买这两家机构的股票。9月,财政部长保尔森宣布接管这两家企业,由美国国会新创建的机构联邦住房金融署负责管理这两家机构。下一步的行动包括注资、收购优先股、债券担保等具体救助措施。通用汽车2009年申请破产保护,美国政府将向通用提供301亿美元援助,美国政府将持有重组后"新通用"公司60%的股份,加拿大政府持有12.5%。正是在政府的支持下,通用汽车国际运营部2010年实现利润23亿美元,这再一次说明了国家垄断资本主义的性质。

(五)管制政策

政府对产业的管制措施主要为了反垄断,保护消费者的利益。只有符合政府规定资质的企业才能进入某一个行业,并且政府对企业兼并收购实行严格的限制,以防止企业规模过大形成垄断。但是管制也使得垄断企业竞争力和效率下降,消费者支付更大的成本。有学者对美国经济管制的成本进行了估计。成本为没有管制时与实行管制时经济效果的差异,它指对整个社会带来的净效率成本。霍普金斯(Hopkins,1992)和温斯顿(Winston,1993)估计美国经济管制的总成本约占国内生产总值的7.2%~9.5%[①]。

政府监管需要考虑的因素包括:监管面临的资源约束;在追求分配目标时,监管所能发挥的潜在作用;监管者能够掌握的工具;在现行条件下,监管的独立性和可问责程度;行业内现有生产商的所有权结构;行业中投资和创新的重要性。因此政府应采取有利于竞争的自由化政策,比如降低消费者的转换成本和搜寻成本;确保全面监督和数据汇报;将国有企业私有化;重新调整零售收费标准以更好地反映成本;允许充分的(但绝非不受限制的)定价灵活性;防止下游竞争者处于不利地位;制定合理的进入价格;限制成本转移;确保行业政策的所有组成部分能够统一发挥作

[①] 转引自 J. L. Guasch and R. W. Hahn(1999), "The Costs and Benefits of Regulation: Implications for Developing Countries", The World Bank Research Observer 14(1), 137~158.

用;增强反垄断政策的监督和执行①。

20世纪以后,西方国家不断放松管制,形成了几轮兼并收购浪潮。人们逐渐认识到企业规模的扩大并不必然与垄断相联系,它有助于企业提高效率、完善治理结构。因而政府放松管制有利于企业组织制度的创新。在放松管制的背景下掀起的企业并购浪潮使得企业组织更加灵活,企业之间的合作更加密切,大大降低了交易成本和生产成本,推动了经济增长。20世纪90年代美国新经济的出现得益于金融业、高科技产业的发展以及开放度的提高。而这些都与政府放松管制有关。应当看到,放松管制后虽然带来了社会整体效率提高的好处,但更有利于大公司的利益。

政府在一些领域实行自由化的政策,而在另外一些领域则加强了政府的管制和干预,以维护大企业的利益。虽然经济全球化宣扬自由贸易,但西方国家至今仍采取贸易保护政策,以维护本国大企业的利益。例如,不承认发展中国家的市场经济地位,对来自发展中国家的进口商品实行反倾销制裁;发达国家之间的贸易战也频繁发生。以美国为例,一旦出现贸易赤字,就要求贸易对方开放进口市场,或对其出口到美国的产品进行制裁,或者直接要求对方的货币升值。这些强硬手段反映了美国帝国主义霸权行径,但却不能从根本上解决美国的宏观经济问题②。美国对中国的贸易赤字主要出现在机械设备、电子、服装、玩具、纺织和制鞋等行业,但在这些行业,许多产品都是由美国投资设立的子公司在中国生产返销回美国的。据统计,超过50%的中国对美出口是美国的跨国公司创造的③。美国的企业把资金投在发展中国家,或者

---

① 马克·阿姆斯特朗、戴维·萨平顿:《监管、竞争与自由化》,载《比较》第27辑,第103页。

② 实际上,廉价进口品有利于抑制美国的通货膨胀和宏观经济的稳定。来自中国的进口对美国通货膨胀的影响1991~1995年为−0.02,1996~2000年为−0.09,2001~2005年为−0.11。转引自OECD Economic Outlook Vol2006/1 No.79, June, P.27.

③ [美]詹姆斯·彼得拉斯:《美国对华贸易政策:自由市场主义还是国家主义?》,载《国外理论动态》,2007年第1期。

在房地产领域投机或者通过剥削廉价工人来获得高额利润。所谓的"中国威胁论",只不过是美国为逃避自由市场严格规则而找的托词。

二、采取怎样的宏观政策:财政政策还是货币政策

下面对财政政策和货币政策的有效性进行比较。凯恩斯学派强调政府干预,因而对财政政策更加钟情,虽然他们也认为货币政策是有用的。而货币政策的支持者大都希望更多地通过利率变化来影响民间投资的变化,从而达到调节经济的目的,他们更相信市场的作用。甚至在货币主义看来,不需要相机抉择的货币政策,只要保持稳定的货币增长规则就可以了。为什么会产生这样的分歧呢?下面我们从原理上做一些分析。

首先,IS 曲线越陡峭,财政政策越有效。我们知道 IS 曲线的方程为:

$$r = A/b - Q/(MULT\,II * b)$$

由方程可知,投资对利息率的反应参数 b 越大,乘数 II 越大,IS 曲线就越平缓。反之,当 IS 曲线越陡峭,投资对利率的反应越小,财政政策的挤出效应越小,因而政策会越有效。一般来说,市场化程度越高,投资对利息率的反应参数就越大。那么,能否得到这样一个推论:市场化程度越高,财政政策的效果越小。这似乎也与基本事实相符,在发达的市场经济国家,财政政策的作用相对较小,也很少被运用。而在转轨经济国家,例如中国,民间投资对利率的反应不明显,往往要依靠政府投资来进行宏观调控。在 1998 年之后的几年经济不景气时期,连续几次降息的作用都不明显,最后通过政府支出的扩大才摆脱了经济的低迷。

前面已经说过,货币流通速度不变,货币政策越有效。此外,LM 曲线越陡峭,货币政策越有效。货币流通速度、货币需求对利息率变化的反应与 LM 曲线之间存在着密切的关系。

货币流通速度变化的内因是投机性货币需求对利息率的反应程度。

LM曲线的方程式为： r=1/h(kQ-MS/P).

其中,如果投机性货币需求对利息率的反应参数h小,LM曲线就陡峭;反之LM曲线平缓。LM曲线越陡峭,货币政策越有效。其中的含义是当货币供给增加,利息率下降,由于h较小,投机货币需求增加较小,由此货币流通速度下降很小,因而货币政策能够很好地发挥作用。由此,我们是否也可以推理:市场的投机成分越大,货币政策越无效。这时,货币供给的增加和利率的下降并没有刺激实际经济部门的增长,因为投机性需求压倒投资性需求,这会导致资本主义经济的泡沫成分增加。当然,这还有待更多的实证资料检验。

有时,货币政策和财政政策可以同时使用、协调配合。例如,松的财政政策和紧的货币政策搭配,主要是为了防止政府开支过大引发需求膨胀,从而形成通货膨胀,所以紧的货币政策能够起到一定的抑制作用。同样,紧的财政政策也可以同松的货币政策搭配,这能够防止经济向衰退过渡。在经济危机非常严重时,也可以同时使用松的财政政策和松的货币政策。具体采取怎样的政策组合,取决于当时的宏观经济状况和决策者的判断力。当然,也有学者对财政政策和货币政策搭配使用本身提出了质疑,认为这样做反而会引发经济的混乱。

如何保证实现最优的货币政策和财政政策？最优货币规则的目的是使名义利率和通货膨胀保持在低水平。中央银行的独立有助于降低通货膨胀,控制通货膨胀是中央银行的首要目标。最优财政政策要求筹集到必要的财政收入,使产生的静态和跨时期扭曲尽量小。对劳动收入和消费的税率在时间上应大致保持不变;政府债务收益率和资产税率应有所浮动,以便让各时期的政府预算保持平衡。

第三节 政府宏观调控与管制的历史考察

西方国家的宏观调控都是在不断摸索中总结经验。历史是一面镜子,我们从战后西方经济发展的历史中也能够看到政府宏观调控的演变路径。在危机当前时,政府采用怎样的政策来克服危机。而宏观政策具有沿袭性和路径依赖性,前期恰当的政策应用会给后期的决策以指示作用。本节主要以美国为例,对战后西方国家不同时期宏观调控的状况进行分析。

一、20世纪五六十年代的宏观经济政策

战后政府宏观调控的兴起可以溯源于1929~1933年的资本主义世界性经济危机。关于大危机的原因有以下几种解释。一是凯恩斯所说的总需求的大规模下降,投资和消费需求不足,因而要依靠政府财政支出来弥补。二是由美国20世纪20年代经济的过度繁荣、投机泡沫引起的。布兰查德(Blanchard,1997)认为"经济崩溃的根源几乎可以肯定地说是投机性泡沫的后果"[①]。三是弗里德曼的观点,他认为货币政策的失误、美联储的错误管理是罪魁祸首。大规模紧缩的货币政策使投资者失去信心。在危机的第二阶段,货币力量具有更大的重要性,对经济恢复起作用的是货币的扩张和低利率。但货币的过分紧缩抑制了经济的恢复。奥地利学派也认为,政府干预使情况更糟,它破坏了古典经济模型的自我矫正的市场力量。四是非货币/金融假说——他们认为是金融体系和制度出了问题(伯南克)。五是金本位制使危机在世界范围传播。此外还有所谓的多因素共同决定论(哈伯勒)。

其实危机的本质原因还在于有效需求不足,而且不仅指投资

---

① 本部分未注明的引用均来自[美]赫伯特·斯坦:《美国总统经济史——从罗斯福到克林顿》,吉林人民出版社,1997年。

需求,还包括消费需求。至于货币因素反映的则是表面的问题和第二阶段的问题。对于如何治理危机,在凯恩斯看来,应扩大政府支出以弥补私人投资的不足。但是也有后人对危机中的财政政策的评价却不高。财政政策在经济恢复中的作用微乎其微(Romer,1993);"财政政策不但未能有助于提高总需求,反而更加降低了总需求"(Dornbusch,1997)。

罗斯福新政被看成是治理危机的典范,并认为其受到凯恩斯思想的影响。其实历史研究表明罗斯福并没有受到大洋彼岸的凯恩斯的影响,他们的思想也存在一些差异。罗斯福认为信心对经济恢复是重要的。虽然罗斯福增加了财政支出,但他仍坚信平衡预算。而在凯恩斯看来,一定的财政赤字是无碍的。罗斯福强调了计划的重要性,主要体现在全国产业复兴法。经济的各个部门都要建立产业委员会,确保物价要高到使企业有利可图并愿意进行生产的水平,而且要保证工人得到足够的工资去购买产品。但后人对此的评价是:愚蠢的做法,不能从根本上解决总需求不足的问题。因而有人对罗斯福新政是否真正对摆脱危机做出贡献表示怀疑,在他们看来,是经济的自发调节使得美国摆脱了1929~1933年的大危机。

但是罗斯福新政毕竟产生了影响,他使人们相信政府应该进行宏观调控,应该有所作为。在新政期间,经济管制开始扩展:劳工关系法、最低工资开始出现并实行,税收和转移支付激增。美国的社会福利国家做法起源于罗斯福新政。福利国家的发展方向提高了政府干预的范围,对改善劳动者的境遇也有好处。此外,联邦政府对经济实行干预的权力不再受宪法限制,也为政府干预提供了广阔的空间。

20世纪50年代中期,以萨缪尔森为代表的经济学家形成了新古典综合学派,他们将凯恩斯的宏观思想与新古典的微观理论结合,使凯恩斯的思想在美国得到迅速的传播。他们一方面相信财政政策的重要作用,但另一方面又认为财政政策要由货币政策来补充。20世纪50年代凯恩斯思想的流传主要停留在学术界,政府很少对经济进行宏观调控。实际上,美国的政府层面直到1960年以后才开始真正接受凯恩斯政策,这比欧洲的一些国家晚。英国等欧洲国家在战后复兴时期,凯恩斯的理论就一直被接受、采用。

为了治理自20世纪50年代末期开始产生的经济衰退,肯尼迪1960年上台后实行减税政策,目的在于通过影响需求使消费和投资增加。当时的一般认识是,货币供应的扩张和减税都有助于总需求的扩张,这两者起码暂时会提高实际产值。同时,政府也扩大了财政支出,凯恩斯式的需求管理起作用了。这时,政府需求的扩张引起价格的上涨,但人们对价格上涨并不在意,因为菲利浦斯曲线成为政府需求管理的理论依据。失业和通货膨胀之间存在着替代关系,要治理失业,就要以牺牲通货膨胀为代价。这实际上违背了菲利浦斯的本意,菲利浦斯曲线本来是表示失业与工资稳定之间的关系。失业率下降,工资会上涨;失业率增加,工资会下降。一般价格水平与工资有关,但不完全一致。而且这种反向联系背后的经济学机理并没有搞清楚,是偶然的联系还是必然的联系。这样的盲目应用注定了其日后问题的出现。

当时的背景要求解决贫困和失业问题,关于解决的方法也存在着分歧。以萨缪尔森和托宾为代表的一派认为要解决结构性问题,通过扩大人力资本投资来提高低收入者的技能,只有这样才能提高其收入。而以加尔布雷斯为代表的一派则主张从收入再分配和管制大企业行为等方面来解决贫困。

到了约翰逊执政期间,政府加强了消除贫困的力度,加强了社会保障制度。但"政府开支增长的最大部分完全没有用于消除'贫困'。绝大部分钱流入中等收入阶层的腰包——主要通过老年人保险和健康保险计划等"[①]。

---

① [美]赫伯特·斯坦:《美国总统经济史——从罗斯福到克林顿》,吉林人民出版社,1997年,第90页。

历史上,越南战争的持续和社会保障的增加扩大了财政支出的规模,加剧了通货膨胀的压力。这时,通货膨胀的迹象已经明显,但政府并没有采取积极的措施,增税政策被推迟,直到1968年才开始增税,以抑制通货膨胀。原因可能是政府在采取通货膨胀的政策,作为税收来源的一种渠道(通货膨胀税),以便为社会开支提供资金,而不必采取一项公开的、政治上不受欢迎的提高税率的决策。

通货膨胀的原因在于政府的过度干预吗?1968年弗里德曼发表论文,认为由于存在适应性预期,从长期看,失业和通货膨胀两者不存在替代关系。这说明替代关系之所以成立,在于人们的错误预期。在需求增加、价格上涨时,人们将其理解为盈利机会的扩大,因而企业愿意增加投资、劳动者愿意多工作,失业率因此下降。一旦人们认识到扩张的结果只是价格的同比例上升时,就不会采取行动,失业率也不会再继续下降。从长期看,由于有了理性预期,菲利浦斯曲线成为一条垂直的直线,这时的失业率为自然失业率。当失业率已经达到自然失业率时,再依靠需求管理政策来降低失业率就不会奏效,只能导致通货膨胀的增加。所以,自然失业率又被称为无加速通货膨胀下的失业率(Non-accelerating Inflation Rate of Unemployment,简称 NAIRU),在政策领域更多运用此概念。同时,自然失业率不是固定不变的,要降低它,需要从供给方面提高微观经济结构和劳动力市场的运行效率。财政政策的频繁使用会导致通货膨胀。

总之,20世纪五六十年代凯恩斯政策的应用带动了战后资本主义世界的经济繁荣。政府的宏观调控更多的是为了垄断资产阶级的利益,即政治经济学中的国家垄断资本主义行为。将一些亏损的垄断企业收归国有,减轻了垄断资产阶级的负担。政府财政支出的扩大增加了对垄断资产阶级产品的需求,政府采购尤其是战争带来的采购维持了20世纪60年代的经济繁荣。例如,1960

年联邦政府用于国防方面的支出为 552 亿美元,而非国防支出仅为 107 亿美元。其中消费支出为 515 亿美元,投资性支出为 143 亿美元。投资性支出较少不利于生产力的长期发展。1970 年用于国防方面的支出和非国防支出的数字分别为 909 亿美元和 255 亿美元①。政府的社会福利性支出增加不大,也没有很好地解决消费需求不足的问题。

二、20 世纪七八十年代宏观经济学的发展:新自由主义与新凯恩斯主义的对立

资本主义世界在 20 世纪 70 年代初期出现了严重的经济危机,不仅存在较高的通货膨胀率,而且存在较高的失业率,即所谓的"滞胀"。滞胀的起源是石油价格上涨,但深层次的原因却在于资本主义的基本矛盾。菲利浦斯曲线完全不成立,凯恩斯政策失效了。面对危机,需要新的调控政策。这时,保守主义经济学开始复兴。

在理论界,货币主义和新古典宏观经济学(理性预期学派)纷纷对凯恩斯学派进行批评,认为他们主张的政府过度干预应该对滞胀负责。凯恩斯理论忽视了微观基础、供给、通货膨胀及货币对经济的影响,要重新相信市场的自发调节功能。理性预期学派试图建立宏观经济学的微观基础,他们认为由于公众存在理性预期,菲利浦斯曲线在短期也是垂直的,货币是中性的,无论是财政政策还是货币政策都是无效的(卢卡斯批判,Lucas Critique)。微观主体会对政策进行预期,调整自己的行为,只有未被预期的政策才有效果。此外,失业都是自愿的。货币主义认为货币政策应该遵循规则而不是相机抉择。为达到目的而不断地进行相机抉择,会使政策不可信。真实经济周期学派认为经济危机是由技术进步引起的

---

① 萧琛主译:《美国总统经济报告(2001 年)》,中国财政经济出版社,2003 年,第 240 页。

自然产出水平的波动,政府不应干预,失业都是自愿的。他们将经济波动、周期与经济增长联系起来,并进行动态的、跨时期分析。

货币主义偏重政策,而卢卡斯的理性预期学派偏重理论,他们都是新古典的复兴学派。他们从1970年开始逐渐对宏观调控政策产生影响,但理性预期学派的影响主要集中在学术界,其对政府政策产生的直接影响不大。

尼克松总统执政期间,正值美国经济出现危机的时期。作为一个具有自由主义思想的保守主义者,尼克松的政策是混合的、折中的,甚至有些自相矛盾。他上任后面临的问题主要有财政赤字和通货膨胀,因而其采用了财政政策和货币政策,并实施了具有尼克松特色的收入政策——工资和物价管制(1971年8月至1973年7月)。他实行最高限价,但价格的限制减少了商品供给,造成更大的短缺,物价存在上涨的动力。当管制终止后,物价迅速上涨。可见,管制不能解决问题,而且也没有不经受任何痛苦就可摆脱通货膨胀的方法。在其他方面,政府的管制措施也在进行,例如在能源、环境等方面加强管制,而在征兵、美元兑换黄金、粮食、贸易壁垒等方面取消管制。

20世纪70年代的宏观调控是矛盾的和复杂的:一方面要抑制需求,控制通货膨胀;另一方面又要刺激经济,解决失业。1974年实行严格紧缩,1975年又实行有限的刺激,1976年经济出现了好转。到卡特执政期间,为了治理失业,政府实行了扩张的财政和货币政策,货币供给增长,终于配合第二次石油危机,1979年通货膨胀又一次高企。在1980年的《总统经济报告》中提到,通货膨胀是头号经济问题。要实行财政和货币限制,执行压低价格和工资增长的收入政策,提高劳动生产率,保护经济免受外部冲击(石油危机)。涉及收入政策,托宾认为1979年采取反通货膨胀措施时,若采取某种收入政策,就不会使产量和就业遭受那么多损失。

20世纪70年代是个危机的时代,但是遭受更大创伤的是广大的劳动者。对于资本家来说,其利润率并没有较大的下降。1973年,制造业公司股票所得税后利润率为 12.8%,1974 年为 14.9%,1978 年和 1979 年分别为 15% 和 16.4%;1973 年的销售利润率为4.7%,1974 年为 5.5%,1978 年和 1979 年分别为 5.4% 和 5.7%[①],甚至比黄金时代的 20 世纪 60 年代还要高。

到了 1980 年里根执政时,美国面临着各种问题:通货膨胀、失业、财政赤字。他实行的宏观调控政策包括:大幅度减税、增加国防经费、削减非国防开支(大力压缩就业与培训计划、降低能够领取食品券和教育津贴的收入水平,缩小有权享受社会福利的范围,以及削减给州和地方政府的拨款)、高技术产业政策(理由是高科技的发展可以提高实际工资和收入,促进经济增长)、放松管制。

减税的主张来自供给学派,他们认为减税可以通过影响劳动力和资本供给来刺激经济,而不会使财政收入下降。但事实证明这一政策是失败的,减税没有在供给方面带来明显效果。减税是在一个较大的经济衰退时期开始的,利率上升抵消了税收对投资的刺激作用。从 1982 年开始,政府又不得不开始增税。

受货币主义等新古典复兴学派的影响,里根政府逐步减少国家对经济的干预。例如,政府放松了对许多行业的管制,这对消费者和生产者都产生了较大的收益,如表 7-4 所示。航空、铁路和公路的放松管制产生了很大的消费者收益和生产者收益,而通信行业产生的潜在收益较大。

里根政府在宣称国家少干预的同时,却首先保证和增加军费开支。这使得财政赤字增加,加之失业率上升,政府不得不回到干预经济的老路上。里根连任后,仍主张减少国家干预,使整个美国经济逐渐失去了控制,导致了 1987 年的股灾,并成为从 1990 年

---

① 萧琛主译:《美国总统经济报告(2001 年)》,中国财政经济出版社,2003 年,第 240 页。

开始的经济萧条的潜在原因。布什上台后,只关心外交活动,军费开支继续增加,而脱离了国内经济发展的实际。联邦政府的国防开支由1980年的1696亿美元增加到1991年创纪录的3845亿美元。财政赤字和国债负担更加严重,而布什有增税的禁忌,特别是不增加所得税。里根和布什都放松了政府对经济的调控,首先放松了政府对财政方面的调控,因而导致巨额的财政赤字。在布什下台的1992年,联邦财政赤字达到历史新高,为2904亿美元。他们都提倡高消费,这引起投资率的下降。

表7-4 美国放松管制的收益(1990年) 单位:10亿美元

产业	消费者收益	生产者收益	总计	其他潜在收益
航空	8.8~14.8	4.9	13.7~19.7	4.9
铁路	7.2~9.7	3.2	10.4~12.9	0.4
公路	15.4	(4.8)	10.6	0
通信	0.7~1.6	—	0.7~1.6	11.8
有线电视	0.4~1.3	—	0.4~1.3	0.4~1.8
股票交易	0.1	(0.1)	0	0
天然气	—	—		4.1
合计	32.6~43.0	21.6~22.0	3.2	35.8~46.2

注:"—"表示缺少数据,括号内的数据表示收益为负值。

资料来源:转引自 J.L.Guasch and R.W.Hahn. 1999. The Costs and Benefits of Regulation: Implications for Developing Countries, The World Bank Research Observer 14(1): 147.

从长远的观点来看,赤字的规模——不管是大还是小——如果稳定,就不会影响名义国民生产总值、价格水平和就业。可是,它将影响产值与劳动生产率的长期增长率,因为从长远观点来看,赤字越大,私人生产性投资的增长就越慢[1]。而且赤字的弥补无论是通过增税还是发行国债,负担最终都要落到劳动人民的身上。

---

[1] 赫伯特·斯坦:《美国总统经济史——从罗斯福到克林顿》,吉林人民出版社,1997年,第302页。

治理通货膨胀是20世纪80年代的一个关键任务。要降低通货膨胀并且不扩大失业,唯一的办法是要明确地表明,即使出现增加失业的现象,政府也不放弃通货紧缩的政策。政府要取得人们的信任。货币学派对治理通货膨胀的观点是谨慎的货币规则,为稳定价格,必须防止货币量的过度增长,联邦委员会应该每年制定和宣布限定货币量的年增长率的目标范围。货币供给的增长率应该很少变化,只应在非常需要它变化的时候再变化。货币学派希望无为而治,他们不相信经济的货币政策干预,认为货币政策是无用的,货币是中性的。只有保持稳定的有规则的货币增长,才能够控制通货膨胀。而自由主义的货币政策则是对利率进行管理,不相信所谓的规则。货币主义的主张在早期治理通货膨胀的过程中的确产生了影响,但是到了20世纪80年代早期,货币主义受到冲击。因为货币流通速度可变,影响了恒定货币供给的政策效果。1983~1986年,货币主义的规则被置之不理,而经济运行却取得了令人满意的成效。理性预期的"货币恐慌"经济周期理论在20世纪80年代遭到破产,米什金和戈登(1982)发现,没有预期、被预期的货币政策都会影响产出和就业水平。

不管怎样,20世纪80年代治理通货膨胀是部分成功的。到20世纪80年代中后期,美国的通货膨胀水平得到抑制。但是失业率却逐渐走高,这与私人投资的不振有关。随着新经济增长理论在20世纪80年代中期复兴,对经济学家来说,更重要的事情是研究如何提高生产率,提高一国的国际竞争力,通过经济增长来创造更多的就业机会,而不是要熨平经济周期。

从20世纪七八十年代美国的宏观调控政策可以发现一些共识:更加强调抑制通货膨胀,较少通过扩张手段实现充分就业,更多地促进经济增长和较少进行工业部门间生产的再分配,更多地使用货币政策和较少使用财政政策来稳定经济,更多地依靠市场和较少地依赖政府管制。这也为20世纪90年代的宏观调控指明了方向。这些宏观政策对劳动者的影响是深刻的,抑制通货膨胀引起经济衰退,导致更多的劳动者失业。长期居高不下的通货膨胀也使得劳动者的实际收入下降。

三、20世纪90年代以来的第三条道路:政府和市场的融合?

20世纪90年代是一个融和的年代。虽然在美国的新自由主义和凯恩斯主义、在欧洲的保守主义和自由主义(相当于强调政府干预的凯恩斯主义)之间依然对立,但是理论的融合在进行中,相应地,各国在宏观经济政策上体现了更多的理论综合,既有凯恩斯主义的成分,又有货币主义的成分。代表性的理论是新凯恩斯学派,他们认为市场协调会出现失灵,因而政府干预是必要的。但不同于凯恩斯理论,新凯恩斯学派主张政府干预的理由更加充分,是建立在微观基础之上,并强调政府干预不能对微观主体的行为造成损害。

新凯恩斯学派发起于20世纪80年代,他们的理论包括工资和价格调整的粘性、协调失灵等,例如在名义价格刚性的情况下,名义需求冲击会产生实际效果(而凯恩斯更关注实际需求冲击),所以政府政策是有效的。在短期内应该使用相机抉择的总需求政策来稳定经济的运行,经济体需要较长的时间才能恢复到自然失业率的水平。

在20世纪90年代初的经济危机中,政府也充分运用了财政政策和货币政策来干预经济,以避免经济增长萎靡,刺激经济回升。早在危机的始发阶段,即1989年7月,联邦储备委员会就着手降低"联邦基金"的利率,把这种利率从接近10%降到9.25%。随后连续多次降低利率,到1992年9月,在这次危机期间第18次降低"联邦基金"利率,把它一下子降到3%。此外,联邦储备委员会还连续7次降低了"贴现率",把它从1990年12月的7%降到了1992年7月以后的3%。这些措施在危机的始发阶段起到了延缓危机急剧发展的作用;在危机临近结束时,又起了促进经济复苏的作用。

美国前总统克林顿在1993年初上台以后,实行了一系列的政策,包括健康保障、投资的大量计划(教育、技术)、增税、货币政策(利率)等。并进一步放松管制,相信政府在改善投资活动中可以起到很大的作用。

在面临巨大财政赤字的情况下,政府加强了财政的干预。一方面提高了高收入阶层的所得税税率以及社会保险税,另一方面压缩政府开支,并着手对美国的医疗保险制度及其他社会福利制度进行改革。克林顿政府的增税和医疗保险改革,增加了劳动成本,导致了企业尽可能多地应用新科学技术来替代劳工,这有利于推动企业的技术进步。

政府的科技政策最引人注目,政府对科学技术发展的支持主要体现在增加科研投资,美国联邦政府用于研究和开发的支出1970年为148亿美元,1980年为294亿美元,1990年上升到639亿美元[1],2000年为696亿美元。政策从注重军事技术转到注重民用技术,1999年美国政府的科技投入的53%投给了国防研发活动,这与1986年的69%相比下降了很多。加强了政府对科技的干预和指导,表明政府采纳了产业政策的思想,改变了里根和布什恪守的政府不干预经济的原则。克林顿政府进行了产业结构的调整,国防工业的就业人员从1989年的135万人缩减到1994年的80万人。制造业部门经过几年的调整,减少了100万工人,但服务业工人却大大增加,这就有效地减少了美国的失业人数[2]。

在货币政策方面,面临20世纪90年代初期经济的不景气,美联储于1993年开始降低利息率,而当1996年以后经济快速增长出

---

[1] 《美国统计摘要》,1993年。
[2] 李世安:《一只看得见的手——美国政府对国家经济的干预》,当代中国出版社,1996年,第279~280页。

现"过热"迹象时,中央银行又多次提高利率,到了1998年,为避免受亚洲金融危机的影响,央行适当地下调了国债利率。且每一次调整的幅度都比较小,没有对经济的正常运行造成很大的冲击,又起到干预经济的目的,可以说,美国经济之所以保持低通货膨胀低失业的良好态势,与成功的货币政策是分不开的。政府还重视与亚洲国家的贸易,提高生产率,以增加出口。实际上,克林顿政府的经济政策是供给学派、货币学派以及凯恩斯学派的混合物。

由于克林顿政府的努力,美国经济取得明显的好转,财政赤字明显下降,在1992年克林顿上台时财政赤字达2904亿美元,1996年下降到1075亿美元,1997年为220亿美元,1998年实现盈余,盈余692亿美元,1999年达1244亿美元,到2000年盈余估计进一步扩大到2362亿美元[1]。经济增长率走向较高速度的增长,就业状况得到改善,失业率由1992年的7.5%下降到2000年的4%。产业竞争能力增加,国际经济地位出现上升趋势,对外经济关系取得了一些突破。

美国经济自2001年后又出现衰退,政府采取降低利率的方式来刺激经济,发展房地产业和金融服务业,最终导致次贷危机的出现,经济更加脆弱。

与此同时,20世纪90年代后的日本经济不断恶化,恶化的原因与日元迫于美国压力而升值有关,这反映了发达资本主义国家之间的矛盾,也与日本国内经济结构转型、泡沫经济破灭有关。这时政府采取了怎样的宏观调控政策呢?主要实行零利率政策刺激经济,但同时从量上进行信贷控制,以防止不良债权的出现。政府在财政支出上也有较大的增加,这样做的负面影响是导致日本财政赤字的扩大。从金融政策的工具看,主要有向央行贷款(仅限于问题贷款,1991年废除了窗口指示,经济更加自由化)、公开市场业务和法定存款准备金(但很少运用这一政策)。

---

[1] Economic Report of the President, 2001.

欧洲的20世纪90年代是与高失业率斗争的年代。高失业率被认为是与劳动力市场结构问题、紧缩的反通货膨胀政策有关，因而政府主要从劳动力市场制度方面降低对劳动者的保护，对企业解雇工人的管制放松，加强工资的灵活变化。这对劳动者造成不利的影响，也遭到劳动者的反抗。如法国近年发生的年轻人骚乱事件。

参考资料：本次经济危机中各国的宏观调控政策

危机之初，美国政府采取传统的政策手段。2007年8月，推出再贷款计划，为陷入困境的房主提供联邦住房管理局（FHA）担保的融资。此后，美联储先后采取了公开市场业务操作、降低联邦基金基准利率、降低贴现率等货币政策，以缓解流动性紧张，稳定金融市场。并在2007年12月之后推出期限拍卖融资便利、一级交易商信贷便利、定期证券借贷工具等新的流动性管理工具。2008年2月14日，总统布什签署了总额约为1680亿美元的法案，拟通过大幅退税刺激消费和投资，以避免经济衰退。2008年1月22日，美联储将联邦基金利率由4.25%降至3.5%。

2008年10月17日，德国议会通过了《金融市场稳定法》，决定设立金融市场稳定基金，采取的措施包括：(1)由联邦财政部提供债务和应付款项担保，担保金的总金额为4000亿欧元。截至2009年3月，共发放了1430亿欧元的担保金，其中大部分向地产融资抵押银行提供。(2)通过国家注资参股企业，以维持其资金流动性，防止对于整个金融系统至为重要的金融机构破产。但除少数外，德国政府并没有对银行和其他企业实行大规模国有化。另外，欧洲中央银行用扩张性的货币政策来配合德国等欧元区国家用财政手段维持流动性，从2008年10月起，欧洲中央银行在7个月内将主导利率由4.25%降至1%，同时采用购买政府债券、对银行无限量现金拍卖等非常规措施向市场注入流动性资金，降低了金融市场的不确定性。于2008年11月13日推出《保经济增长促就业的一揽子措施》,这个经济振兴计划规定2009年和2010年拿出700亿欧元的预算资金来刺激经济。

按照秩序自由主义的理念,政府首要任务是通过立法建立和维持市场经济运行的框架条件,而不是对经济做"点"上或相机抉择的干预。德国是二十国集团(G20)中最积极推进退出战略的国家。将国有化作为在非常环境下的临时措施来对待,一旦这些银行脱离困境,国家则马上退出,将银行交由私人组织来经营。德国政府从一开始起就对把大量财政资金注入经济表示忧虑,特别关注政府的资金来源问题。政府如果增税,会增加企业的负担,减少投资,这不符合政府经济增长和稳定就业的目标。在独立的中央银行制度约束下,政府也不可能通过向中央银行透支来弥补收入与支出的缺口。所以,政府只有举债这个唯一的选择。但政府大量举债则会对经济的可持续性产生威胁。首先,政府的年度财政赤字和总债务水平过高会造成利率上升,从而会抑制投资,从长期来看不利于经济增长。其次,当期的政府债务会成为下一代人的负担,有悖于代际公平。这对于德国这样的人口老龄化和存在着移民限制的国家尤其严重。最后,在中央银行采取扩张性货币政策的前提下,政府扩张性的财政政策会带来通货膨胀的危险。虽然在经济衰退时,物价水平较低,但是随着经济振兴计划的效果的显现,物价水平就会上升,一旦形成通货膨胀的预期,对实体经济的影响很大。

资料来源:史世伟,《德国应对国际金融危机政策评析:特点、成效与退出战略》,参见《经济社会体制比较》,2010年第6期。

四、开放条件下的政府干预

进入20世纪90年代,信息技术的发展将全球经济连成一个网络,国际经济日益一体化,各国的开放程度日益加强,跨国公司、国际资本市场投资使经济资源越来越脱离国界的限制。在新的竞争加剧的国际环境下,国家的作用是否应削弱? 美国学者罗伯特·赖克认为国家必须对本国的经济发展承担起更多的责任。政府要进行更多的公共投资,用于人力资源开发的教育和培训,以及交通通讯等基础设施的建设。要引导国民重塑自我,重新发展"民族认同"和相互的责任,从而增强本国在国际上的竞争力。同样,罗迪克的分析也表明经济越开放,政府的作用范围应越大(Rodrik, 1998),这主要是为了应付开放经济带来的外部风险。所以,在经济全球化的背景下,政府的宏观调控不仅必要,而且应该加强。这些观点是在经济进步和积极应对经济风险的背景下提出的。

但是开放环境会影响一国国内宏观政策的效果,宏观政策的影响会不同于封闭环境下的影响。例如在浮动汇率制下,通过扩张的财政政策来解决失业问题,财政支出的扩大会使国民收入增长、利率提高。国民收入提高后会引起净进口的增加,从而抵消了财政政策的一部分效果。因此,在开放条件下,为实现充分就业的扩张性政策需要更大的力度。

货币政策上也存在着国际影响。美国经济扩张引起利率上升,美国经济就可能从国外吸收低成本的资金,这会对其他国家的信贷资金来源造成紧缩性影响。当美国短期利率急剧上升时,美元会升值,从而减少外国对美国出口的需求。"联邦储备体系的决策者在制定国内政策时,需要估计货币需求和世界实际生产能力之间的平衡。外国决策者对这种平衡甚至更为敏感,因为对他们的经济来说外部需求相对地更为重要。""各国中央银行在国内市场上的业务活动仍然可以改善汇率关系和金融流量,并影响到国际货币市场。这些中央银行共同地为世界制定着货币政策"[①]。

蒙代尔—弗莱明模型中的开放小国模型认为浮动汇率制下,

[①] [美]保罗·米克:《美国货币政策和金融市场》,中国金融出版社,1988年,第192页。

财政政策和货币政策都有助于实现内外均衡,但财政政策的产出扩张效应要逊色于货币政策。特别是在资本完全流动时,财政政策完全失效。两国模型认为浮动汇率制下,财政政策仍具有正的溢出效应;但扩张性货币政策在增加本国产出的同时会造成外国产出下降,是典型的"以邻为壑"政策,其负的溢出效应与财政政策的正溢出效应相抵消。

在开放的环境下,各国的宏观调控也要相互配合、相互支持,否则会出现全球性的经济和金融危机。欧盟作为一个区域经济一体化的组织,要求各成员国的宏观调控政策在保持相对独立的同时,要相互协调与支持。欧盟作为一个整体,要有统一的宏观调控政策。

需要注意的是,经济全球化是发达国家摆脱国内危机的重要途径,经济全球化也成为资本主义生产体系的全球化。因而经济全球化过程中的霸权主义行径也会时常出现,发达国家希望控制全球化的进程,希望对发展中国家的经济政策进行干预,本国宏观调控会出现损害他国利益的情况。

第四节 宏观调控的局限性

宏观调控的政策目标包括较高的经济增长率、较低的失业率、较低的通货膨胀率以及国际收支的基本平衡。但是宏观调控很难同时实现这四个目标。这不仅是因为四个目标之间存在一定的矛盾,不能同时兼得(例如失业率和通货膨胀之间的替代关系),还因为政府实行的各项调控政策之间存在着矛盾,以及政府本身的施政能力有问题。

首先,各种政策之间存在矛盾。弗里德曼(Friedman)认为财政政策和政府投资挤占私人投资,除非是政府投资完全没有吸引力的项目(例如挖洞、填洞)。此外,政府投资表面的来源是税收或公债,其最终来源仍然是私人,无论是增加私人税收还是向私人借款,私人支出都会减少。政府与中央银行存在着对立,因而政府的财政政策和央行的货币政策之间的协调也成为问题。大量的财政赤字和高的实际利率是松的财政政策和紧的货币政策的结果,它们之间存在着矛盾。

其次,从政府失灵和政策的执行来看,新政治宏观经济学派的代表诺德豪斯(Nordhaus)等认为,政府是经济中的内生变量,它受各种经济因素的影响。同时,政治力量影响经济政策和宏观经济。美国缺乏执行财政政策的行政能力。各国中央银行的独立性(目标独立性、工具独立性)也是值得怀疑的。阿罗(Arrow)"不可能定理"则让我们看到政府政策不一定会代表民意。

再次,要考虑全球化对宏观调控的影响。全球化有利于支持低通货膨胀,实际利率和资产价格趋同,产出波动下降。单个中央银行的货币政策作用下降,并不意味着中央银行整体上对实际利率的影响力减弱,大的中央银行仍凭借其相对于其他中央银行所处的国际主导地位而发挥重要影响。货币政策规则是否应直接包含汇率或贸易条件因素也是需要考虑的。

最后,政府调控要与私人密切配合。青木昌彦等(1998)提出了"市场增进论"的观点,他们在《政府在东亚经济发展中的作用》一书中认为政府政策职能在于促进或补充民间部门的协调功能,而不是将政府和市场仅仅视为相互排斥的替代物。其假定前提是,民间部门比政府拥有重要的比较优势,但民间部门的制度并不能解决所有的重大市场缺陷,尤其在发展水平较低的经济中更是如此。"市场增进论"所强调的是这样一种机制,通过这种机制,政府政策的目标被定位于改善民间部门解决协调问题及克服其他市场缺陷的能力。这里的民间部门包括企业和一些中介组织。"市场增进论"强调政府也是一个当事人,并非外生于经济体制、负责校正民间协调的中立的裁决者,它与经济体制中其他当事人有着相同的激励和信息约束,它本身也受到信息处理能力的制约。青木昌彦等人运用"比较制度分析"的方法,试图分析政府、民间制度的演进及其相互作用,突出了制度因素在东亚经济发展中的作用。他们的目的在于揭示在什么条件下(如果有的话),政府可以发挥协调作用;在何种条件下,政府能够促进民间制度的发展,通过这些制度,组织内和组织间的民间协调能够解决市场失灵问题;追索政府行为的动因并解释政府和民间部门相互作用的结果;强调了经济发展、历史、内部和外部条件的结合,认为在某种经济发展、历史、内部和外部条件下,政府可能会成功地推动经济发展,而在其他条件下,同样的政府行为可能会失败[1]。

可以这样说,在面临经济危机时,好的经济政策会促使经济尽快复苏,而不利的经济政策反而会加重危机,或带来新的危机。这时,没有经济政策、无为而治反而更好。这也是自由主义经济学家所强调的。但是由于资本主义经济会周期性出现危机,政府的宏观调控是必要的。可是政府的调控不能解决资本主义经济的根本矛盾,只能暂时缓解危机的破坏性。在特定时期,由于实行不合理的宏观经济政策,弄巧成拙,反而使危机加重的情况也不少见。

经济学启示录

当资本主义经济处于困难和危机时,国家干预更加侧重社会目标;当它较为稳定时,则更加重视经济目标。但资本主义宏观调控仍具有一定的阶级性,危机和调控对资本所有者和劳动者的影响是不同的。从美国制造业的股票税后利润率看,在经济危机的20世纪70年代基本都在两位数字的水平,1979年更高达16.4%。从单位美元销售的所得税后利润看,危机期间的利润也没有下降。这说明危机对资本的所有者打击并不大,而受到更大威胁的是广

---

[1] 青木昌彦等主编:《政府在东亚经济发展中的作用》,中国经济出版社,1998年,第20页。

大的劳动者,他们的工资下降、失业率上升。在这次经济危机中,虽然很多普通劳动者遭受失业和收入下降的打击,一些大公司的高管收入稳定,甚至还在加薪。政府实行的宏观调控也主要是服务于大垄断资产阶级的利益。一些政策往往给劳动者带来损失,如政府的货币政策在劳动者实际工资下降或货币供给增加没有被预期到时,才会推动企业投资扩大,发挥"拯救"宏观经济的作用。

在宏观经济干预中,要提高财政政策和货币政策的及时性和有效性。如果在经济危机没有形成气候时,就采取果断的措施,可以抑制甚至避免危机的发生,这需要政府具备有远见的判断力和较好的调控水平。而一些政策之所以效果不明显,很重要的一个原因在于干预时机的延误。此外,增加有效性还在于要采取合适的政策措施,需要考虑运用财政政策,还是货币政策,是税收政策,还是政府支出政策。每一项政策都会影响到特定的利益集团,政府应该站在全社会的高度,权衡利弊,做出适当的选择。

中国社会主义市场经济的发展也需要政府的宏观调控,在世界性经济危机发生的背景下,调控显得更加重要。中国政府的宏观调控要立足长远,不能头痛医头、脚痛医脚。当前的任务是扩大劳动者的消费需求,提高经济发展的可持续性。

政府干预的主要目的是要应对市场失灵,通过政府调控带动私人部门的经济活动,因而私人部门的配合是非常必要的。如果没有企业和劳动者的积极响应,政府的政策措施往往会失效。

最后,政府干预要讲究适度性。战后政府推行的宏观调控政策,改变了经济危机的周期,危机的严重性减弱。同时,经济调控也要适度,过度干预会导致新的危机产生,例如20世纪70年代的经济危机被认为是60年代凯恩斯需求管理政策滥用的结果。在应对全球经济危机过程中,我国政府大量扩大政府投资的效果如何,是否又会引发新的问题?例如,本期的通货膨胀问题是否与政府大规模投资有关,这些都是我们需要深入思考的问题。

参考文献

1. [美]赫伯特·斯坦.美国总统经济史——从罗斯福到克林顿.吉林:吉林人民出版社,1997.
2. [美]米尔顿·弗里德曼.资本主义与自由.北京:商务印书馆,1986.
3. [英]布莱恩·斯诺登,霍华德·文.与经济学大师对话——阐释现代宏观经济学.北京:北京大学出版社,2000.
4. [英]安东尼·吉登斯.第三条道路:社会民主主义的复兴.北京:北京大学出版社、三联书店,2000.
5. [日]金森久雄,香西泰,大守隆.日本的经济政策,财政的组合与机能,日本的金融体制.载:日本经济读本.东京:东洋经济新报社,2001.
6. 崔之元."看不见的手"范式的悖论.北京:经济科学出版社,1999.
7. 熊性美,薛敬孝,陈漓高.战后国家垄断资本主义条件下的经济周期与危机.北京:经济科学出版社,1992.
8. 罗志如,厉以宁.二十世纪的英国经济:"英国病"研究.北京:人民出版社,1982.
9. [美]奥利弗·E.威廉姆森.资本主义经济制度.北京:商务印书馆,2004.
10. [美]保罗·米克.美国货币政策和金融市场.北京:中国金融出版社,1988.
11. 宁光杰.政府作用与东亚经济发展——重新评价.载:贾根良,梁正,等.东亚模式的新格局.太原:山西人民出版社,2002.
12. 宁光杰.美国新经济的体制基础.南开经济研究,2000(6).
13. 宁光杰.融合的道路.中国经济时报,2001-5-9.
14. 刘洁.私人资本成本社会化研究.天津:南开大学,2005年博士学位论文.

第八章 经济全球化

○经济全球化的产生与发展

○什么使经济全球化成为不可阻挡的趋势

○经济全球化改变了什么

○经济全球化的障碍与展望

今天,经济全球化已经成为经济和社会领域中的一个关键词。近年来,随着国际贸易和国际投资的快速发展,经济全球化被认为是一股不可阻挡的潮流,关于全球化的研究论著可谓汗牛充栋。在中国,伴随着对外开放力度的加大和加入世界贸易组织目标的实现,经济全球化也成为中国经济和社会中的一个重要话题。但是,全球化是一项复杂的经济活动,对全球化的深刻认识需要一个长期的过程。本章的主要内容是,首先界定经济全球化的内涵,然后从资本主义资本积累的角度分析经济全球化产生的原因,从发展中国家和发达国家社会经济结构的变化方面来探讨经济全球化的深刻影响。并且阐释全球化各种形式之间的关系和全球化发展进程中存在的障碍及其根源,说明在目前的世界政治经济格局下,真正意义的全球化不可能充分实现。最后,以中国对外开放30多年的事实、加入世界贸易组织的进程、东南亚金融危机及当前的世界经济危机等现实问题来阐述经济全球化的复杂性。

第一节 经济全球化的产生与发展

一、什么是经济全球化？

关于经济全球化的含义有多种解释。从政治经济学的角度看，经济全球化是资本为追求更大利润而进行的跨国界运动，其中包括货币资本、生产资本和商品资本的国际运动。但是，资本国际运动的历史由来已久，迄今已有几个世纪，经济全球化却是最近20年来被频繁提到的名词。因而经济全球化是资本国际运动的高级阶段，正如国际货币基金组织对经济全球化的定义表达的那样："跨国商品及服务贸易与国际资本流动规模和形式的增加，以及技术的广泛迅速传播使世界各国经济的相互依赖性增强。"它强调的是对外经济关系的日益发展和重要性，全球化的最终目标是全球经济的相互依赖、一体化发展和相互融合。

经济全球化是世界范围内的经济融合，这一宏伟目标需要逐步完成。经济联系首先在地域相临近的国家之间产生，所以区域性经济组织是经济全球化的构成基础和载体。区域性经济组织有不同的形式，包括自由贸易区、关税同盟、共同市场、经济同盟、完全的政治经济一体化，其全球化水平依次逐渐提高。在自由贸易区的形式下，区域内各成员国取消了彼此间的关税和贸易壁垒，但对区域外的非成员国，各国仍实行有差别的关税和贸易政策；关税同盟则是指各成员国不仅取消了彼此间的关税和贸易壁垒，而且对非成员国实行统一的关税和贸易政策；共同市场是指除了实行区域内部贸易、统一对外关税外，各成员国还进一步允许资本、劳务和人员等生产要素在区域内自由流动；经济同盟是除了共同市场的内容外，还要求统一成员国的社会经济政策，包括货币、财政、经济发展与社会福利等政策；完全的政治经济一体化不仅要求各成员国在经济上取消国界限制，实行统一的经济政策，而且要求在政治上建立超国家的权力机构，拥有各成员国政府授予全权的中央议会及其执行机构。可见，形式不同，参与经济一体化的国家或地区进行合作、协调的范围和程度均有很大差异。自由贸易区是最松散的经济一体化形式，完全的政治经济一体化则体现了一体化发展的最高形式。

目前世界上有代表性的区域经济一体化组织有欧盟、北美自由贸易区、亚太经合组织等。但是区域经济一体化毕竟不同于经济全球化，区域经济一体化与全球化的区别在于，区域经济一体化实际上反映了各一体化集团之间的矛盾，各区域集团为了增强集团实力，在内部实行自由政策，对集体外的国家实行限制，以保护本集团的利益，因而是对真正意义的全球化、自由经济的反动。例如，欧洲共同体的出现在很大程度上是出于这样的需要：战后欧洲各国需要联合起来，以对抗美国这个超级大国。

经济一体化的出现和发展，既反映了世界经济格局中各国经济相互依存的加强，也反映了各国之间尤其是发达国家间竞争的加剧。区域经济一体化的发展有力促进了成员国之间的相互贸易与投资，推动了生产国际化的巨大发展。在经济一体化过程中，集团利益与国家利益的融合与冲突、集团之间在国际经济活动中的矛盾与摩擦、集团内部各成员国之间的既相互合作又相互斗争的现象都是不可避免的。但总的来看，经济一体化还会呈现加强的趋势。

20世纪90年代以来，资本国际化发展到了一个更高的阶段，即经济全球化阶段。经济全球化是指经济资源如商品、资本、劳动力、信息、技术等超越国界在全球范围内流动、配置和重组的过程，以及在这个过程中各国经济相互影响与融合、相互竞争与制约的发展趋势。经济全球化的表现也日益充分：贸易自由化程度提高、金融国际化趋势增强、全球生产出现集中化趋势、全球生产经营网络形成、区域经济集团向纵深发展、世界各国在有关全人类共同关心的资源问题与环境问题等方面的合作与交流日益加强等。但是,在繁荣的背后,仍隐藏着很多问题。无论是国际贸易还是国际投资都存在着矛盾和摩擦,离真正的经济融合相距甚远。而且从参与的国家来看,并不很广泛,主要是发达国家之间的贸易和投资,更多的发展中国家在经济全球化总量中占的比重很微弱。从下面经济全球化的具体类型和实际数据中可以发现这些问题。

二、不同形式的经济全球化

我们把经济全球化的类型分为商品资本、货币资本和生产资本的国际化。也有的学者将经济全球化的类型理解为国际贸易和国际投资。其实两种划分方式是统一的,商品资本的国际化主要表现为国际贸易的发展,而货币资本和生产资本的国际化则与国际投资相关联,其中国际投资又包括直接投资(更多地与生产资本的国际化相联系)和间接投资(包括狭义的间接投资与投机活动两种,更多地与货币资本的国际化相联系)。也可以从生产要素的角度来划分经济全球化的类型,生产要素的流动包括资本、技术和劳动力的流动,因而经济全球化也是资本、技术和劳动力跨国界运动的过程。但是,从目前的阶段看,主要是资本①的跨国界流动,技术和劳动力跨国界流动还不是很普遍。

从商品资本的国际化来看,商品资本的国际运动主要借助于国际贸易形式进行。一般意义上的商品国际流动早在16世纪就已经出现了,但作为资本意义上的商品国际流动则是在资本主义生产方式确立以后出现的,并且随着资本主义生产方式的发展不断得到发展。这是因为投在对外贸易上的资本能获取更大的利润,驱使资本家去开拓国外市场,同时对外贸易能调节资本主义再生产的顺利运行,资本家还可以利用对外贸易来缓和与转嫁国

---

① 包括商品资本、货币资本和生产资本。

内的经济危机。在资本原始积累的历史上,甚至出现了奴隶贸易、鸦片贸易和殖民地贸易等特殊的对外贸易。

第二次世界大战后,随着世界上多数国家经济的迅速发展和国际分工的深化,国际贸易迅速增长,使当代商品资本的国际化呈现出如下新特点。第一,国际贸易中的商品结构发生了重大变化,高科技产品和服务产品在世界贸易中的份额不断扩大。第二,不同国家部门内贸易迅速发展。例如,两个国家都生产汽车,由于技术和品牌等的差异,彼此之间仍存在汽车产品的贸易。第三,国际贸易手段日益现代化,信息技术得到广泛应用,电子商务快速发展。第四,贸易自由化不断发展,关税大幅度降低,自由贸易区出现。

表 8-1 日本和美国国际贸易的发展 单位:%

	1960年	1970年	1980年	1990年	2000年	2004年
日本:出口/GDP	11	11	14	10	11	13
进口/GDP	10	10	15	10	10	11
美国:出口/GDP	5	6	10	10	11	10
进口/GDP	4	5	11	11	15	15

资料来源:The World Bank Group 2007.

从表 8-1 中可以看到,日本在 20 世纪 60 年代贸易全球化已经达到较高的水平,进口和出口占 GDP 的比重都超过 10%,在 20 世纪 80 年代达到顶峰,以后又有所下降和回升,可以说 40 多年基本保持稳定的水平。而美国的贸易全球化程度在不断提高,出口占 GDP 的比重由 1960 年的 5%提高到 2004 年的 10%,进口更是由 4%提高到 15%。

但是即使国际贸易发展了几个世纪,到今天依然是不充分的。主要体现在世界贸易特别是发达国家的贸易,集中在发达国家之间,发展中国家在其中所占的份额依然有限。1996年处于三极关系(美国、欧盟、日本)中的国家出口占据世界出口总额的57.3%,进口占世界进口总额的56.5%。如图8-1所示,三极关系中两两之间的贸易额(箭头所示)都有相当的规模,从北美自由贸易区、欧盟和亚洲各区域经济组织来看,区域内的贸易基本上占贸易额的一半以上。

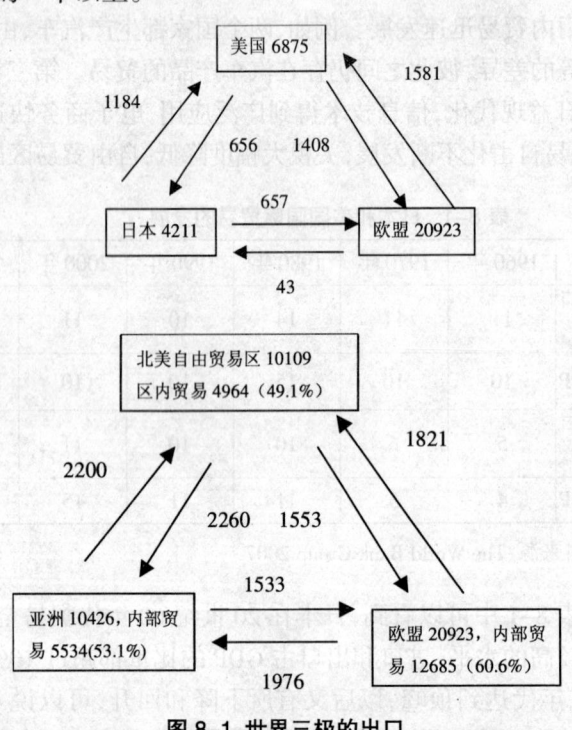

图8-1 世界三极的出口

注:图中为1997年数据,单位:亿美元。

资料来源 [英]阿兰·鲁格曼:《全球化的终结》,三联书店,2001年,第142~143页。

而且贸易经常是在同样产品类别之内进行的(部门内贸易)。

例如美国既向其他发达国家出口汽车,也从日本等国进口汽车。发达国家之间的产品具有相似性,决定了大部分贸易是部门内的贸易。而发达国家与发展中国家之间的贸易则体现在不同种类商品之间的交换,不同种类商品的交换往往被发达国家所利用,以技术含量为理由进行不等价交换。

对外投资也是如此,在图 8-2 中,三极关系中的核心成员国的海外投资占 1997 年世界外国直接投资存量的 71%。并且发达国家之间的相互投资倾向非常明显,尤其以欧盟为甚,1997 年区内投资占到其海外投资的 40.5%。2004 年对外投资存量规模较大的国家主要有美国(23992.24 亿美元)、英国(12685.32 亿美元)、法国(8293.1 亿美元),德国(7546.19 亿美元),荷兰(5953.61 亿美元)。而吸引外来投资存量规模较大的国家也是这些国家,美国为 17270.62 亿美元,英国为 7079.24 亿美元,德国为 6756.29 亿美元,法国为 6195.79 亿美元,荷兰为 5010.72 亿美元[1]。2006 年欧盟出口和进口总额分别占世界贸易总额的 38.8%和 37.8%,对外直接投资在世界直接投资输出总额中占 55.4%的份额,进入该地区的国际投资占全球比重达到 47%。[2]虽然随着经济全球化的发展,发达国家扩大了对发展中国家的投资,但投资主要集中在中国等少数发展中国家,大部分发展中国家还没有获得大量的外来投资。

国际贸易和国际投资的发展推动了货币的国际化。国际贸易和国际投资要求有共同的交换媒介和价值尺度。在历史上,贵金属曾充当过世界货币的角色,但贵金属的供给有限、便捷性差,又要求经济实力雄厚国家的货币承担起世界货币的责任,战后到 20 世纪 70 年代美元就起到这样的作用。但是有了美元这个世界货币,世界各国的货币依然要与美元随时保持联系,保持一定的比价关系。随着布雷顿森林体系的解体和美元地位的下降,各国开

---

[1] SourceOECD Factbook 2007.
[2] 《瞭望》2007 年第 48 期,第 36 页。

始实行有管理的浮动汇率。

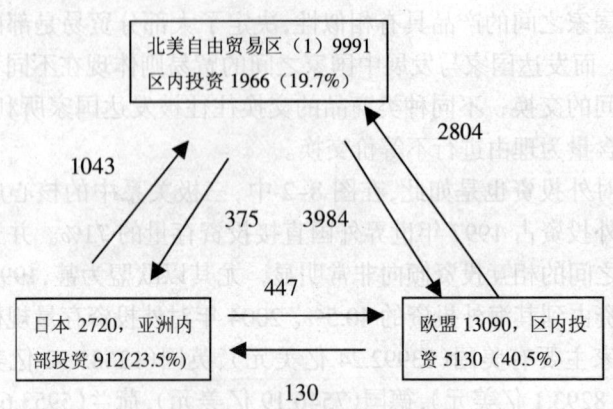

图 8-2 世界三极的投资

注：图中为1997年数据，单位：亿美元。欧盟的数据仅包括奥地利、芬兰、法国、荷兰、瑞典、英国。欧盟除总投资13090亿美元外均为1996年数据，日本除总投资2720亿美元外均为1996年数据。

资料来源　[英]阿兰·鲁格曼：《全球化的终结》，三联书店，2001年，第149页。

由于世界各国经济发展的不平衡，各国生产率变化速度不一致。这种不一致使得商品的相互价格、各国间的经济贸易往来以及各国在世界经济中的地位等都发生了变化，这些因素都要求有能够反映这些变化的国际货币体系。因此，今后由某一国家的货币充当本位币、实行固定汇率的货币体系不再可能了，国际货币体系将朝着实现短期内相对稳定、而中长期内在进一步加强国际宏观政策协调的基础上不断调整的方向发展。

虽然两国货币可以按一定的汇率来进行互换，但一方面相互转化存在着一定的成本，另一方面汇率的波动也给国际贸易和国际投资带来一定的风险，所以统一的世界性货币是经济全球化所必需的。伴随着资本的国际运动，区域性的统一货币已经出现，例如欧元。1999年1月1日欧元正式发行,一些欧洲联盟国家开始使用统一的货币,为商品、货币、人员流动创造了更加便利的环境。欧元的产生使国际货币体系出现局部统一的趋势。

参考资料:欧元贬值及其未来

美国金融危机意味着无拘束的资本主义的终结,而欧洲的债务危机则意味着无拘束的福利社会的终结。第二次世界大战以后,欧洲国家均采用高福利来维持社会和平。但是,第一,人均寿命的增长和低出生率使其成本大增;第二,相对于发展中国家,南欧制造业失去了竞争力。

希腊的高财政赤字和债务危机导致欧元贬值。欧元区同美国、英国或日本并不一样。当事态严重时,主权国家的中央银行可以把债务货币化,从而导致货币贬值和通货膨胀。显然,市场也会有足够的容量。但是,欧元区各国并不能独自控制欧洲中央银行。当一个小国如希腊陷入危机,欧洲中央银行可以独立行动,强制执行债务纪律,并拒绝将债务货币化。而把债务货币化,等于不经别国同意而花人家的钱。欧洲中央银行并没有足够的空间。

虽然有法国、德国等信用良好国家的担保,但欧元区国家依然可能被拖垮。在未来数年,大幅削减赤字不太可能。而且也很难指望市场复归,以基金补贴南欧国家的赤字。由此,未来数年该基金的需求将越来越大。最终,法国、德国等国也将因此信用尽失。

很多分析师都认为,欧元是一只"双头怪物",很难长久。南欧国家财政平衡性差,通胀率高,因而常常陷于贬值的压力。而北欧国家的财政平衡性强,通胀率低,货币非常坚挺。政策选择,南欧国家的利率很高,而北欧国家则实行低利率。欧元诞生时,金融市场就预期,欧元区利率将会与德国一样低。就这样,一代人富起来了,仅仅是通过购买南欧国家的债券,做空北欧国家的债券,很多人因此而一夜暴富。但这一切实际上只是泡沫,而南欧国家确实能以很低的成本借钱。金融市场发现，它们如愿以偿，于是就投入更多的资金。但问题在于，贸易赤字不断增长，这表明南欧国家日益丧失竞争力。日久天长，贸易赤字全累积成了外债。终于有一天，市场察觉到，这些借贷者难以偿付贷款。于是，危机就爆发了。

财政平衡程度反映了一个国家的制度和社会政治活力，因而不可能很快发生变化。而欧元区南欧各国又无法通过货币贬值来释放这种内部压力，因此它们可能不得不放弃欧元。由此可见，欧元并非坚不可摧。放弃欧元，对德国是件好事。德国接受欧元，完全是因为1989年为两德统一所付出的牺牲。但实际上，德国并不会这么做。欧洲所有国家的债务和存款都暴露在金融机构面前。在欧元瓦解、每个国家回归自主国家货币前，所有人都会把存款转移到拥有强势货币的国家。这意味着拥有弱势货币的国家货币终有一天会大幅贬值，而在强势货币国家的金融机构不得不承担巨额损失。对于存款的流动，强势货币国家将担负更多的义务。他们不得不加印钞票，去救助遭受损失的金融机构。但如此做，强势国家的货币也会彻底垮掉。

资料来源　谢国忠：《欧元为何坠落》，参见【银率网】理财论坛，2010年5月24日。

国际投资包括直接投资和间接投资，国际直接投资是指一国资本所有者将资本投入另一国生产、流通及服务部门的行为和过程，它是职能资本在国际间运动的基本形式。国际直接投资有各种具体形式，其中包括在国外创建独资企业、合资或合作企业，也可以是通过购买股权获得其他国家企业的所有权和经营权。国际间接投资是指国际经济组织、一国政府以及私人向其他国家提供贷款或以证券方式进行的投资。间接投资中包含借贷资本的国际间运动，通过融资者自己的活动实现从货币资本到生产资本的转化，提供间接投资的投资者并不获得对企业的直接控制权。以借贷资本为主的间接投资在战后有了很大的发展，并出现了新兴起的欧洲货币市场和欧洲债券市场,垄断性跨国银行和金融公司成为国际借贷资本的行为主体,双边政府信贷、一国政府对另一国私人机构提供的进出口信贷、国际金融机构对有关国家和私人企业的信贷都有了较大的增长。

以投资证券市场为主的短期间接投资,又被称为投机资本,它们多以追求短期利益为目的,大量投机资本的流入和流出容易引起一国汇率的波动,从而引发宏观经济的动荡。

三、经济全球化的发展过程

经济全球化的历史由来已久,但全球化的进程并不平坦,经常被战争所中断。而战争之所以爆发,又是资本主义各国在全球经济扩张中矛盾累积的结果。第一次世界大战和第二次世界大战的爆发都与发达国家的海外殖民地扩张和经济全球化有关。可以说,全球化的历史是波澜起伏的历史,是各国不断加强经济交往、不断发生矛盾冲突甚至演化为战争的历史。经济全球化并不完全依靠自由贸易等和平方式,有的时候会与军事战争联系起来。19世纪中叶世界商品的出口率为5%,到1913年已达到12%,相当于1973年的水平。但由于第二次世界大战,各国矛盾加深,相互间的贸易和投资活动受到严重影响,直到第二次世界大战结束后,经济全球化才得到恢复和发展,世界商品的出口率从1950年的6%增长到1992年的16%[①]。

从某一个侧面看,今天的经济全球化并不比一个世纪之前的全球化更自由、更开放。例如在20世纪初,各国间移民和劳动力流动是自由的,没有任何限制。但是在今天,劳动力反而是自由流动发展最滞后的要素,各国对跨国界劳动力流动进行限制,形成了签证制度。在国际贸易和国际投资领域,保护主义也屡见不鲜。

---

① 刘元春、李煜:"经济全球化的本质——一种结构主义的观点",载《教学与研究》,2001年第12期。

第二节 什么使经济全球化成为不可阻挡的趋势？

本节分析经济全球化产生的原因,是什么力量推动了经济全球化的发展,是发达国家,还是发展中国家？是政府,还是企业抑或是消费者？

一、西方主流经济学的观点

第一种观点是比较优势论,也是主流经济学的观点。最早来自李嘉图对于国际贸易的分析。李嘉图认为各国由于资源禀赋不同,应该集中生产自己最有优势(在国际比较中成本最低)的产品,才能有利于本国经济的发展。如果一国在任何产品的生产上都没有绝对的优势,只要能够生产具有比较优势(相对成本最低)的产品,通过出口换取其他国家的产品,也可以从国际贸易中获益。这一理论的基础在于各国由于自然资源和生产力的不同,造成生产成本的差异,因而形成世界性的分工,让每个国家都生产其最有优势的产品,通过商品交换、互通有无,对于每个参与国际贸易的国家都能带来福利的增加。

对比较优势和国际分工理论的反驳包括以下两点。首先,很多国际分工是人为因素造成的, 而非完全是自然形成的结果。可以说,自然条件和历史的、社会的、经济因素共同决定国际分工的形成和发展。其次,比较优势强调要实行自由贸易,反对贸易保护。但是各国进入世界市场的时间不同,很难形成统一的自由贸易标准。英、美等国在进入世界市场的初期都实行贸易保护。而且,国际分工和自由贸易的一个前提是和平的世界环境,一旦发生战争,各国对外经济关系被切断,就不可能只生产具有比较优势的产品,而要进行全面的生产。最后,比较优势理论只告诉我们通过生产具有比较优势的产品,落后国家也能从国际贸易中获益,并没有说明落后国家最后能否真正赶上发达国家。如果一直沿着既定的分工体系发展,落后国家的产业永远不能得到提升,他们的未来前景并不乐观。即使强调比较优势,比较优势也应是动态的。

二、马克思主义经济学的观点

第二种观点是马克思主义经济学的观点。它从资本追求利润最大化的本质出发,寻找资本国际运动的动因。其基本原因是由于发达国家国内经济出现危机,为了克服利润率的下降,资本的国际运动是一条出路。因为投在对外贸易上的资本能获取更大的利润,就驱使资本家去开拓国外市场。对外贸易能调节资本主义再生产的顺利运行。第一,因为生产的发展不仅要求从国内,而且要求从国外取得越来越多的工业原料和粮食来满足自己的需要。第二,国内生产的大量工业品,不仅要在国内的市场上推销,而且迫切需要通过对外贸易销售到国际市场上去。第三,资本家还可以利用对外贸易来缓和与转嫁国内的经济危机。随着生产的国际化,资本家还可以在国外组织生产,利用发展中国家廉价的劳动力以获得高利润。在现代资本主义经济中,生产体系已经与经济全球化密不可分,经济全球化只是资本主义生产过程的一个延展。正如约吉阿姆·比朔夫所言:"与其说全球化是指由于世界范围内一种新的质的变化而把所有地区都纳入市场和市场发展,不如说,它指的是资本主义中心区域经济空间的一种更为紧密的联系。绝对不会由于全球化而使一个多世纪以来形成的、在资本主义区域和边缘地带之间使前者居于主导优势的世界经济结构瓦解。相反,由于许多社会主义国家的崩溃,这个资本主义中心的优势地位加强了。因此全球化是反映主要资本主义国家之间结构变化的一种现象"。①

---

① 张世鹏、殷叙彝编译:《全球化时代的资本主义》,中央编译出版社,1998年,第31页。

三、所谓的依附理论

第三种观点是所谓的依附理论。依附理论可以泛称为世界体系理论学术思想的一部分,而世界体系理论基本上可以说是马克思主义的一种变体。甚至包括法国年鉴学派的代表人物布罗代尔也与世界体系分析有着明显的"亲缘关系"。他们的共同特点是改变了马克思《资本论》那种对资本主义的"理想型"分析,突破了"社会"与"民族—国家"之间暧昧而又含混的等同关系,在全球范围内分析资本主义实际的展开过程,尤其侧重于考察现代世界是如何围绕资本主义中心地带把各个地区编织到一个共同的互相联系的不平等的体系之中的,资本积累是如何在使某些地区发达的同时也在另一些地区制造出欠发达状态的,等等[①]。

依附理论将世界上的国家划分为中心国家和外围国家。外围国家始终处于被动的地位,在资金、技术和市场上依附于中心国家,在经济全球化的过程中受中心国家的剥削,这体现在几个世纪殖民地的历史,体现在不等价交换上。弗兰克通过经济史的研究认为东方国家在几个世纪的经济全球化中一直是世界经济的中心,而欧洲并不是人们想象中的中心,但是后来亚洲国家衰落,欧洲由于地理大发现而发现了白银,才逐渐取代了亚洲的中心地位。

沃勒斯坦开创的"现代世界体系"阐释了经济全球化中的国家、民族演变的问题。他认为全球劳动分工意义上的经济全球化至少是导致民族国家诞生的一个根源。拥有内部经济循环的庞大帝国会向一个处于全球化经济体系框架内的民族国家体系过渡,全球化不在于促进国际贸易,而在于民族国家国民经济的稳定发展,其核心是工业产业部门。这与我们今天看到的全球化似乎相反,我们所碰到的经济全球化过程却使民族国家,至少是以社会福利国家形式出现的民族国家受到威胁,并且被挖掉基础。跨国

---

① 陈燕谷:《重构全球主义的世界图景》,见安德烈·冈德·弗兰克:《白银资本》,中央编译出版社,2000年,第4页。

公司等经济行为主体的选择权变化,对民族国家和背后的政治战略具有一定的抵抗力。

四、发展经济学的观点

第四种观点来自发展经济学,这一观点认为发展中国家也有参与经济全球化的动力。战后发展经济学得到兴起,主要是研究发展中国家如何摆脱贫困、赶超发达国家的学科。在发展中国家的发展与经济全球化的关系问题上,发展经济学内部有两种不同的观点:一是主张发展中国家要自力更生,发展自己的民族工业,发展进口替代产业。与发达国家进行经济往来只能使自己受损,因而要走独立发展的道路。二是认为发展中国家应积极地参与经济全球化过程,只有充分利用自己在全球的比较优势,发展出口导向型产业,并积极引进发达国家的技术,才能逐步追赶发达国家。

五、经济增长理论的解释

第五种观点来自经济增长理论,世界各国经济增长速度不同,要缩小差距,必须实现各生产要素在世界范围内的自由流动,而这一条件只能在经济全球化的背景下才能得到实现。要素的自由流动会保证各要素收益率逐渐趋于相同,各国的经济增长速度也会出现趋同。其中,新贸易增长理论尤其强调在经济全球化过程中,通过对外贸易和投资带动技术扩散和人力资本提高来实现发展中国家的经济增长。

其他推动经济全球化的因素包括国家的推动作用(放松管制)和技术进步的推动,如交通通讯技术的发展节约了经济全球化中交易活动的时间,降低了交易成本。但是技术的发展只是起到辅助的作用,更大的动力来自制度的创新和追求利润最大化的经济主体。

第三节 经济全球化改变了什么？

我们应该欢迎还是抵制全球化取决于经济全球化给我们带来了什么。经济全球化的影响是深刻而又复杂的，对于不同的国家、同一国家的不同阶层会产生不同的影响。在这一过程中，总是会有受益者和利益受损者。按照主流经济学的观点，我们需要分析全社会的净收益是正还是负，以及如何对利益受损者进行补偿。

一、经济全球化对发展中国家的影响

（一）国际贸易中的不等价交换

当商品进入世界市场后，在竞争机制的作用下，各国之间进行商品交换的尺度就不再是国内价值，而是国际价值或国际生产价格。在统一的世界市场上，如果资本和劳动力能够自由地流动，如同国内市场上利润率的平均化一样，世界市场上不同生产部门的利润率也具有平均化的趋势，从而使得商品的国际价值转化为国际生产价格。商品国际生产价格的形成并不违背价值规律。

但是，现实情况是，价值规律在世界市场上并不能充分地发挥作用。由于发达国家垄断势力的存在，存在价值交换的不等价现象，即以本国较少的国民劳动去换取别国较多的国民劳动的现象。由于政府干预等因素，资本和劳动的自由流动存在着一定的限制，利润率的平均化和国际生产价格的形成都存在着很大的困难。国际价值没有真正形成，只存在受供求和垄断力量影响的国际价格。发展中国家商品的国际价格低于其国内社会价值，发达国家的国际价格高于其国内社会价值，因而存在着不等价交换。发展中国家主要是原料生产国，发达国家主要是制成品生产国，从而形成原料生产国与制成品生产国的交换。这种不等价交换是否意味着原料生产中的低技术水平？其实不然，即使发达国家和

发展中国家都生产原料，发达国家的产品价格也会更高一些，因为往往是生产者界定了产品的价格。

不等价交换理论本身并不一致，存在着一些分歧，也存在对该理论的批评。例如，鲍威尔和格罗斯曼认为发达国家和发展中国家由于存在不同的技术水平，发达国家的资本有机构成高于发展中国家的资本有机构成，而资本的国际流动要求实现利润率的平均化和国际生产价格，从而发展中国家产品的国内价值高于国际生产价格，而只能按照国际生产价格销售，这样，发展中国家的一部分价值就会转移到发达国家。发达国家通过国际交换会获得更大的利益。这样一种不等价交换理论实际上和国内生产价格形成过程中产生的交换价值差异是基本相同的。既然不等价交换的根本原因是技术的差异和劳动生产率的差异，这种交换也就有一定的合理性，甚至不能称其为"不等价"。但是，实际情况是发达国家和发展中国家的商品价格差异和工资差异并不能完全用资本有机构成或生产率的差异来说明。所以，这种不等价交换理论说服力不强，没有反映国际商品交换的本质。

而伊曼纽尔和阿明的不等价交换理论的前提是发达国家和发展中国家的资本有机构成相同、劳动者的工资水平不同。尤其特指发达国家和发展中国家各自生产不同的产品，然后在国际市场上进行交换。同样，资本的国际运动要求利润平均化和形成国际生产价格。由于原来发展中国家的工资水平低、剥削率高、利润率高，经过平均化后的生产价格低于原来的产品价值，发展中国家的价值就被转移到发达国家中去。在伊曼纽尔和阿明的理论中，工资似乎是事先决定的，是外生的。低工资导致了发展中国家商品的低的国际价格。从一个孤立的时期看，的确如此。但从长期发展看，工资仍然是内生的，工资受世界市场交换价格的影响，即国际市场价格的高低对劳动者的收入会产生影响。而且，即使工资是外生的，为什么发展中国家的工资低也需要解释，除了发展中国家劳动力富余和国际劳动力流动存在障碍外，还必须从资本主义的世界体系中得到说明。

与鲍威尔和格罗斯曼的不等价交换理论相比，伊曼纽尔和阿明的不等价交换理论更符合实际情况，虽然它也遭到很多学者的批评。此外，如果发达国家存在着垄断势力，在国际市场交换中就会处于有利的地位，从而会压低发展中国家商品的价格。这是另一种意义的不等价交换，它与资本有机构成高低或者工资高低无关。这种形式的不等价交换在现实中也是存在的。

从实证资料来看，阿明的计算表明，发达国家和发展中国家的工资比例为20∶1，而生产率差距最多为2∶1。Meller(1998)的计算也说明拉美国家与发达国家生产率之比为1∶2.6，而工资之比却为1∶6。这反驳了技术水平差距是不等价交换主要原因的观点。我们知道，发展中国家的原材料、能源产品经常在国际市场上被压低价格。但是，并非所有原材料、能源生产国出口的产品都被压低价格，而是生产者界定了产品的价格。如果生产者是发达国家，其价格就不会被压低。从历史上看，木材和石油虽然都是原料，石油的价格较低，而木材价格较高，因为木材主要由北欧和北美等发达国家出口。英国把印度和澳大利亚分别变成英国纺织业的棉花供应地和羊毛供应国，但是在一个国家这种原料出口生产导向了不发达而另一个却导向了发展。今天的全球化也没有改变这种格局。20世纪90年代以后，大部分初级品的出口价格普遍下降，但发展中国家初级产品出口价格下降得更多，即使在有的年份价格又上升，发展中国家商品上升的幅度也小于发达国家。这可以在表8-2中得到体现。

以1990年的出口价格指数为100，1995年发达国家初级产品的价格降为94，发展中国家初级产品的价格则降为61，下降幅度远远大于发达国家产品。1999年价格继续下降，2000年之后价格有所恢复，但发展中国家价格上升得更慢些，2001年发展中国家初级产品出口价格只相当于 1990 年的 70%，而发达国家相当于 1990 年的 79%。在商品、非食用农产品、矿产品和基本金属价格上也存在着这样的现象：20 世纪 90 年代以后发展中国家产品出口价格比发达国家产品出口价格下降得更多。

表 8-2　世界市场商品的出口价格指数（以 1990 年为 100）

	1995 年	1999 年	2000 年	2001 年
初级产品：				
发达国家	94	76	80	79
发展中国家	61	57	82	70
食品：				
发达国家	96	80	75	77
发展中国家	77	60	55	52
非食用农产品：				
发达国家	105	75	77	70
发展中国家	109	70	66	60
矿产品：				
发达国家	79	69	92	92
发展中国家	55	55	86	74
基本金属：				
发达国家	118	81	93	80
发展中国家	104	67	77	65

资料来源：《国际统计年鉴（2002 年）》，中国统计出版社，2002 年，第 186~188 页。

如果发展中国家转向生产和出口高价格商品（先是纺织品、钢等制成品），这些商品很快又会变成低价格商品，因为现在是不发达国家在生产它们。即使生产相同的产品，发达国家也能够获得较高的价格。总之，发达国家商品获得高价的基础并不能完全用产品的技术水平来解释，而与其固有的分配格局（发达国家劳动者要获得高工资）和国际市场上的垄断力量有关。从劳动者的收入角度考虑,不等价交换会使发展中国家劳动者的工资水平长期低下。而且不等价交换具有累积性,不等价交换决定了不平等发展。由于不等价交换,发展中国家劳动者与发达国家劳动者的收入差距可能被拉大。这样看来,发达国家的劳动者是不等价交换的受益者,他们甚至也"剥削"发展中国家的劳动者。但是,也存在不同观点,他们认为对于这一问题,要具体分析发达国家劳动者到底是否在不等价交换中获益、获益多少。例如,鲍威尔竭力否认帝国主义能够使宗主国的工人阶级受益。

在今天的全球化过程中,低附加值制成品出口价格过低经常被视为发展中国家为获得更多贸易利益而主动采取的策略,又会被扣上倾销的帽子,遭到发达国家反倾销的制裁。因为发达国家认为这样的低价会损害本国生产同一商品的生产商和劳动者的利益。如何看待这一问题呢?发展中国家的产品低价主要来自其较低的劳动力成本,而很少是政府补贴的结果(倾销的真正含义)。而低的劳动成本虽然可能来自低的劳动标准,但却无法证明劳动标准与贸易之间存在着必然的联系,即低劳动标准不一定会推动出口,反而会损害长期的经济效益。根据经济合作与发展组织1996年发表的《劳动标准与贸易》的报告,无法证明劳动标准与全球贸易表现(或者外国投资)存在着实际的联系;同样不遵守核心劳动标准会造成不公平贸易行为的观点也无法实践证明[①]。且低劳动标准也不仅仅是发展中国家本国企业的行为,更应该受到指责的是推行全球化的跨国企业和发展中国家贫困落后的历史根源。提高劳动标准虽然有助于发展中国家劳动者收入的提高,但劳动标准的提高是长期的历史过程,如果不切实际地向发达国家标准看齐,则会损害发展中国家的出口产业,从而使劳动者提高的收入不能长久地维持下去。其实,发达国家并非出于社

---

① 周长征:《全球化与中国劳动法制问题研究》,南京大学出版社,2003年,第113~114页。

会公道来关心发展中国家的劳动者、帮助他们提高劳动标准,而是要通过迫使发展中国家的企业提高劳动标准来使其劳动成本提高,从而降低其在国际市场上的竞争力。

劳动密集型产品在国际市场上的竞争越来越激烈,正如上面所说,发展中国家不得不低价销售,因此,表面上看到的主动卖低实际上是一种被动的行为。退一步说,即使通过低价销售可以获得更多的利益,但利益的归属者主要是发展中国家的企业(全球化环境下主要是外资企业)。例如,在中国的一般贸易和加工贸易出口中,外资企业都占主体。在2002年的出口中,只有20%略多被官方统计部门列为"高科技"产品。进一步地研究则发现,这些产品也并不真正属于"高技术"之列,大多是零部件或低利润的家电产品,如DVD播放机。即使是这些勉强称之为"高技术"的产品,其中的85%也是由外资企业生产的。在余下的15%中,国有企业占11%,私营企业只占2%[①]。而在外资企业主和劳动者之间又存在着"不等价交换",贸易利益的分配是不公平的,发展中国家劳动者并没有获得更多的好处,因而他与发达国家劳动者的收入差距并没有缩小。

从发达国家来看,由于存在贸易保护和反倾销策略,其劳动者的利益不会受到很大的损害,可是这种保护对发达国家的长期发展并非有益。在发生贸易纠纷时,获胜的往往是发达国家。这一方面是由于发展中国家缺乏应有的自我保护意识;另一方面则是因为发达国家控制着国际贸易的规则。例如,在1980年7月~1995年6月世界反倾销税案件中,美国、澳大利亚、欧盟、加拿大提出的案件分别占28.2%、25.4%、17.5%和16.8%,而在获胜的案件中,它们分别占37.2%、19.6%、14.2%和19.3%[②],从中可以看出主要是发达国家在运用这一手段来保护本国的企业,同时它们在

---

① 岳健勇:"不容乐观的工业化前景",载《读书》,2004年第7期。
② [英]阿兰·鲁格曼:《全球化的终结》,生活·读书·新知三联书店,2001年,第199页。

国际争端中获胜的可能性非常高。中国是世界上遭受贸易摩擦最多的国家,1995年~2005年占全球反倾销总量的18.7%,2005年更是高达30%。一旦发达国家对发展中国家进行制裁,则出口部门的劳动者会受到冲击,甚至面临失业的危险。虽然发达国家一直宣扬自由贸易的思想,但由它们引起的贸易战经常不断,而贸易保护行为也屡见不鲜。关税及贸易总协定和世界贸易组织主要是为发达国家服务的。从历史上看,贸易保护是资本主义建立自己工业体系的有力手段,一旦他们已经发展到可以面对世界市场上的一切竞争时,往往转向而且希望别国转向自由贸易。在资本主义经济发展的历史上,拒绝自由贸易的学说也源远流长,远到重商主义、近代有德国历史学派的李斯特,美国的第一任财政部长汉密尔顿、美国总统格兰特曾公开声称要进行贸易保护。"我对我国的了解使我相信在200年之内,当美国从贸易保护中获得它所要的一切以后,它也会采用自由贸易"[1]。

实际上,从发达国家进口商品的价格变化可以说明,如果进口价格没有显著下降(由于采取各种保护措施),则说发展中国家的出口导致发达国家本国产业受损就没有道理。以美国为例,如果1995年的进口单位价格指数为100,则1999年、2000年、2001年分别是93.4、99.4、95.9,高于世界进口单位价格指数平均水平(分别为85.1、86.2、83.3)[2]。而从工业制成品出口价格来看,发展中国家的出口价格变化也缺乏竞争力,以1990年为100,1975年、1995年、1999年发展中国家的出口价格分别为55、111、89,发达国家为46、110、94[3]。考虑到发展中国家工业制成品占出口比重不大,因而对发达国家的竞争影响很小。

从比较利益和长期发展的角度看,发达国家的劳动者可以从

---

[1] 弗兰克:《依附性积累与不发达》,译林出版社,1999年,第104页。
[2] 数据来源:《国际统计年鉴(2002)》。
[3] 数据来源:《中国对外经济贸易年鉴(2002)》。

消费来自发展中国家的廉价商品中获益。贸易保护无助于提高他们的国际竞争力。如果他们能够迅速提升自己的技能,发展科技含量高的产品并出口海外,那么,发达国家的劳动者和发展中国家劳动者都能从贸易与全球化中获得好处。巴格沃蒂(Bhagwati,1998)从发展中国家出口商品的价格变化、发达国家国内需求等方面说明发展中国家的出口商品不会对发达国家劳动者带来负面影响。但是,这一理论推想却受到现实制度的约束。发达国家的劳动者尤其是一些工会组织同样反对来自发展中国家的进口产品与低劳动标准。由于本国资本投向海外和来自发展中国家进口产品的竞争,发达国家劳动者的就业状况恶化,因而迁怒于发展中国家的劳动者。他们应该清醒地认识到,造成发达国家劳动者失业增加和工资下降的罪魁祸首不是廉价工人,而是从全球化中获利的大企业。

相反,从发展中国家的进口来看,来自发达国家的产品对发展中国家劳动者会带来很大的损害。发达国家往往利用其雄厚的经济实力,先进行低价倾销,将发展中国家的产业打垮,而后再提高产品价格,以获得更多的利润。例如,发达国家资本主义大农业的粮食进口到发展中国家后,使得许多发展中国家的农民破产,收入下降。在宣传攻势上,发达国家强调发展中国家的农业经营方式是落后的,需要让跨国农业生产企业进行资本主义经营改造。他们以经济全球化为名,要求发展中国家放开农产品市场。实际上,发达国家自己的农产品市场却一直存在着保护。从历史上看,在资本主义发展的不同阶段,保护贸易和自由贸易的政策都被相继采用过,只要能够符合资产阶级利益集团的要求,政策就会被采用。

(二)国际投资对发展中国家的影响

首先,跨国公司的生产国际化对发展中国家的经济发展具有"双刃剑"的效果。一方面,发展中国家从跨国公司的经营活动中获得溢出效益;另一方面,也容易造成发展中国家对跨国公司严重的依赖,抑制了民族工业的发展。

发达国家的企业投资于发展中国家,均利用了其廉价的劳动力,而劳动力的生产率并不低。越来越多的劳动者进入外资企业工作,根据经济合作与发展组织提供的资料,2004年捷克共和国制造业中有37.2%的劳动者在外资企业工作,服务业中在外企工作的劳动者比重也占22.7%,2003年匈牙利制造业的数据达42.4%。劳动者产出的高低不仅依靠劳动者本身的素质,还要依靠投资的技术,如果跨国公司仅仅是将发展中国家的投资企业作为一个生产工厂,投资的目的是进入发展中国家的国内市场,因而不转移技术、甚至不采用先进的机器设备,那么发展中国家劳动者的劳动生产率当然很难与发达国家劳动者相比。跨国公司一般对新技术进行控制,根据姚洋等(2002)的调查,中国外商直接投资的外溢效应主要通过人员流动等途径而不是技术引进的方式在起作用,①这也说明了发展中国家依赖引进技术的局限性。外资企业对发展中国家劳动者整体劳动生产率提高所起的作用不大,往往还从其他所有制企业挖技术人才。在全球化过程中,发展中国家劳动力的劳动生产率是多种因素作用的结果,但其中跨国公司对技术扩散的态度是很重要的因素。

即使如此,与发展中国家劳动者获得的工资相比,他们的劳动生产率是足够高的。例如,1990年拉美国家制造业劳动者与发达国家制造业劳动者平均劳动生产率差距为1:2.6,而工资的平均差距为1:6(Meller,1998),这说明劳动生产率不足以解释它们之间的工资差距。在同一个跨国企业中,劳动生产率相似的发展中国家员工与外方员工却存在着较大的工资差距,这一问题已经引起许多的争议,它说明要素价格的趋同还有相当漫长的路要走。

其他因素如劳动力市场的买方垄断、工会力量微弱也影响了发展中国家劳动者的工资。工资在劳动力买方垄断的情况下被进

---

① 姚洋、章奇:"中国工业企业技术效率分析",《经济研究》2002年第10期。

一步压低了。在发展中国家的就业机会有限,同时又存在着过剩的劳动力供给。廉价的劳动力是吸引外资的重要条件。经常会出现这样的情况:一家外资企业是某一地区少数效益好的企业之一,这样企业在工资决定上就处于垄断地位。而且,劳动者一旦被雇佣,就要在长期内为企业服务,因为出现其他更好工作机会的可能性几乎没有。即便有,劳动力市场的分割也会造成劳动力流动困难。结果,企业主可以按照劳动力供给曲线来决定工资,而不是像在充分竞争的条件下,工资由供给曲线和需求曲线同时决定。那么,为什么供给方没有市场势力呢?工会组织匮乏这一事实进一步降低了供给方的谈判力量。在许多发展中国家,为了吸引外资,政府和劳动者往往忽视了劳动关系问题,他们将发达国家的劳动关系与技术一样,看成是先进的值得学习的模式。外资企业中很少有工会存在。即使有,它的功能也没有真正发挥出来。作为劳动者利益代表的工会很难与来自外国的老板沟通,更不要说是讨价还价了。在法律上,也没有赋予外商投资企业劳动者一些基本权利。例如,在中国,外商投资企业职工的罢工权没有法律保障,使得被雇佣的职工不能有效地保护自身的权利。

由于以上原因的存在,发展中国家劳动者的工资极其低下。按照新古典的分配理论,工资应该与劳动者的边际收益产品(劳动力的边际产品与产品的边际收益)相等,如果工资低于边际收益产品,就认为存在着剥削。这种意义的剥削不同于马克思经济学中的剥削概念。即使按照新古典意义的剥削来看,在全球化过程中,也存在着工资支付低下的问题。例如,著名的运动鞋生产商耐克公司在印度尼西亚的投资企业就存在着以低工资剥削工人的现象。在那里,工人每周要工作60小时,平均工资每月只有35美元,仅高于政府规定的最低工资。这一工资水平仅能满足最基本的生存需要[①]。同样,在中国,在外资企业工作的农民工其工资

---

① 据中央电视台2000年9月5日《新闻30分》报道。

长期得不到改善。另外,1990年拉美国家制造业劳动者的工资只能获得其创造价值(劳动生产率)的15%~30%,而发达国家的劳动者却可以获得40%~60%(Meller,1998)。

与上述剥削问题相关联但决不能等同的是劳动标准问题。劳动标准包括自主结社、集体谈判、平等就业、使用童工、强迫劳动等。发展中国家本国企业的劳动标准一般较低,低的劳动标准是发展中国家固有的问题吗?不是,在跨国投资的中小企业中也存在这一问题。发展中国家劳动标准低的原因在于其经济的长期贫困落后,而贫困落后的根源很大程度上是与上一次全球化过程中的殖民掠夺分不开的。

总之,在全球化的过程中,资本主义的生产中心逐渐向发展中国家转移,使得越来越多的廉价劳动力被迫加入到这一生产体系中。资本主义企业在全球寻找最佳的投资场所,以降低生产成本、获得更多的利润,从而巩固资本主义生产结构。全球化为资本主义体制的发展注入了新的活力,资本的权力得到再生和加强。在发展中国家,众多的劳动力等待着跨国资本"慷慨"地为其提供就业机会,因而资本家不满足于剥削母国的劳动力(他们的劳动成本太高,劳动关系趋于紧张,已经累积了许多矛盾),转向剥削发展中国家的劳动力,这是更加有利可图的"新兴"事业。

相反,发展中国家由于资金的短缺或者技术的落后,对外投资能力很弱,从而不能在经济全球化中竞争到较大的利益份额,这也会影响到发达国家和发展中国家之间的收入差距。大多数发展中国家自身发展的资金短缺,更谈不上用多余的资金进行海外投资。也有个别国家虽然拥有大量的经常项目余额和外汇储备,却没有掌握先进的技术,这也制约了其海外投资的发展。例如,中国2003年外汇储备超过4000亿美元,仅次于日本,但对外直接投资仅18.5亿美元[①]。

---

① 岳健勇:"不容乐观的工业化前景",载《读书》,2004年第7期。

从国际生产分工体系来看,发达国家越来越多的劳动者从事第三产业,而大部分生产性活动由跨国公司转移到发展中国家进行。发达国家的劳动者不创造剩余,却参与剩余的分配。剩余是靠国际贸易中的不等价交换和国际投资中剥削发展中国家劳动力来获得的。这决定了发展中国家劳动者的收入低下,而不直接从事生产活动的发达国家劳动者却可以获得较高的收入。全球收入差距由不合理的国际分工体系决定。

跨国公司将发展中国家作为自己的生产加工厂,这不利于发展中国家工业体系的形成,不利于本国民族工业的发展,在世界资本积累的历史背景下只能导致其对发达国家的依附性加强。对林毅夫等人提出的中国目前应遵循比较优势,在世界分工中主要发展劳动密集型产业的观点,我们也提出了质疑。首先发展劳动密集型产业有现实的约束。发展中国家在用劳动密集型商品与发达国家的商品进行交换的过程中,常会处于不利的地位,其价格被过分压低,利润也非常微薄,因此劳动者的利益常常会受损。这一点,可以在世界贸易组织不算长的历史中清楚地看到。出口劳动密集型产品还会受到发达国家需求的制约。现实情况是,以劳动密集型产业为主的发展中国家之间存在着激烈的竞争,这也会使以此为导向的发展战略失灵。

其实,即使在发展的初始阶段,在资金短缺的情况下,发展中国家也需要进行技术的研究、经验的积累。如果发展中国家缺乏资金,可以到国际金融市场上获得融资,或者吸引外商直接投资。这说明发展早期的技术选择并不一定是劳动密集型的。经济全球化使得发展中国家与发达国家的资源禀赋出现更多的相似性,技术类型也将具有更普遍的适用性,这有助于发展中国家的追赶过程。

退一步说,即使发展中国家通过发展劳动密集型产业确实获得了资金的积累,可以用于实现产业技术的升级,但技术的引进并不是一件容易的事情。一方面,引进的技术往往较落后;另一方面,引进技术也存在着消化与吸收的问题。即使这些都不成问题,走技术引进的道路将意味着我们永远是"拿来主义",永远跟在别人的后面,在技术上永远赶不上西方发达国家。林毅夫也强调了要素禀赋升级的意义,提出产业结构升级背后的决定因素是要素禀赋结构的升级。但产业结构的升级有时并不是自然形成的,也不可能完全实现自动调整。在这个过程中,离不开政府的适度干预,高科技产业的发展更需要政府的支持,而不是单纯的比较优势能够解决问题的。

一方面,目前资源禀赋的实际状况已发生改变,其实,我国劳动力成本低的优势也并非人们想象的那么大。而另一方面,资金短缺的约束逐渐地减弱,资金成本也得到下降。

此外,在国际投资中产生的环境污染问题,也是非常严重的。考虑到对发展中国家产业冲击导致的就业丧失,跨国公司创造出新的就业机会很有限。余永定(2004)认为外商投资企业对中国的就业创造主要体现在劳动密集型行业,但高峰期(20世纪90年代中期)已过,现在外企也开始减员增效,与中国实现工业化和农民向城市转移的目标不相一致[①]。此外,外商投资还对社会主义国家企业产权进行介入,20世纪90年代以来外资并购国有企业的现象越来越多,允许外资进入的行业逐渐放开。我们尚需对外资并购国企的利弊进行审慎的研究,不管怎样,这会影响到发展中国家的私有化进程,对社会主义公有制也是一个挑战。

资本国际化对发展中国家具有双重意义。一方面,货币资本的国际流动有利于发展中国家吸引外来资金,选择外向型经济;另一方面,国际短期资本在发展中国家的肆意出入,又成为发展中国家经济动荡的导火索。在经济全球化过程中,有越来越多的资本进行国际间接投资活动。他们不从事直接的生产活动,却通

---

① 《中国社科院第四届国际问题论坛观点综述》,载《国际经济评论》,2004年第3、4期。

过国际借贷、国际资本市场投机来获得高额利润。这对国际收入分配会产生怎样的影响呢？国际投机资本作为短期资本流入发展中国家，并不创建生产工厂，因而不能为低收入的劳动者提供就业机会。而一旦发现赢利机会，来自发达国家的投机资本就会对发展中国家的资本市场发动攻击，导致像东南亚金融危机中发生的那样——发展中国家资本市场崩溃、宏观经济受损，从而拉大了发达国家和发展中国家之间的收入差距。国际货币体系的形成与演变以及国际货币基金组织的成立，都对协调和引导货币资本的国际运动发挥着重要的作用。但是，国际货币基金组织在执行自己的职能时，往往成为发达国家实现金融霸权的工具。

参考资料：冰岛债务危机

冰岛是欧洲最西部的国家，经济一直以渔业为主。大约10年前，冰岛确立了"快速发展金融业"的方针，依靠高利率吸引外资。成千上万的储户把大量资金带到了这些银行里。金融业成为冰岛国民经济占比重最大的产业，给冰岛带来了7%的远远高于其他欧洲国家的经济增长率。然而这种金融业的超常的发展也给冰岛经济留下了隐患，到2008年，冰岛外债已经超过国民生产总值的7倍。丹麦银行资深分析师克利斯滕森说："冰岛的做法更像是个私人投资基金而非政府。"2008年9月，冰岛陷入经济危机，货币大幅度贬值，外汇储备缩水，证券交易被迫暂停，国家前三大银行都被政府接管，国家面临破产，总理哈尔德领导的政府也被迫下台。

（三）政治和文化的影响

经济全球化过程中发达国家对发展中国家的影响还体现在政治、意识形态和文化的影响。发达国家在开展国际经济活动的同时，还极力鼓吹自由市场经济原则，希望发展中国家尽快走完全私有化、市场化的道路，为其全球经济扩张铺平道路。

他们还将宣扬自由民主思想与反对一些发展中国家的集权

统治、反对恐怖活动联系起来,甚至不惜以发动战争为代价。例如美国发动的阿富汗战争、攻打伊拉克的战争,实际上战争的背后有美国的经济利益。

(四)发展中国家内部的阶级分化

经济全球化还改变了发展中国家内部的阶级结构,正如殖民统治改变了非洲和拉美国家的阶级结构一样。例如,国内的既得利益集团对外资的迎合态度、新兴中产阶级的出现、雇佣劳动者阶级的扩大等等。发展中国家的阶级结构转变为符合世界资本主义发展和宗主国发展需要的职能,以利于世界资本家对发展中国家劳动者的超额剥削。阶级分化会导致发展中国家内部收入差距的扩大。

伴随着经济开放和经济全球化,发展中国家内部的收入分配差距问题也逐渐严峻起来。很多学者的研究表明,发展中国家内部的收入差距已经扩大了。收入分配差距扩大是经济发展过程中必然出现的规律吗?一些经济学家包括发展经济学家都有这样的论点,并且有库兹涅茨的倒 U 曲线理论为证。这一理论的确有意义,从世界经济体系的角度考虑,如果我们承认对中心国和外围国的划分是有意义的,那么,前者的收入差距水平应该低于后者。因为,中心国已经处于经济发展的较高阶段,而外围国由于经济发展阶段较低,处于倒 U 曲线的较高阶段。

但是,经济发展阶段不能够解释所有的收入差距问题。对于发展中国家来说,其收入差距还与发展中国家的依附地位和经济结构特征有关。收入差距与发展中国家阶级结构的变化有关,而阶级结构的变化要追溯到殖民地的统治时期,上一次的全球化改变了发展中国家的阶级结构,并使其产生长远的影响,例如,Wolff (2001)分析了殖民统治对非洲国家阶级结构的影响,并将其与战后非洲国家经济的长期落后相联系。巴兰认为,在殖民地时代之后,新帝国主义取代殖民控制并继续造成外围经济不发达。外围经济的阶级结构是新帝国主义控制的产物,外围经济还受到由买办资产阶级、工业垄断者和封建残余控制的社会结构这一"殖民化遗产"的折磨,他们依赖于现存的经济结构的延续,阻碍了外围国家工业资本主义的兴起。"而这就是我们这个时代帝国主义的主要任务:阻拦,如果不可能则就延缓和控制不发达国家的经济发展。"[1]而新的一轮经济全球化则使阶级结构又发生新的变化,改变了劳资双方的力量对比,从而拉大了收入差距。

为什么全球化会改变阶级结构并给不同的阶级带来不同的影响呢?

首先,随着外资企业的进入,资本主义生产体系在发展中国家逐渐稳固,资本主义生产的范围扩大了。外资的进入使原有的发展中国家企业(无论是国有企业,还是私营企业)受到冲击,很多企业破产或被兼并、收购,并产生了大量的失业工人。这些工人要寻找新的生活出路,到外资企业工作是他们的一个重要选择。而少数生存下来的企业则受益于全球化的开放环境,企业主从中获得了很大的利益,逐渐成长为新兴的资产阶级。

经济全球化包括货币资本、生产资本和商品资本的全球化,其中生产资本的全球化是影响最深远的。它不仅包括发达国家的跨国直接投资,还包括发展中国家企业面向国际市场组织生产、企业与发达国家企业合资生产等等。作为发展中国家,当经济全球化被宣扬成为发展的必由之路时,自然会采取全面的开放政策。尤其在原来的社会主义国家,受市场化和经济全球化的影响,生产资本国际化的进程不断加快。在这一进程中,不断地改变着国内的阶级结构和收入分配格局。在过去的几十年里,发达国家一直在发展中国家中推动市场化改革,但他们推行的"市场经济"不同于自己国家的市场经济,这是一种原始的、自由放任的资本主义,一种早已被西方抛弃了的市场形式。由于没有政府实际的广泛的规范和再分配,这种市场经济在发展中国家会带来比发达

---

[1] [美]保罗·巴兰:《增长的政治经济学》,商务印书馆,2000年,第287页。

国家更严重的收入差距问题。

其次,许多外资企业为吸引一些高技能人才,为他们提供了相对较高的工资,并晋升到高级职位,但大多数普通劳动者收入较低。虽然同是劳动者,他们之间的收入差距却比对外开放前扩大了。有人认为,劳动者收入差距的扩大是因为产业结构和劳动力的需求结构随着全球化发生了变化:对高技能劳动者的需求相对增加,而对低技能劳动者的需求相对减少,所以,高技能劳动者的工资远高于低技能劳动者的工资。诚然,技能高低确实是产生工资差异的因素,但是它并没有说明差异的全部。我们看到,外商在投资过程中对低技能劳动者的需求是非常之大的,但对他们的工资支付却没有让市场供求来决定。因为外商看清楚了这一事实:低技能劳动者要谋生,只要工资能够维持其最低生存,就会接受这一工作。另外,由于发展中国家人力资本培训资源的缺乏,低技能劳动者的技能水平很难获得提高。而全球资本生产正是要求这样的低工资、低技能劳动者大量存在,全球资本家希望将发展中国家变成资本生产链条的一个加工工厂,并且长期存在下去。

再次,从国际贸易中获得更多利益的是发展中国家的外资企业和非国有企业,这势必会影响到发展中国家内部的收入分配。以中国为例,在2003年的出口中,一般贸易占41.5%,加工贸易占55.2%。一般贸易出口中国有企业出口占31.5%,外资企业出口占54.8%。而加工贸易出口更是以外资企业和非国有企业为主体。在贸易平衡的结构上,国有企业逆差44.5亿美元,外资企业顺差84.3亿美元,非国有企业(集体、私营和其他企业)顺差215.6亿美元①。外资企业和非国有企业从全球贸易中获得的利益要进行分配,其分配原则是按照生产要素进行分配,劳动者获得的利益有限,而资方获得更大的利益。如果国有企业能够在国际贸易中获得更多的利益,则收入分配会更多地向劳动者倾斜,发展中国家

---

① 转引自岳健勇:"不容乐观的工业化前景",《读书》2004年第7期。

的收入分配差距会得到一定程度的控制。

最后,发展中国家劳动力的跨国界流动会对本国的收入分配状况产生影响。如果流出的是低技能的劳动者,国内低技能劳动者相对减少,在劳动力需求不变的条件下,工资会得到改善,从而收入分配差距会缩小。如果流出的是高技能的劳动者,发展中国家经济会由于人才的缺乏而受到制约,对于所有劳动者而言,收入状况都不会得到改善。

无论是新兴的企业主还是外资企业中的白领阶层,这些少数幸运者对于全球化都持欢迎、赞同的态度,因为他们是受益者。鉴于此,一些学者提出,要重新分配这些对外开放的收益(王绍光,2002)。但是,在既定的阶级结构已经形成的条件下,重新分配利益存在着很大的困难。而且,这已经不是发展中国家单独能够解决的问题,它受制于全球资本主义的生产结构。

二、经济全球化对发达国家的影响

经济全球化中的商品资本、货币资本和生产资本的运动会改变发达资本主义国家的经济关系,这主要体现在以下几个方面。投在对外贸易上的资本能获取更大的利润,驱使资本家去开拓国外市场,同时对外贸易能调节资本主义再生产的顺利运行,资本家还可以利用对外贸易来缓和和转嫁国内的经济危机。在资本原始积累的历史上,出现了奴隶贸易、鸦片贸易和殖民地贸易等特殊形式的对外贸易。

货币资本的国际化,尤其是国际借贷资本的发展,对现代资本主义生产方式产生了非常重要的影响。首先,借贷资本的国际流动为生产资本家和商业资本家的国际性经营活动提供了融资和投资的渠道,从而提高了资本的配置效率。其次,国际资本市场具有信息导向功能,为资本主义国家政府干预经济活动提供了信息依据,在一定程度上保障了开放经济的平稳运行。再次,大量创新金融工具的出现,为资本家的投机活动提供了适宜的条件,而国际虚拟资本运动的膨胀成为国际金融危机爆发的隐患。

跨国公司推动了资本国际化向广度和深度发展,对资本主义经济产生了深远的影响。首先,跨国公司的经营方式标志着资本主义企业的生产方式彻底突破了国界,资本的价值增殖已完全成为世界性的过程。其次,跨国公司以价值增殖为动力,以世界市场为运作的舞台,通过对外直接投资,带动了国际贸易和国际信用的发展。但跨国公司带动的产业转移也导致发达国家国内产业空心化和就业数量的减少。

下面说明经济全球化如何影响发达国家国内收入分配。在发达国家内部,收入分配差距也在逐渐扩大,这同样是经济全球化产生的后果。

第一,分析贸易对发达国家收入分配的影响。Edin,Frediriksson 和 Lundborg(2004)研究了对外贸易对瑞典不同类型劳动者收入分配状况的影响。虽然表面上看,出口的扩大会提高劳动者的平均收入,进口的扩大会减少劳动者的平均收入。但是,收入主要和产业规模有关,无论是国内贸易的扩大还是国际贸易的扩大都会提高收入。所以,国际贸易对收入的影响并不值得特别强调。而对不同技能劳动者的影响是否不同呢?他们的研究表明,对低技能劳动者负面影响更大这一观点还缺乏足够的实证依据。尤其是并没有证据说明,瑞典与欠发达国家之间进行贸易会不利于国内的低技能劳动者。①

第二,近年发达国家资源外取的生产模式不断得到普及,他们进口来自发展中国家的半成品,然后在本国加工成最终产品。有人认为这种生产模式的兴起会减少对低技能劳动者的需求,从而引起不同技能劳动者的收入差距扩大。同样,发达国家内部也

---

① Per-Anders Edin, Peter Fredriksson and Per Lundborg, "The Effect of Trade on Earnings: Evidence from Swedish Micro Data", Oxford Economic Papers56, 231~234.

存在产业结构的升级,存在由于就业人员技能结构变化导致的收入变化,因而不同技能劳动者之间的收入差距也在扩大。Feenstra 和 Hanson(1996)的计算表明,美国 1979~1990 年资源外取和进口份额的变化与非生产工人(高技能者)工资份额相关,说明资源外取模式的发展提高了对高技能者的需求及其工资份额。但是,资源外取与非生产工人的年平均工资却呈微弱的负相关,这可能是由于非生产工人就业数量增加造成的结果[1]。所以,不同技能劳动者之间的收入变化与国际贸易之间的关系还有待进一步考察。

以上分析也说明,发达国家劳动者之间的矛盾以及发达国家劳动者与发展中国家劳动者之间的矛盾不是主要矛盾,他们之间的收入差距只是全球化资本积累过程中的次要方面,而由劳资关系引起的收入差距问题更值得关注。在全球化浪潮的推动下,发达国家的对外投资高涨,许多劳动密集型产业转移到发展中国家,造成国内产业空洞化。一方面,发达国家传统产业中工会组织活动下降,无法维护工人的利益,劳动者大量失业,甚至包括一些高技能劳动者;另一方面,投资者在发展中国家进行投资、获得大量的利润,他们大部分时间仍生活在发达国家。通过贸易和投资的利润汇回,垄断资产阶级和劳动者的贫富分化加剧了。而且,这些大的垄断资产阶级利益集团利用发展中国家的优惠政策,在税金最低廉的地方纳税,但生活在最美好的地方,他们成为享受昂贵的基础设施福利的"搭便车者"。从发达国家和发展中国家劳资关系的比较来看,发达国家的劳资关系更紧张些,这也是发达国家不断向发展中国家投资、寻找温和的劳资关系的原因。

Zafirovsky(2003)分析了近年发达国家的剥削率,以此反映全球化背景下资本主义经济中劳资关系的基本情况。他以新古典经济学的收入分配理论为参考系,我们已经知道,新古典经济学认为当

---

[1] Robert C. Feenstra, Gordon H. Hanson, 1996, "Globalization, Outsourcing, and Wage Inequality", NBER Working Papers 5424.

工资等于劳动的边际收益产品时,即不存在剥削。按照这种最狭义的剥削概念,Zafirovsky 以发达国家最高的工资水平——德国的工资代表完全没有剥削(新古典意义)的工资[1],其他国家的工资水平与德国相比较[2],得出不同的剥削率,剥削率等于本国的实际工资与德国工资的差额/本国的实际工资×100%。具体结果见表8-3。

表 8-3 主要发达国家制造业的剥削率(1997 年)

国家	小时工资(美元)	剥削率	流入 FDI(亿美元,1995 年)	流出 FDI(亿美元,1995 年)	收入分配差距(基尼系数)
英国	15.47	82.8	199.7	435.6	36.8(1995)
澳大利亚	16.00	76.7	119.7	32.8	35.2(1994)
加拿大	16.55	70.9	92.6	114.6	31.5(1994)
意大利	16.74	68.9	48.4	70.2	27.3(1995)
法国	17.97	57.4	236.8	157.6	32.7(1995)
美国	18.24	55.0	587.7	920.7	40.8
日本	19.37	46.0	0.4	225.1	24.9(1993)
荷兰	20.61	37.2	123.2	202.0	32.6(1994)
瑞典	22.24	27.2	98.67(1997)	—	—
挪威	23.72	19.2	35.45(1997)	—	—
瑞士	24.19	16.9	55.06(1997)	—	—
德国	28.28	0	120.3	390.5	30.0(1994)

资料来源:前二项转引自 Zafirovsky, M.(2003), "Measuring and Making Sense of Labor Exploitation in Contemporary Society: A Comparative Analysis", Review of Radical Political Economics, Vol35(4), 462~484, 后三项转引自《国际统计年鉴 2002》。括号内数字为年份。

从表 8-3 中可以看出,英国、澳大利亚、加拿大、意大利、法国、美国的剥削率较高,而日本、荷兰、瑞典、挪威、瑞士和德国的剥削率较低。相应地,前一组国家的基尼系数较大,而后一组国家

---

[1] 即假设德国按照劳动的边际收益产品支付工资,作为一种理论分析的方法需要,这样的假设是合理的。
[2] 经济全球化要求不同发达国家的工资趋同,所以,这种比较有意义。

的基尼系数普遍较小,这说明前一组国家的收入分配更加不均等。也就是说,反映劳资关系的剥削率是影响收入分配格局的重要因素。一个有意思的现象是:前一组国家实行强调自由竞争的资本主义市场经济体制,而后一组国家则要求政府有一定的干预,且工会组织力量较强大。可见,政府的干预和工会力量在一定程度上保护了劳动者的利益,使得剥削率相对较低。

而剥削率、收入分配差距又与经济全球化存在怎样的关系呢?Zafirovsky 的研究表明,剥削率与外商直接投资正相关,相关系数为 0.303。这一点在表 8-3 中也可以得到直观的体现。前一组国家吸引国外的投资规模相对较大,本国对外投资规模相对较小,相对应的剥削率较高。而后一组国家吸引国外投资的规模相对较小,本国对外投资规模相对较大,主要是外向型经济。如何理解这一现象呢?如果一个国家的资本在对外经济关系中可以获得更多的利益,在出口中获得较高的收益,在海外投资中可以利用发展中国家的廉价劳动力,那么,本国产业中的劳动者受剥削的程度就会减轻。因而,后一组国家的剥削率较低。在前一组国家,吸引的国外投资规模较大,且大部分国家的国内劳动力都包含着大量的外国移民,无论是国内资本还是国外资本,对于这些移民的剥削非常严重,甚至在发达国家中重新出现了"血汗工厂"。他们的工资很低,这使得发达国家整体收入分配状况很难改善。

发达国家国内劳动者收入较低,还与非生产劳动者数量的增加、产业结构的调整有关。非生产劳动者是不直接从事生产劳动的劳动者,在马克思经济学看来,即是不创造剩余价值的劳动者。由于当代资本主义经济的快速发展、传统产业向发展中国家的转移,发达国家国内越来越多的劳动者从事第三产业,其中很大一部分属于非生产劳动者。这也是由经济全球化过程中的国际分工体系决定的。非生产劳动者不创造剩余价值,却参与剩余价值的分配。在美国,越来越多的剩余价值被非生产劳动者所吸收。剩余价值不能完全被资本所有者所占有,就会影响其利润率。而资本所有者要保证自身的利益,就必然要加强对直接生产劳动者的剥削。Shaikh 和 Tonak(1994)的计算表明,1948年美国生产性工人的剥削率为 1.7,到了1989年上升为 2.44。

在劳动力跨国界流动方面,如果流入发达国家的是低技能劳动者,低技能劳动者的工资可能会下降,从而发达国家内部不同类型劳动者的收入差距会扩大。反之,如果流入的是高技能劳动者,虽然高技能劳动者之间的竞争加强,但由于低技能劳动者和高技能劳动者之间存在着互补关系,对低技能劳动者的需求会上升,这会有利于发达国家内部收入差距的缩小。

从发达国家各阶层收入分配格局的历史演进中,也可以发现资本主义经济中收入分配的变动及其与经济全球化的关系。达格穆(1988)对加拿大、美国和英国的要素分配进行了考察。发现三国都出现雇员的报酬在国民收入中所占比例上升的特征,例如,美国 1900~1909 年的劳动份额为 55%,1980~1984 年上升为 74.3%。但劳动份额的上升并不一定意味着劳动者尤其是生产性劳动者经济地位的改善,如前所述,如果劳动份额上升是非生产劳动者数量增加的结果,则生产性劳动者的收入状况并没有得到改善,他们的受剥削程度可能还会提高。资产的份额从长期看是在不断下降的,但在 20 世纪 70 年代石油危机后有所增长,这主要来自国际金融市场产生的利息收益,例如,加拿大 1970~1974 年利息在国民收入中所占的份额为 5.8%,1980~1984 年上升到 11.2%。在英国,资产份额的减少还与其来自国外资产净收入的变化有关,这与英国的国际经济活动密切相关。来自国外的资产净收入在第一次世界大战前达到 8.4%的高峰值,随后稳步下降,在 1975~1984 年降为最小,仅为 0.6%[①]。英国在世界经济中地位的下

---

① 达格穆:"加拿大、美国和英国的要素分配",载阿西马科普洛斯编:《收入分配理论》,商务印书馆,1995年,第 217~243 页。

降影响了国内资本从全球获得收入,也就使资本份额减少。此外,业主在国民收入中所占份额持续减少,这主要是因为随着资本主义经济的深入发展,使越来越多的农业业主和非农业业主因破产或倒闭,被迫成为雇佣劳动者。

三、经济全球化与国际经济秩序——中心外围世界体系的综合考察

中心外围世界体系理论将世界上的国家按照其在世界体系中所处的位置进行划分,一般分为中心国家、半外围国家和外围国家。中心国家一般指发达国家,半外围国家包括一些新兴的发展中国家,外围国家包括一般发展中国家和欠发达国家。在现代经济全球化的背景下,这一分析框架也非常有用。全球化的世界经济是一个高度分工的体系,不同类型的国家在全球生产链中扮演不同的角色,获得不同的报酬,彼此之间的差距在发生变化。同时,由于阶级关系也已经被全球化,不同类型国家内部不同阶级的力量在发生变化,他们之间的收入差距也在变化。

从全球生产和贸易来看,中心国家与外围国家在利益分割中获得的份额是不平等的,这直接造成全球化过程中发达国家与发展中国家收入差距的扩大。下面以中国的玩具出口制造业中,一件由美国公司设计、中国企业制造的儿童学习用的可发声地球仪为例,说明国际商品链的市场价值是如何在生产和销售的各个环节分配的(见表8-4)。

从表 8-4 中可以看出,中国的生产企业只获得产品全部增值的 3.9%,贸易企业获得全部增值的 6.6%。生产企业销售给广东的外贸公司的价格很低,而广东的外贸公司销售给香港特别行政区的贸易公司的价格也较低,这说明中国大陆的生产和贸易公司获利微薄。经过香港特别行政区的贸易公司出口美国,价格得到进一步的提高。而美国的制造业公司在销售给国内零售商和国内零售商进行零售时都能进行大幅度加价,其基础就在于中国的生产企业和贸易企业的低价销售,也就是说,在价值分配过程中存在着不平等,发达国家获得更多的份额。从整体来看,位于资本主义世界外围地区的中国大陆,累计仅获得10.5%的市场价值,位于资本主义世界半外围的中国香港特别行政区获得26.3%的市场价值,而位于资本主义世界中心地区的美国获得63.2%的市场价值。这是一个典型的特征,符合全球商品链的一般规律。由于中心国家获取绝大部分的价值,而外围国家只获取很少一部分价值,经济全球化条件下的全球经济差距就不可避免。这与我们上面分析的不等价交换是相联系的。

表8-4 "儿童学习用可发声地球仪"全球商品链的组成环节与价值分配

商品链组成环节	环节末销售价格（美元）	环节中实现增值（美元）	占全部增值比重（%）
美国零售商	88	16	21.1
美国制造业公司 ->	72	32	42.1
中国香港贸易公司 ->	40	20	26.3
广东外贸公司 ->	20	5	6.6
江苏和广东生产企业	15	3	3.9
成本费	12	/	/

注:"->"代表向下一个环节下单订货。
资料来源 转引自李民骐:"世界体系视野中的中国社会结构",载《视界》,第11辑,第8页。

如果生产企业是在中国投资的外商生产企业,结果会有区别吗?他们会甘心接受较少的价值分配吗?外商投资企业并没有改变这样一个格局,即开放的发展中国家成为全球资本主义经济的世界加工厂,所以他们的加入并不会为外围国家争得更多的价值份额。但这也不意味着作为投资者的外商利益就会受损,因为他们作为生产企业获得的增加值是要全部归入自己的腰包[①],而其他环节的企业(中国外贸企业、香港特别行政区的贸易公司、美国

---

① 劳动者的工资已经被计入成本费。

制造业公司、美国零售商)获得的增加值要在利润和工资之间进行分配。由于资本的国际流动,利润率在国际有平均化的趋势,商品链中各个环节的利润量与各个环节的预付资本之比基本相当。所以,在外围国家投资的国际资本也能够获得相同的利润率,虽然其所处的环节获得的增加值较少。更深层的真正原因在于其能将成本费压得很低。工资是成本费中很重要的部分,外围的发展中国家劳动者的工资可以被压得很低,这是外商愿意投资的主要原因。这样,外围国家所获得的较少的增加值必然意味着较低的工资率,或者说,只有外围国家工人的工资率极大地低于中心国家工人的工资率,中心国家才可能获得全球商品链中的绝大部分价值。

事实也的确如此,从加入全球化各国的工资率来看,差距是明显存在的。如果以美国1995年制造业月平均工资为100美元,韩国工资相当于美国的77%,以色列为72.8%,新加坡为68.8%,这些国家位于外围和半外围地区的地理边缘,属于"准中心国家"。他们的工资水平大约相当于中心国家的50%~75%。阿根廷的工资相当于美国的34.2%,巴西为24.9%,智利为18.1%,马来西亚为18.1%,匈牙利为14.2%,波兰为12.6%,捷克为11.6%,泰国为11.3%。这些国家属于半外围国家,工资水平大约相当于中心国家的10%~30%。土耳其的工资水平相当于美国的8.8%,墨西哥为8.6%,俄罗斯联邦为6.5%,中国为2.3%,印度为1.7%。这些国家属于外围国家,他们的工资水平只相当于中心国家的1/20~1/50[①]。从中心、准中心、半外围、外围国家工资的差异可以清楚地反映出全球收入差距问题,这种差距反映着经济全球化中不等价交换的程度。从分配形态看,位于最上层的中心国家数量很少,它们的收入很高;而位于底层的外围国家却拥有最广大的人口,收入极其低下。准中心和半外围国家则介于中间,这是一个类似于金字

---

① 李民骐:"世界体系视野中的中国社会结构",载《视界》,第11辑,第9~10页。

塔形的分配格局，它说明了更大程度的不平等，而且要想改变或缩小这样的收入差距，困难非常之大。因为资本主义经济本身就是要产生一种经济不平衡，产生差距。不平衡发展是资本主义的属性。

在世界体系内，中心、半外围和外围国家各自国内的收入分配状况又是如何呢？它们依然受制于全球资本积累结构。从中心、半外围和外围国家的阶级结构比较中可以进一步分析这一问题（见表8-5）。

表8-5 中心、半外围和外围国家的阶级结构比较

（占全部经济活动人口的比重%）

阶级（阶层）	中心（美国1990年）	半外围（拉美1990/1992年）	外围（中国1999年）
国家与社会管理者	/	/	2
资产阶级	5	2~4	1
中间阶级	20	10~15	11
小资产阶级	5	9~17	4
无产阶级	45	18~28	<23
半无产阶级	25	32~47	>25
农民	/	5~12	44

资料来源 李民骐："世界体系视野中的中国社会结构"，见《视界》，第11辑，第15页。

在表8-5中，首先看中心国家的阶级关系，可以发现作为世界体系中心国家的美国也是高度无产阶级化的国家，表现为无产阶级占全部人口的近一半，无产阶级和半无产阶级（没有稳定的正规工作，就业于城市的非正式部门或者在城市和农村之间流动的农村剩余劳动力）占人口的绝大多数（70%），全部人口的90%要依靠出卖劳动力换取工资为生。资产阶级和小资产阶级只占人口的10%，他们却雇佣近90%的人口为其创造剩余价值，这是造

成贫富差距扩大的最重要原因。同时,在劳动者内部也有分化出现。中间阶级的收入较高,但数量最少。无产阶级和半无产阶级的收入较低,且不稳定。中间阶级对资本主义经济发挥着不可或缺的稳定作用。这个稳定的作用是资本家付出了昂贵的"忠诚租金"(相对较高的工资)以后买到的,而收买注定只能应用于一个相对少数的群体。这是因为,如果收买的范围大幅度扩大,收买的成本也必然大幅度地上升,能够保留下来供资本家阶级分配的剩余也就所剩无几了。另一方面,如果收买的范围扩大,收买的效果就会降低。因为现在高工资已经不是少数人的特权了。

其次,以拉美为代表的半外围国家内部,资产阶级的比例比中心国家的略高,但大部分是小资产阶级,反映了拉美资本主义发展的水平还不是很高。大资产阶级的比例很低,但却控制着大部分国民收入,无产阶级和半无产阶级大约占人口的 50%~75%,因而贫富分化在拉美国家更加严重。在劳动者的内部,中间阶级的比例较低,占 10%~15%,无产阶级的比例也较低,半无产阶级的比例较大。此外,农民也占有一定的比例。这是不同于中心国家的特点。这样的结构决定了半外围国家劳动者内部的收入差距更加严重。因为,半无产阶级和农民是缺乏谈判能力的阶层,他们的收入和经济地位不如无产阶级。

最后,作为外围国家的中国,资产阶级的比例还不大,但正在不断地增长。而无产阶级的程度也比较低,半无产阶级的比例在增长,有些还是从无产阶级中转化而来的。例如,国有企业因外资企业进入导致企业破产,原来的国有企业职工下岗成为非正规部门的劳动者。农民仍然占很大的比例,但这一比例正在逐渐地下降,农民会首先成为半无产阶级,而后才有可能成为无产阶级。同其他类型国家一样,中国的农民和半无产阶级是收入最低的阶层。他们的较大比例也决定了作为外围国家的中国的收入差距问题非常严重。

可以说,中心、外围国家的阶级结构形成受到了经济全球化的影响。例如,发达国家跨国公司的海外扩张使得发达国家大资产阶级得到迅速成长。跨国公司在外围国家打垮受保护的工业部门,将相当一部分无产阶级沦为半无产阶级,从而也改变着外围国家的阶级结构。而阶级结构又决定着收入分配的格局,因而中心、外围国家的收入分配受到经济全球化的影响。

中心外围国家内部的阶级关系要获得改善,是否也要寄希望于经济全球化呢?例如,作为外围国家的中国要提高无产阶级、半无产阶级和农民的收入,缩小国内的收入差距,除了必要的税收政策外,在阶级关系既定的前提下,只有在全球化竞争中取胜,在全球商品生产链中占据有利的地位、获得更多的价值增加值,才可以提高本国劳动者的工资。但是,这样一种前景是可能的吗?如果外围国家的劳动者工资提高,意味着它已进入半外围国家,那么除非有另外的同样规模的外围国家出现,否则世界资本家就会丧失大量的廉价劳动力,他们的利润会下降,生产体系难以维持下去。也就是说,只要现有的世界资本主义生产体系存在,就必然需要有外围国家存在。外围国家是不会消失的,只是由哪些国家来充当的问题。从这个意义上说,中心外围国家内部的收入分配差距问题也就必然会长期存在。也可以把他们综合在全球化的阶级关系中,只是无产阶级有不同的层次(中心国家的无产阶级、半外围国家的无产阶级、外围国家的无产阶级),它们之间存在着收入差距,而资产阶级虽然有不同的类别(中心国家的中产阶级、半外围国家的资产阶级和外围国家的资产阶级),但却可以获得相近的利润率。所以,劳资阶级关系是理解全球收入分配的根本。

无论是发达国家和发展中国家之间,还是发达国家内部和发展中国家内部,这样一种收入分配方式是合理的吗?有人认为,如果承认初始财产分配的格局,无论何种收入差距的拉大都是合理的,这是经济规律在起作用的结果,强者恒强也是一种经济规律。

但是,我们要清楚剥削的真正含义,即自己付出的劳动少于别人为自己付出的劳动,在资本主义经济中就是利用自己的资本优势来无偿占有别人的劳动,从而使自己越来越富有。这是从社会公正角度考察的剥削含义[①]。

更进一步地,从根本上说,收入分配与资本积累、资本在世界范围内追求利润是分不开的。正如莱文所说:"收入分配取决于对立阶级之间的斗争这种思想,在马克思的理论中具有坚实的基础,但下列这样一种思想,即结果尽管直接取决于斗争双方的相对力量,但从长远来看,却最终取决于资本积累的需要,也深深扎根于马克思的理论中。"[②]并且,莱文认为收入分配在资本积累和经济发展的不同阶段中有不同的表现。主要可以分为三个阶段。在第一个阶段,产品市场发展的低水平使得企业根据成本决定价格的能力较小,虚弱的生产率增长意味着资本积累以实际工资的低水平为先决条件。在第二个阶段,产品市场组织允许成本的增加显著地"传导"到价格当中去,工资份额取决于由资本自我扩张需要所决定的利润边际。随同技术变化的快速积累,在使利润边际足以满足投资需要的同时,也使实际工资得到稳定的增长。在第三个阶段,生产率收益的预期和工资争议的价格影响允许工资争议坚持自己为分配的主要决定因素,这时成熟的资本主义经济将显示出生产率增长虚弱,资本积累成为问题。

沿用莱文的分析思路,我们可以把第三阶段做延续,即第四个阶段是经济全球化的时代,为了克服第三个阶段出现的资本积累困境,资本积累跨出国界,在全球范围内进行。这时,由于有了更丰富的可供剥削的劳动力资源,工资争议又不会时常给积累制造麻烦,因而资本积累可以比较顺利地继续进行下去。

---

① 杰弗里·赖曼:《分配马克思主义的替代:对罗默尔、柯亨和剥削的深层思考》,载韦尔和尼尔森编:《分析马克思主义新论》,中国人民大学出版社,2002年。

② 大卫·P.莱文:《马克思的收入分配理论》,载阿西马科普洛斯编:《收入分配理论》,商务印书馆,1995年,第78页。

从积累的社会结构来看,经济全球化对于资本积累来说也应该是一个制度性的调整。所以,世界体系下的全球收入分配成为全球资本积累的必然结果,它也会随着资本主义长波而发生波动。也就是说,全球资本积累的结构也是不完善的,一旦矛盾发展到一定程度,资本积累又会发生困难,世界经济也会随之波动,收入分配更加不确定。积累的社会结构就需要进一步调整,而且这种调整是在世界范围内进行的。

在经济全球化过程中,政府和国际组织都扮演着重要的角色。发达国家为加强本国企业在国际上的地位,会采取鼓励措施推动企业进入国际市场,同时对来自其他国家的产品进行进口限制。世界银行、国际货币基金组织、世界贸易组织等国际经济协调机构的出现,是为了协调全球化过程中出现的各国矛盾,为了使世界经济发展得更均衡、更稳定。但是,由于发达国家操纵这些组织,他们没有对缩小全球收入差距做出多大的贡献。但是我们依然需要一个国际性组织、一个世界性政府。发展中国家要尽力在国际组织中发挥更大的作用,起码在目前的世界体系格局下这是发展中国家降低损失的出路。对于发达国家来说,也要对全球收入分配不均状况给予关注,否则资本主义系统性混乱的成本会很高,尤其是保护成本。要保护自己在全球攫取的财富,要对付来自发展中国家的反抗以及其他经济风险,需要付出高昂的代价。

第四节 经济全球化的障碍与展望

经济全球化的道路不会一帆风顺,它的发展过程会面临很多障碍,主要表现在以下几个方面。

一、贸易摩擦及其争端的解决

在经济全球化过程中,各国之间经常会发生贸易摩擦,一国的出口影响到进口国国内产业的发展,大量低价出口被指责为倾销。于是,进口国要进行反倾销制裁,对进口产品征收更高的关税或者进行进口数量限制。同样,对方也会采取回应,于是两国的贸易萎缩,经济受到影响。贸易战是违背自由贸易原则的,各国的贸易摩擦影响了经济全球化的正常发展。在有国际组织协调的基础上,两国之间的贸易战有可能避免。但是,世界贸易组织往往维护发达国家的利益,因为法规是由来自发达国家的官员制定,一旦发生贸易摩擦,发达国家也会首先向世界贸易组织寻求帮助。发展中国家由于对规则的了解不足,做出反应相对滞后。例如,多哈回合谈判中美欧对农产品的国内支持和进口关税削减存在分歧,美欧和一些发展中国家对非农产品的市场准入也存在分歧。

另一方面,贸易摩擦的出现,也促使了国际投资的增加。例如在两国发生贸易摩擦时,出口国在第三国设立工厂,组织生产,然后再向原来的出口国出口商品,就会绕开贸易壁垒。

二、国际投资过程中的国家利益

但是国际投资并非完全没有问题,也存在着一定的障碍。国际投资导致企业的全球发展,成为无国籍企业。这对母国的财政、就业会产生影响,无国籍企业也使母国的宏观调控更加困难。有人认为跨国公司的目标与母国利益会出现不一致,甚至会损害母国的利益。因而政府对跨国公司的全球化行为会采取一些限制措施。

即使在东道国,跨国公司也要学会如何适应本土法律环境、文化环境,否则将受到限制。此外在与东道国创建合资企业时,要了解可能出现的政治风险。在特定情况下,合资企业可能会被东道国政府没收或赎买。

三、金融全球化中的风险

金融全球化的发展带来全球的金融风险。而这种风险本质上与虚拟经济部门和实际经济部门在全球发展的偏离有关。"货币资本积累的相对独立化发展趋势,是由基本的增殖结构,由于实际中积累衰弱而产生的。货币资本的这种加速膨胀和或多或少日益广泛的独立化又不断地反过来制约着再生产产业部门的资本增殖过程。""只有同时努力推动整个社会再生产过程的改组,才能进行一种根本性的变革。取消货币资本积累的相对独立化过程要求人们不仅集中精力进行金融市场的调控,同时还必须处理实际资本投资减少的问题。"[①]

全世界青睐美国的金融业,很多发展中国家甘愿将商品出口的盈余换成美元投资美国证券。而美国用印刷机纸币换来别国的商品和服务,转移别国的财富。这种国家主权基金的投资形式面临很大的风险。例如2007年5月,中国主权财富基金——中国投资有限责任公司斥资约30亿美元,以29.605美元/股的价格购买美国黑石私募基金近10%的股票。黑石集团上市后虽一度冲至35美元/股左右的高峰,但其后股价连续下跌,已经跌破发行价。目前该股又再创新低,也造成了中投公司这笔投资大幅缩水。以该集团最新的股价计算,中投的30亿美元大幅缩水了逾半,目前账面只剩下14亿多美元[②]。

四、要素在世界范围内自由流动的困难

经济全球化的一个重要条件是要素在世界范围内能够自由流动。但是我们已经看到,虽然全球化的进程在发展,但无论是货币资本、商品资本还是生产资本在全球的流动都受到各种各样的限制,而对另一类要素——劳动力的限制更加严重。发达国家只有在人口老龄化、技能人才短缺时才会放松移民的限制。

---

① 张世鹏、殷叙彝编译:《全球化时代的资本主义》,中央编译出版社,1998年,第46~47页。
② "中投入股黑石30亿美元缩水过半",载《南方日报》,2008年3月10日。

参考资料：反移民

2010年4月23日，美国亚利桑那州州长布雷维尔不顾奥巴马总统的批评和民众抗议，正式签署针对非法移民的新法案，法案于7月底正式生效。根据这个"美国史上最严厉的反移民法案"，警察只要怀疑当事人为非法移民，即使没有法庭拘捕令，也可以进行盘查甚至采取拘捕行动；法案规定，在该州居留的移民必须拥有有效证件证明其合法性，否则将被控"非法入境"罪名；该议案还规定，在该州任何地方，雇用非法移民是违法行为，即使是家庭成员用汽车搭载他们也属违法。之后，"史上最严移民法案"引发了美国国内众多游行和抗议，甚至差点引发美国与墨西哥的外交纠纷。针对亚利桑那州的移民法，墨西哥政府表示强烈反对。墨西哥政府还发布旅游警告说，让墨西哥人不要去亚利桑那州"访问、定居或学习"。

资料来源："各国收紧政策，反移民潮席卷全球"，《广州日报》，2010年10月25日。

五、经济全球化中的政治一体化

经济全球化与政治一体化是有联系的，经济全球化需要世界各国有共同的目标和价值观。在区域经济一体化方面走在前列的欧盟，在政治一体化问题上却相对滞后。最近关于欧洲是否需要一部宪法的讨论非常热烈，法国和荷兰全民公投的结果都没有通过欧盟宪法。哈贝马斯指出：欧盟不仅要依靠经济利益来推动，还需要有共同的价值取向。必须有一个欧洲公民社会；建立欧洲范围内的政治公共领域；创造一种所有欧盟公民都能参与的政治文化。制定一部宪法，可以大大加快这个过程，并使发展更加集中。但是目前欧盟国家内部各国经济发展水平的差距、各民族文化的差异可能会限制政治一体化的发展。

六、政府的宏观调控应该加强

对于发展中国家而言，首先，在开放市场的同时要进行适当的保护。其次，也应把握经济自由化的次序、力度，对于贸易、资本流动以及直接投资的开放要分步骤、不同程度地进行，且要相互支持，还应采取相应的监管措施。再次，经济网络化也给政府干预提出了新的挑战。最后，经济全球化还会影响到国家经济安全。国家经济安全通常指一个国家的经济生存和发展所面临的国内国际环境、参与国际经济竞争的能力及其带来的相应的国际政治地位和能力。

七、全球化中的全球收入差距问题

在全球化的背景下，世界经济关系也发生着变化。发达国家之间、发达国家与发展中国家之间、发展中国家之间的经济关系都受到全球化的影响。

经济发展不平衡最突出的表现是发达国家与发展中国家经济差距的不断拉大。资本的国际化运动非但没有缩小发达国家与发展中国家之间的经济差距，反而使其扩大。而全球化过程中信息技术革命、金融自由化更拉大了全球贫富差距，发展中国家不仅人均国民生产总值低下，而且生态环境恶化。主要原因在于发达国家主导国际经济组织，控制贸易和投资方面的规则制定权，垄断世界市场，使真正意义的比较优势、国际分工不可能实现。

只要不合理的国际经济秩序存在，就会有不合理的国际分工。经济全球化过程中出现了不平衡规律，并且这种不平衡有累积效应，富者恒富。发达国家与发展中国家之间的技术差异、技术扩散的障碍以及发展中国家人力资本提高的困难，使得发展中国家即使参与全球化，也获益甚微。经济全球化不可能实现双赢。

八、反全球化的力量

近年来,反全球化的力量也在不断增强。他们主要来自发达国家受全球化冲击的产业工人、环保主义者。1999年11月30日到12月初,在西雅图召开了世界贸易组织部长会议,会议外部举行了举世震惊的反全球化示威。这次示威活动将全球化的一系列社会与环境问题充分揭露出来,引起了各国政府的重视。反全球化的力量主要来自几个方面:发达国家衰退产业的工人,他们认为全球化导致自己所在的产业衰退、乃至失业和利益受损;环境保护主义者认为全球化造成更大的全球环境污染;受来自发展中国家移民竞争的发达国家劳动者,他们反对全球化过程中的外来移民,甚至上升为极端的民族主义和排外主义;利益受损的发展中国家劳动者(他们的力量还不强大),全球化导致南北收入差距扩大,许多发展中国家没有从中获益,因而他们宁愿过闭关锁国的生活。

反全球化运动的出现让人们清楚地认识到全球化的弊端,以及由发达国家主导的全球化的本质。应该明确的是,反全球化并不应该反对全球化本身(虽然一些反全球化力量也没有很好地认识到这一点,只是从个人局部利益出发而一味地反对),而应该反对发达国家操纵和控制的全球化机制。因而要求各国建立合理的国际经济秩序,以使全球化能够更好地运行。

今天,经济全球化远没有真正实现,从范围上看,更多的是三极内部、三极之间的贸易和区域内市场的投资,参与全球化的发展中国家数量有限。从形式上看,国际贸易和国际投资都没有得到普遍的发展。从结果上看,通过全球化实现全球各国收入差距缩小的目标也没有实现。

经济学启示录

经济全球化是一个复杂的过程,它给发达国家和发展中国家都带来深刻的变化。既存在机遇,又有风险和挑战。由于目前的经济全球化主要是发达资本主义国家推动的,因而是资本主义生产方式的全球化。在此背景下,中国不能拒绝全球化,也不能无条件、无原则地拥抱全球化。要充分利用全球化的有利环境,发展中国的经济。同时,也要注意防范经济风险,确保国家经济安全。

(一)调整出口战略

劳动密集型产品出口频频遭受国外的制裁,在寻求合理解决争端方法的同时,我们也要从根本上思考这一问题。中国是世界上遭受贸易摩擦最多的国家,1995年至2005年占全球反倾销总量的18.7%,2005年更是高达30%。低的出口价格并没有带来更多的利润,相反导致一部分应得利润的流失。即使有利润,也被指责以政府补贴为代价。由此得到的国际收支顺差又加大人民币升值的压力,低的出口价格来自我们低的工资成本,为何不能主动提高劳动者的工资水平?这样,提高了的出口价格一方面不会遭到制裁,另一方面也缓解了人民币升值的压力。从长期看,汇率的变化要更加符合供求规律,在2005年7月21日,人民币升值2%,此后的几年时间,人民币升值速度加快。

而从长远角度看,我国经济不能一味依靠劳动密集型产品出口,要提高出口产品的档次和技术含量。

(二)利用国际资本流动,加快发展进程

外资在中国改革开放过程中发挥了积极的作用,但我们也付出了很大的成本,包括给外商一系列优惠政策,容忍外资企业对劳动者的过度剥削、污染环境。2006年中国实际使用外资金额为694.68亿美元,占全球总额的6.72%,在全球东道国中排名第四,在发展中国家排名第一。在现阶段,中国的资金约束有了很大的缓解,对于外商投资政策也要做出相应的调整。要对外商投资企业和国内企业实行同样的政策,即所谓的"国民待遇",让他们能够公平竞争,企业所得税的统一即是一项公平政策。对于技术先进的外资企业,可以给予适当的优惠。

国际跨国公司的进入给国内企业很大的压力,很多国有企业被外资兼并或收购。要与国外大企业竞争,国内企业要实行联合,组建企业集团。这种联合是经济上的真正意义的联合,而不是政府的"搭郎配"。国内企业也要积极走出去,进行海外投资。目前投资领域主要集中在加工制造、资源利用、工程承包、农业合作和研究开发。截至2006年年底,中国经国家批准设置的境外非金融类企业达1万多家,非金融类对外直接投资累计净额733.3亿美元,遍及160多个国家和地区,全球排名从2005年的第十七位上升至2006年的第十三位。

(三)经济结构的调整与培育

随着国外商品进口关税的逐渐下调,中国许多产业面临巨大的挑战。汽车、农产品等受到的冲击尤为明显。而引进外资产业的放开,也让金融、保险等行业感到竞争的压力。在全球化背景下,在利用规则、尽可能减少产业冲击的同时,也要对中国产业结构进行重新调整。在按照比较优势发展自己的产业的同时,要提高技术进步,实现产业升级,争取在全球产业分工中占据更有利的位置。

(四)摆脱收入差距问题困扰

要通过经济全球化,提高中国劳动者的收入,缩小与发达国家劳动者之间的收入差距。尤其要关注与国际贸易和国际投资相关的收入分配过程,降低不等价交换和外商投资企业中的剥削程度,要通过合理的法律法规和税收调节,减少因经济全球化而产生的国内收入分配不合理现象。

(五)促进区域经济合作,联合其他国家增强抵御风险能力

经济全球化会带来全球性的金融危机和经济危机,在危机发生时,需要各国的合作。作为发展中大国,中国应该在亚洲的区域经济合作中发挥主导作用,与亚洲其他发展中国家展开密切的经

贸合作,建立互相信任的关系,共同抵御全球危机的冲击并探寻经济发展的出路。同时,也要与发达国家开展对话和合作,提高在全球经济危机中的协调能力,以有效地降低国家经济风险。

参考文献

1.Stanford, J. L. Taylor and E. Houston (ed.). Power, Employment and Accumulation, New York: M.E. Sharpe, 2001.

2.Richard D. Wolff (2001), "The Class Consequences of Colonialism in Africa", Paper presented to the "Reparations, Discrimination and Public Policy " session of the National Economics Association, ASSA Convention 2001, New Orleans, Louisiana, 6 January 2001.

3.[德] 安德烈·冈德·弗兰克.依附性积累与不发达.江苏:译林出版社,1999.

4.[德] 李斯特.政治经济学的国民体系.北京:商务印书馆,1961.

5.[德] 汉斯·彼得·马丁,哈拉尔特·舒曼.全球化陷阱.北京:中央编译出版社,1998.

6.[英] 阿兰·鲁格曼.全球化的终结.上海:三联书店,2001.

7.[英] 安东尼·吉登斯.第三条道路:社会民主主义的复兴.北京大学出版社、三联书店,2000.

8.张世鹏,殷叙彝编译.全球化时代的资本主义.北京:中央编译出版社,1998.

9.汤在新主编.资本论续篇探索——关于马克思计划写的六册经济学著作.北京:中国金融出版社,1995.

10.陈鲁直.金融危机与全球化.世界经济,1999(8).

11.万俊人.全球化的另一面.读书,2000(1).

12.黄平.全球化的另一面.读书,2001(11).

13. 王绍光.饼做大以后…….读书,2002(2).
14. 瞿宛文.自由开放有利于经济发展?.读书,2002(3).
15. 哈贝马斯.欧洲是否需要一部宪法?.读书,2002(5).
16. 宁光杰.开放环境下东亚各国政府对经济发展的重新定位.国际论坛,2000(5).
17. 宁光杰.新制度经济学能发现中国的出路吗?——对林毅夫先生学术观点的质疑.载:梁正,等.中国十位著名经济学家批判.学林出版社,2002.

图书在版编目（CIP）数据

西方国家市场经济八大问题：当代资本主义经济专题研究／宁光杰，陈英著 .—太原：山西经济出版社，2011.7
ISBN 978 - 7 - 80767 - 426 - 9

Ⅰ.①西… Ⅱ.①宁…②陈… Ⅲ.①市场经济学 - 研究 - 西方国家 Ⅳ.① F 113

中国版本图书馆 CIP 数据核字（2011）第 090671 号

西方国家市场经济八大问题：当代资本主义经济专题研究

著 者：	宁光杰 陈 英
责任编辑：	曹恒轩
装帧设计：	阳 光
出 版 者：	山西出版集团·山西经济出版社
社 址：	太原市建设南路 21 号
邮 编：	030012
电 话：	0351 - 4922133（发行中心）
	0351 - 4922085（综合办）
E - mail：	sxjjfx@ 163. com
	jingjshb@ sxskcb. com
网 址：	www. sxjjcb. com
经 销 者：	山西出版集团·山西经济出版社
承 印 者：	山西出版集团·山西新华印业有限公司
开 本：	850mm × 1168mm 1/32
印 张：	10. 75
字 数：	267 千字
印 数：	1 - 3 000 册
版 次：	2011 年 7 月第 1 版
印 次：	2011 年 7 月第 1 次印刷
书 号：	ISBN 978 - 7 - 80767 - 426 - 9
定 价：	25. 00 元